Scrittori italiani e stranieri

Alberto Bevilacqua

IL GIOCO DELLE PASSIONI

Romanzo

ARNOLDO MONDADORI EDITORE

Dello stesso autore

Nella collezione Scrittori italiani e stranieri
Il Curioso delle donne
La Donna delle Meraviglie
La Grande Giò
Una misteriosa felicità

Nella collezione Lo Specchio
Vita mia
Il corpo desiderato

Nella collezione Gli Oscar
La Califfa
Il Curioso delle donne
La Donna delle Meraviglie

ISBN 88-04-33081-7

I edizione novembre 1989

Il gioco delle passioni

Capitolo primo

1.

Cominciò così. Con Regina che cantava.

La sua voce usciva dalla chiesa sconsacrata, in prossimità del Rio dell'Arsenale, dove gli attori avevano provato lo spettacolo fino alle prime luci del giorno. Era un canto di saluto, con una nostalgia di vita persa. Pareva sorgere da un magico campiello – l'altoparlante lo amplificava, senza nulla togliere alla suggestione e al segreto – diffondendosi in quell'angolo di Venezia da cui si allontanava una notte temporalesca, lasciando posto allo schietto sereno di una giornata di domenica.

La voce di Regina spaziava in quell'inatteso chiarore di cristallo. Marco Donati ebbe la sensazione di coglierla, con un presentimento, prima ancora di udirla: sembrava rivolgersi a lui soltanto, per attirarlo e indurlo a reagire con una felice concentrazione dei sensi e della memoria. Egli si abbandonò a quel richiamo che intese come un misterioso messaggio, e respirò a fondo l'odore dell'acqua che scorre intorno alle case, un odore unico al mondo, che stimola la mente più di qualsiasi profumo.

Mentre una brezza lo raggiungeva dal mare, si disse che mai aveva avvertito così teso, quasi esasperato, il potere di percepire ogni elemento della scena grandiosa che cominciava a vivere intorno a lui, fino a provarne una vertigine, un senso di onnipotenza.

Quale sortilegio – esclamò fra sé – può prodursi da una voce...

2.

Entrando in Venezia col motore del motoscafo al minimo, ritto alla guida, Marco Donati aveva visto spuntare il sole e, in quell'istante, aveva avuto la certezza che sarebbe stata, per lui, un'alba determinante, con un che di fatale.

Seppe che era arrivato il suo momento decisivo, come se gli fosse scattata una molla nel cuore e nella mente, assicurandogli l'inizio di un tempo nuovo. Lo rallegrò supporre che, a convincerlo con questa rivelazione, fosse stato quel canto di donna che lo emozionava e gli risultava familiare benché, di colei che cantava, ignorasse ogni cosa.

Piaceva, al Donati, entrare in Venezia venendo dall'Arsenale Vecchio, o dalle quinte dove affiorava la sporcizia dei canali, o dal Ghetto, i cui edifici in abbandono invadevano le acque con folate di topi. A volte, partiva dalle nubi grigiastre del polo industriale, dove Marghera offuscava la bellezza delle albe e dei tramonti. Intendeva affacciarsi all'abbagliante insieme di fantastiche costruzioni che la Serenissima offre allo sguardo, spuntando dal sudiciume e dal senso di malessere che soffocano la parte segreta della città.

La sua ambiguità ne veniva provocata.

Nelle acque inquinate, infatti, egli fissava riflettersi la parte sordida, e appunto "sporca", della sua personalità; nello splendore dei Palazzi e della Basilica, gli pareva invece di poter scrutare, con occhi ammirati, l'altra e opposta metà del suo essere. Le sue due nature, del malvivente e dell'uomo dall'apparenza impeccabile, fino ad allora si erano alleate, come i Mori dell'orologio, all'occorrenza prevalendo ora la prima, ora la seconda.

Quell'aggettivo, impeccabile, gli piaceva, e se ne serviva anche non del tutto a proposito. Seguendo nell'aria il canto di Regina, pensò che poteva attribuirselo per molti aspetti: impeccabili i suoi quarant'anni, portati da una figura energica e asciutta; impeccabile il volto dove, fra una sporcatura di bianco alle tempie, gli occhi sapevano esprimere, a seconda della necessità, inflessibile durezza o conciliante amabilità. Quegli occhi chiari piacevano alle donne e le conquistavano, spiazzavano gli avversari e ingannavano gli interlocutori, simulavano sentimenti che non esistevano e occultavano passioni nel momento stesso in cui si accendevano. Era lo sguardo la più efficace macchina da trucchi per il prestigiatore Marco Donati.

Impeccabile, infine, la maniera che aveva escogitato per porre in atto la decisione di chiudere la vita doppia condotta per anni, che pur gli era cascata a pennello, simile al doppiopetto che impeccabilmente indossava.

In futuro, sarebbe stato nient'altro che un signore rispettabile. O almeno così si illudeva, senza sapere – e lui, più di chiunque, avrebbe dovuto invece saperlo – che il destino gioca scherzi imprevedibili, anche a chi crede di essere l'accortezza fatta persona.

3.

Attratto dal canto di Regina, il Donati si diresse verso la chiesa sconsacrata.

Un venticello faceva correre i resti del Carnevale da poco finito; alcuni di essi volarono a stamparsi contro i suoi calzoni, per poi tornare a volteggiare nell'aria. Sembravano giocare con lui; o meglio, prendersi gioco, insieme alle sue riflessioni, delle passate avventure che aveva vissuto alle spalle della società (amava definirle "il mio gran Carnevale").

Non appena entrò nella chiesa, si arrestò, prima perplesso, subito conquistato.

Regina cantava su una ribalta improvvisata, e intorno si muovevano gli attori: una compagnia di giovani stravaganti – ipotizzò il Donati – ragazzi e ragazze arrivati a Venezia nel giro delle mascherate. Era il canto a dettarne gesti e battute, ma riusciva impossibile capire di quale spettacolo facessero le prove, in un'ora insolita e in un luogo desolato, dove la scenografia, se tale poteva definirsi, mostrava grandi cubi illuminati in modo da sembrare di ghiaccio, forse per simboleggiare un gelo cosmico che imprigionava la terra. Vedendo avanzare il nuovo venuto, gli attori si fermarono, via via, a fissarlo.

Soltanto Regina continuò la sua prova.

Gli occhi del Donati non si staccarono da lei. Camminando verso la chiesa, aveva cercato di immaginarne, oltre alle sembianze, seduzioni che pur nascendo dalla sua figura ne formassero come l'alone, paragonabili alla gioia di ascoltarla. Non fu deluso. Constatò che la sconosciuta aveva, della bellezza, quella malìa, quell'insieme di caratteristiche che non si esauriscono nell'aspetto, ma formano un'indole e fanno credere che un'anima carnale, ancora tutta da conoscere, è presente in noi come l'anima spirituale. In questo insieme, consiste il fascino.

Così almeno aveva sempre pensato il Donati, fin da quando, giovane e agli inizi del suo malaffare, era stato costretto a vedersela con un campionario impressionante di femminilità. Allora aveva scoperto che soprattutto con le donne la natura si compiace delle disuguaglianze che fanno dubitare di Dio: ad alcune riservando favori smisurati, ad altre crudeli condanne.

Si era fermato, per prendere respiro; la soggezione dovuta, ne era convinto, a misteriosi poteri, non gli aveva dato tregua. Ma la sconosciuta continuò ad attirarlo, quasi intendesse dimostrargli ancora che la natura l'aveva privilegiata, facendone un'eccezione. O forse no, forse era lui che, stregato dalla sua voce, la percepiva in una dimensione che era specchio del sogno con cui ogni uomo aspetta l'incontro con la compagna della propria vita, e così sopravvivono i fantasmi vissuti nella fantasia dell'infanzia, quando tutto appare sublime.

Anche il corpo di Regina si rivelò in questa dimensione. Lei indossava una tunica disadorna, che la copriva fino ai piedi, ma spostandosi di continuo ora per cercare la luce ora per rifuggirne, veniva a disegnarsi nella trasparenza provocata dal fascio del riflettore. Si delinearono forme che ne rendevano la sensualità, la perfezione, e di nuovo il Donati convenne che era un corpo di donna come l'aveva sempre desiderato.

Riprese ad avanzare, cercando di non prestarsi più alle seduzioni che l'avevano soggiogato, stordito; abbassò persino la testa, per evitare gli occhi della donna, ora impegnata in un'altra canzone che gli sembrò bellissima, ed era ingiusto – pensò – persino penoso che un'artista talmente dotata e favorita da testi che stupivano per la loro qualità, dovesse esibirsi nello squallore di quel luogo, dove si confondevano nella sporcizia avanzi di culto e di bivacco.

Il Donati avrebbe saputo, in seguito, che Regina creava da sola i suoi motivi con un talento non meno bizzarro della sua inquietudine; il primo la portava fuori degli schemi in quelle composizioni musicali, la seconda nella vita. Era un talento che avrebbe meritato maggior fortuna, e Regina l'avrebbe avuta se non fosse stata, proprio lei, causa delle sue sconfitte e delusioni: raggiungendo il successo e poi perdendolo per il puro gusto di perderlo, afferrando magnifiche occasioni per poi aprire le mani e lasciarle svanire.

Negli anni difficili, li aveva talmente sognati i propri meriti riconosciuti dal mondo, che a quella voluttà del sogno che si spezza nel brusco risveglio, aveva finito per affezionarsi morbosamente, fino a volerla provare anche nella realtà ad occhi aperti. Importanti teatri l'avevano richiesta, e lei si era esibita, una, due sere, senza più presentarsi la terza: capace di starsene al buio, sola, a fissare la facciata del teatro quando si colmava di luci e di applausi, con la gioia dolorosa di dirsi: "Potrebbero essere per me, potrebbero illuminare l'oscurità che ora mi circonda, liberarmi dal senso di estromissione che mi stringe la gola".

Si chiedeva, senza riuscire a rispondersi: perché quell'incoerenza, quel vizio che la spingeva, in pari misura, all'ambizione e alla distruzione? Certo, il suo passato aveva conosciuto profonde infelicità, e ne conservava i segni; ma le ripugnava vedervi la causa di tutto, trincerandosi dietro il solito alibi delle anime deboli. Ben altrimenti doveva arrivare alla conoscenza delle sue contraddizioni...

Lo stesso discorso valeva per i suoi rapporti con gli uomini, anche potenti, che avvicinandola perdevano la testa, pronti a darle la luna; lei poteva irretirli con gaie fantasie, e poi sdoppiarsi, di colpo: in una furia che li rifiutava, li detestava.

Così Regina era sempre stata regina, sì, ma delle cose che non hanno regno, faticate e stravaganti, pagando sulla sua pelle il privilegio dell'anarchia; regina degli spettacoli dove l'intelligenza e il fervore dei commedianti erano destinati alla semiclandestinità.

Aveva sempre amato le facce logore dei comici infelici. Quei comici l'avevano trascinata nel mondo con le loro recite vagabonde.

Il Donati si rese conto di essere arrivato sotto il palco quando il riflettore lo accecò. Regina gli porse la mano e lui trovò lo scatto per il salto sulla ribalta, al suo fianco, contro il fondale povero, ma coi colori che anch'egli preferiva: gli ori e i blu, e sul blu notte una lampeggiante corona, buttata come uno straccio di bandiera.

4.

E ora sedevano di fronte, in una stanza squallida, adibita a camerino. Una delle attrici, che si era presentata come Delfina, stava in piedi da una parte, e sembrava vigilasse: doveva essere la compagna del cuore di Regina. Dalle pareti, veniva un odore di calce fresca; su una poltrona stavano buttati i vestiti della protagonista, sul pavimento appariva un mazzo di fiori solitario.

Il Donati ne provò un moto di dispetto. Lui ne avrebbe mandati cento, di mazzi, e sontuosi. Avrebbe gremito quella stanza di fiori.

«Che vuoi, da me?» chiese Regina.

La domanda lo colse di sorpresa perché era arrivato fino a quel punto senza volere niente di preciso, al tempo stesso volendo il massimo che è contenuto in una meraviglia che suggerisce infinite cose senza precisarne nessuna.

Cominciava solo ora a collegare i pensieri. Considerò che, tranne poche eccezioni, gli esseri umani non gli sollecitavano alcun interesse. L'attraeva il gioco di conquistarli, con tecnica diversa a seconda dei tipi e delle situazioni, e da ciò derivava un doversene interessare, ma era altra questione.

Regina ripeté la domanda.

Lui capì che non era il gioco della conquista, a sollecitarlo, semmai il contrario: il piacere di arrendersi, ancora, a chi l'aveva attirato con tanta forza. Che gli stava accadendo con la donna che ora lo affascinava col suo silenzio, non meno di quanto aveva ottenuto con la sua voce? Per la prima volta nella sua vita era preso da un desiderio intenso, ma senza la volontà testarda che sempre lo forzava a realizzarlo, a ogni costo. Era felice di fluttuare in quel desiderio, semplicemente: di esserne in balìa.

«Cosa voglio da te...» rifletté. «Potrei dirti: tutto. Ma è assurdo, no?, se nemmeno ti conosco. Eppure è questo che mi possiede, un sentimento di assoluto, e vorrei capire la ragione che mi ha spinto qui e mi dà una profonda pace. Come se qui fosse stato necessario capitare. Succede nei sogni, a volte, che ti trovi in un posto, e non sai, incontri una figura che ti è familiare, ma ignori chi sia. Ti anima soltanto un senso di armonia, perché quel posto, quella figura, quadrano con la tua vita.»

Ebbe l'impressione di non aver parlato, di averle pensate, queste cose. Dallo sguardo di lei si sentiva messo a nudo, mentre vi leggeva la complicità che è propria degli indovini di anime, e ne fu rassicurato: parlare, davvero, era superfluo, si capivano con lo stesso istinto. Fu la prima, grande certezza.

Lo rattristò l'idea che, fra poco, la complicità si sarebbe dissolta, l'incanto sarebbe svanito:

«La canzone che cantavi...» insinuò «dice che, nel gioco delle passioni, vale più un'ora sincera che un'esistenza a due trascinata negli anni.»

Ecco, forse, cos'era stato: udire decantata, nell'aria, la brevità creatrice del tempo, l'istante, e in un istante si può decidere di cambiare il corso degli anni, come lui aveva deciso, nell'alba che nasceva su Venezia; forse era stata quest'affinità, a illuminarlo. E ora – si impose – non poteva perderla, la donna che gli sedeva di fronte, doveva rivederla. Senza rifletterci, avanzò una proposta:

«Vorrei che tu recitassi per me...»

Regina restò in silenzio.

«In un ruolo che vorrei spiegarti» continuò il Donati «se avrai la pazienza di ascoltarmi...»

Anche questo era la prima volta che gli accadeva: di pregare una donna, cercando scuse. Si alzò, lo infastidivano quei fiori buttati sul pavimento, e sollevò il mazzo, lo sistemò da una parte; intanto invitava Regina e l'amica Delfina a cena, quella sera stessa.

Un motoscafo sarebbe passato a prenderle alle otto.

5.

L'uomo a cui Marco Donati si era proposto di rendere visita quel giorno, una volta presa la decisione di cambiare la propria vita, si chiamava Cesare Lunardi e avrebbe potuto godersi agi e ricchezze in uno dei palazzi veneziani di sua proprietà o nel segreto, lussuoso rifugio di Porto Caleri. Invece si finiva per trovarlo quasi sempre ai Sabbioni di Ganda: nei deserti a perdita d'occhio, fitti di nascondigli, tesseva le sue trame e impartiva ordini.

Il Donati, infatti, inquadrò il Lunardi mentre, dando la sensazione di sorgere dal nulla, gli appariva ritto su una duna: un'ombra bianca che spiccava appena dal chiarore solare. Negli evanescenti contorni, era riconoscibile per la maniera, tutta sua, di tenere i piedi incrociati, le spalle erette, le mani affondate nelle tasche.

Non chiese subito cosa il Donati volesse. Restò a scrutarlo il tempo sufficiente affinché le sabbie, trascinate dal vento, rendessero candido anche il doppiopetto del visitatore che lo fronteggiava. Il Donati conosceva questo suo modo di mettere l'interlocutore a disagio, perciò lasciò, imperturbabile, che le raffiche sabbiose lo investissero. Dopodiché il Lunardi si mosse, facendo un cenno per essere seguito.

I due uomini salirono sul motoscafo che si inoltrò al centro del fiume, dove la vastità delle acque faceva pensare a un mare. Ora, nella corsa impetuosa, il vento provocava sulle figure l'effetto opposto, spazzando via la sabbia, e il Donati vedeva affiorare dallo strato bianco il volto del Lunardi, che a gambe larghe stava alla guida. Egli non dimostrava i suoi settant'anni e il profilo era marcato da un'impronta bellicosa, la stessa che si faceva luce aguzza nello sguardo. Aveva insomma una di quelle teste che gli scultori popolari intagliano nel legno per raffigurare l'autorità; teste da cardinale, modellate per reggere la mitra, e che invece si distolgono da Dio fin dal primo affacciarsi della ragione.

Il motoscafo si arrestò.

«Caliamo l'esca!» esclamò il Lunardi. In gergo significava: "Affrontiamo il problema!".

Sedettero di fronte e il Donati si tormentò le mani, poi scrutò di sotto in su: l'occhiata dell'altro s'imbastardiva col sarcasmo, l'arroganza. "Vecchia carogna senza alcuna grandezza" avrebbe voluto insultarlo "ti ho servito a dovere... Che fine avresti fatto, solo, con le tue povere idee? I tempi nuovi ti avrebbero stritolato!"

Invece si limitò a un sorriso amaro, e percorse l'orizzonte con un lungo sguardo. Lassù, al Delta del Po, si insediava quella che il Lunardi s'intestardiva a definire Ghenga Veneta, mentre era ben altro, e di più, secondo l'avviso del Donati, che aveva sempre reagito: «È un'organizzazione che, crescendo, potrebbe allinearsi con la mafia siciliana». Aggiungeva: «Ma non ha teatro! La mafia siciliana gode, nella sua essenza, di vistose componenti di scena, che producono parte del suo frutto... Infatti, in Italia non basta esistere, bisogna anche dare spettacolo, non importa se comico o tragico. Altrimenti si resta una supposizione dei giornali, una vociferazione scandalosa, mentre la clandestinità non eccita più nessuno, nemmeno chi la pratica».

Avrebbe potuto lui, Marco Donati, provvedere ai colpi di scena necessari, col suo talento di regista e interprete della vita fantasiosa; senonché il Lunardi gli aveva sempre fermato la mano, avendone sospetto e una punta di disprezzo, proprio per ciò che scambiava per vocazione all'esibizionismo.

Cesare Lunardi aveva mantenuto le cose più o meno come quando, un secolo prima, la Ghenga si era divisa in due parti e si era preso a favoleggiare di Leggera e Pesante. La prima aveva in pugno, dal Delta a Casalmaggiore, i reati minori e i loro personaggi: contrabbandieri, ladri, prostitute, despoti del lavoro nero; la seconda amministrava i reati maggiori (poteva vantarsi di aver ordito l'uccisione di un re) e gli intrighi con lo Stato, oltre ai proventi dei traffici fluviali. Tra i finanziatori della Pesante, insospettabili agrari e industriali, legati alla Massoneria.

Al di sopra, un capo assoluto, chiamato Doge. E da molti anni, di quella realtà condotta nel modo più tradizionale e occulto, Doge era appunto Cesare Lunardi: col compito, male eseguito o trascurato, di curare adeguati rapporti con le affiliazioni straniere, in primo luogo slave, ma, complici le impensabili vie dei fiumi europei, un po' di ogni paese, a cominciare dalla Francia e dalla Germania. Dove finivano i fiumi, poi, ci si affidava ai mari. In America e Sudamerica, la Pesante si era insinuata già nell'Ottocento.

Il Lunardi aspettava:

«L'esca!» ripeté, impaziente.

Il Donati si scosse dalle sue fantasticherie e venne al dunque, quasi sottovoce:

«Pur con la scarsa simpatia che mi hai sempre dimostrato, Doge...» scivolò sulla parola, cercando di non appoggiarvi un accento d'ironia «converrai che il mio compito, al tuo servizio, è sempre stato svolto alla perfezione.»

Il Lunardi non poteva negarlo. Enumerò, fra sé, le molte frecce all'arco del suo complice: lungimirante il suo insinuarsi nei sempre più intricati rapporti fra amministrazione pubblica, malavita organizzata e potere politico; perfetta la strategia che egli aveva ideato, entro i confini della regione, per corrompere e asservire certi rappresentanti di Stato che nessuno, prima di lui, era riuscito ad addomesticare; diabolica l'arte di sapere tutto di tutti (da qui, l'eccellente tecnica dei dossier, allestiti con spietatezza) nonché l'altra arte, del ricatto, favorita proprio dal secondo ruolo che il Donati astutamente svolgeva: di simulatore sociale ricco di contatti e di conoscenze negli ambienti della legalità, che gli riservavano credito, scambiandolo per un uomo d'affari – senza che si sapesse quali – dai metodi atipici ed estrosi.

Un affiliato compromesso fino al collo con la Ghenga Veneta, pronto a eseguire qualunque ordine che richiedesse, oltre agli oscuri poteri, l'impiego spericolato dell'intelligenza, persino di una cultura niente affatto improvvisata.

«Ne convengo» affermò il Lunardi. Poi fu investito da una dichiarazione che lo lasciò senza fiato:

«Ma ora esco dal giro, Doge. La smetto con te, con voi. Sì: vi abbandono, e nessuno sentirà più parlare di me. Resterò il ricordo, a seconda dei casi, di un eccentrico farabutto di lusso o di un ambiguo vizioso o di un ipocrita con molte nostalgie per la sincerità e l'onestà.»

Il Lunardi reagì col suo carattere impetuoso:

«Per passare ad altri? Metterti in proprio?... Tradire?»

«No» sorrise con calma superiorità il Donati.

«Allora perché?»

Avrebbe potuto rispondergli con una serie di perché.

A cominciare dal fatto che era inutile spendere moderna abilità al servizio di chi manteneva sistemi sorpassati in una struttura sociale e politica al contrario talmente avanzata nelle compromissioni che la Multinazionale delle armi aveva una cassaforte finanziaria proprio nel cuore del dominio del Doge. Gli scali di Porto Marghera, da cui si muoveva il traffico degli arsenali mobili – sostenuto da capitali tedeschi, francesi, spagnoli e persino americani – superavano in efficienza Cherbourg e Santander.

Commercianti di morte, costoro, che era utopico pensare di sconfiggere. Ma se ne poteva ridurre il raggio d'azione, la sfrontatezza, servendosi appunto del ricatto, fino a spremerli come limoni; i complessi industriali costretti ad occultare la loro natura criminale, benché in qualche modo protetti dagli Stati, sono colossi dai piedi d'argilla.

Non era che un esempio fra i tanti con cui si sarebbe potuto inchiodare il Lunardi. E il Donati sorvolò, limitandosi a spiegare, sempre con sorridente distacco:

«Voglio godermi la mia pace, Doge, la discreta ricchezza che ho accumulato. Viaggerò per il mondo, sosterò nei migliori alberghi, mi godrò le donne più belle, non dovrò più prendermi cura di affari proibiti che tengono il cuore sospeso. Serenamente sarò felice. Il mio lavoro consisterà nel dimenticare ciò che sono stato, per coltivare in me un personaggio opposto... Il figlio di puttana mi aveva annoiato.»

«Mai nessuno» lo investì il Lunardi. «Mai!...»

«Lo so» lo interruppe il Donati, per niente intimidito da quella reazione, e concentrandosi nel suo sorrisetto. «Vorrà dire che sarò il primo. E tu magari, se ci rifletterai e seguirai il mio esempio, potrai essere il secondo... Ormai, metterci contro il mondo ci ha logorati: non lo senti, non lo capisci?»

«Ma io non ti ci vedo, Donati, cambiare pelle. O piuttosto, sì, potresti, però da serpe: la pelle cambia, si rinnova, restando della stessa specie!»

Era furibondo, il Lunardi. Non sarebbe mai riuscito a capire che se il divertimento di quell'uomo, che ora vedeva rivale, era consistito nel vivere le cento vite in una, il suo sogno era stato l'opposto: decidersi per una vita sola, una volta esaurito il divertimento e messa a fuoco la propria ambizione...

«Mentre tu stavi con noi» proseguì il Lunardi «prestandoci la parte chissà se peggiore o migliore della tua anima doppia e ben abbottonata come il doppiopetto che porti, con l'altra parte, alle nostre spalle, ti creavi alibi magistrali!»

«È vero» riconobbe amabilmente il Donati. «Mi esercitavo con l'arte di quella rispettabilità che, al mondo d'oggi, si conquista col suo contrario, e costa sempre almeno un po' d'infamia...»

«E io dovrei credere che un Donati si accontenterà di vivere come un qualunque uomo rispettabile?»

L'altro assentì con un cenno del capo:

«La rispettabilità, come l'ho conquistata io, può essere un vizio inebriante, la più equivoca delle ambizioni.»

6.

Cesare Lunardi piantò i piedi ben saldi, prima di tornare a calarsi in una delle sue tane, per scomparire in quel mare bianco, come cancellato dal vento e dalla sabbia, giù nel cuore di una terra che, sotto la superficie, sentiva parte del suo essere, col rombo delle acque contigue che tutta la scuoteva, scuotendo anche lui, il suo cuore e la sua mente, dandogli in tal modo una selvaggia, tellurica ebbrezza.

Nell'atto di inabissarsi verso il crogiolo dei due mondi – il fiume e le piane sconfinate – ravvisava la propria autorità assai più che in qualsiasi sogno d'altezza.

Con questo senso di comando e di potenza, restò a fissare la figura tranquilla del Donati che, la testa appena abbassata controvento, si allontanava diretto all'automobile. La furia provata poco prima, specie per la cinica indifferenza con cui gli aveva comunicato il suo voltafaccia colui che fino a ieri aveva agito da suo complice e servo, diventò rancore via via che quella figura si staccava con una levità che aveva del paradossale, dove a trionfare erano l'intelligenza volpina, senza alcuna impronta di passione, e una boria soddisfatta che non riconosceva più alcuna autorità, solo se stessa.

Il Lunardi ebbe persino l'impressione che se quel vento sibilante non gli fosse penetrato negli orecchi, avrebbe potuto udire il Donati che fischiettava strada facendo.

In effetti, sbrigata l'incombenza rischiosa e sgradevole che l'aveva tenuto inquieto per molti giorni, il Donati avvertiva ora una leggerezza di spirito, e quasi di membra, che lo portava a occhieggiare due punti dell'orizzonte. Verso sinistra, sotto nuvoloni bianchi e violacei, sorgeva Ca' Tiepolo, in prossimità di Porto Tolle: laggiù suo padre, morto vent'anni prima, aveva lasciato alla famiglia una casa accogliente e, a suo modo, misteriosa. Vi abitavano sua madre e sua sorella, sposata a uno slavo. Essi ignoravano le attività equivoche a cui il Donati si era dato per lungo tempo, o almeno di questa certezza egli si illudeva. Sospirò, e gli batté il cuore, pensandoci: s'era tolto un gran peso! Fingere anche (soprattutto) con loro, rischiare a ogni passo di venire smascherato...

Sarebbe stata una catastrofe. La madre Cristina era, per Marco Donati, una dolce ossessione che, fino a quel momento, aveva dato l'unico senso alla sua vita.

Spostò quindi lo sguardo verso destra, in direzione

dell'Isola Albarella, dove stava per inaugurare la residenza lussuosa che avrebbe ospitato, agli occhi di tutti, il suo futuro di persona irreprensibile; più esattamente, là si sarebbe allineato con la normalità della maggioranza nel vivere pregi e difetti, e vizi anche, ben sapendo che le norme, a volte, sono peggio delle ardite trasgressioni. La festa avrebbe avuto luogo fra quindici giorni e al suo invito avevano già risposto molti dei notabili più in vista nel Veneto e in Emilia. L'omaggio della società che in provincia conserva un suo carisma, sarebbe stato la consacrazione della faccia pulita che si era andato costruendo fin nei minimi tratti. Mentre gli pareva di vederla l'altra sua faccia: tolta come una maschera con un ultimo strappo durante il dialogo col Doge, gettata alle spalle, volava nel vento a stamparsi contro la figura del Lunardi che – si immaginava anche questo – lo scrutava ritto ai bordi della sua tana.

"Forse ho osato troppo" pensò, tuttavia tornando a riderne sommessamente. "Eh, sì, un passo oltre la misura, l'ho fatto..." Ma che soddisfazione ne aveva provato!

Alla festa per l'inaugurazione all'Isola Albarella, aveva invitato anche il Doge. Con un piccolo inchino, gli aveva consegnato il biglietto stampato dalla Tipografia Fogola di Sermide, e il Doge aveva dovuto notarne la raffinatezza, i fregi d'oro: "Nella ricorrenza del mio compleanno, ho il piacere di invitare la S.V. il 21 marzo prossimo... Chi nasce con la primavera, può attribuirsi il privilegio di festeggiare l'inizio di una nuova stagione che sia propizia per tutti...".

Il Lunardi si accorse che stava ancora torturando fra le mani il biglietto; ne fece tanti pezzetti che scagliò intorno: non riusciva a non vederlo un traditore, il Donati, e non credeva a una sola delle parole con cui aveva cercato di convincerlo:

"Io so chi sei!" gridò, dentro di sé, verso la macchina

che s'allontanava sul fondo. "E cosa sta tramando la tua mente contorta... Ma io la festa te la guasto!"

Quel biglietto, e il modo beffardo con cui era stato consegnato, erano un affronto; e lui gli avrebbe guastato la festa con un affronto. Sarebbe bastato, al Doge, far volare quella voce, "sgarro!", facendone una risonanza del fiume.

E, nei giorni seguenti, la voce volò.

Finì per arrivare all'orecchio di un giovane funzionario di polizia le cui tortuose manovre stavano già all'altezza della sua ambizione fomentata da rancori e complessi: Antonio Squeri.

7.

La cena fu squisita, con suonatori chiamati per l'occasione, camerieri che andavano e venivano solo per loro nella saletta esclusiva. Il Donati si rivelava di spirito e si alzavano continue risate; ma Regina e l'amica Delfina ascoltarono l'ospite intrattenerle anche con discorsi sulle idee, che pur mantenne armoniosi con l'allegria della serata. Di teatro (specie di ciò che fa teatro nella realtà) conversò con una competenza sorprendente, tanto che Delfina fece apparire un copione dalla copertina rossa, che strinse e accarezzò con gesti di un rammarico un po' buffo:

«Resterà una mia...» guardò Regina «una nostra follia, per cui nessuno, mai, avrà interesse.»

Il Donati sembrò invece coinvolto da quella vicenda che si svolgeva in un teatro viaggiante. Esso si spostava per il mondo, con le sue forme curiose, un meccanismo arcano che attraeva irresistibilmente all'amore, e tutti potevano entrarvi a recitare ciò che gli andava, vero o falso che fosse, terribile o ridicolo, con un senso o insensato. Il Donati non commentò, come la maggior parte quando la storia veniva esposta in poche parole, "la solita commedia della vita" (mentre di ben altro si trattava, semmai della rappresentazione di una società sbigottita dalla violenza sanguinaria, impoverita negli affetti e nelle passioni, senza più scampo nel sogno) – egli convenne, al contrario:

«È un'idea seducente che può essere realizzata!»

Insomma Delfina sarebbe partita da Venezia, all'alba dell'indomani, stordita da quella cena allietata da musiche nostalgiche e allegre, nonché da belle speranze e dalle maniere confortanti con cui il Donati sapeva insinuarsi nell'intimità altrui, a tratti rivelando una personalità così sensitiva da lasciare turbati. E si pentì, Delfina, d'aver dichiarato con determinazione la sua partenza, tanto che al Danieli, dove si erano dati appuntamento, si era presentata trascinando le sue valigie; si sarebbe messa a piangere dal dispetto verso se stessa, che ormai non credeva più nella benevolenza del futuro. Infatti, al brindisi, il Donati propose una settimana da trascorrere nella più sontuosa suite del Danieli.

«Insieme?» chiese Regina, con una punta di delusione, ritenendo che l'uomo, dopo essersi manifestato un incantatore per molti aspetti, arrivasse al solito dunque di tutti gli uomini.

«Insieme» confermò il Donati. «Ma non come stai immaginando tu. Per vivere, semplicemente, una settimana di pace, dimenticando i problemi, liberando la mente dai pensieri fastidiosi...»

Regina doveva riconoscerlo: aveva bisogno di un po' di pace. Di una tregua in quel continuo tagliare i ponti, lottare.

«Come due amici?» sorrise, ancora incredula.

«Sarebbe bello imparare a essere due complici, nel darsi piccole gioie, per quanto possibile. Senza l'obbligo di fare l'amore... Si può restare l'uno accanto all'altra, in un letto, limitandosi all'intenso piacere di questa vicinanza. Un piacere che, spesso, l'atto sessuale non supera; si mantiene intatta, luminosa, l'idea di un sentimento dentro l'emozione dei corpi.»

Regina continuava a essere stupefatta, e via via conquistata, da un Donati capace di immedesimarsi, oltre che in tante facce diverse di sé, in ciò che lei, anche con momentanee bizzarrie, voleva e desiderava. Quell'intelligenza dell'immedesimazione, rara negli uomini, le dava la certezza che il Donati era in grado di capirla, come nessuno.

«Forse» rispose. «Forse ritorno» ripeté, arrivata l'alba, accompagnando Delfina alla stazione. Anche gli altri attori della compagnia si erano dispersi. Ora pioveva. Sotto la pensilina, nella distesa dei binari, parve alle due donne di starsene scampate da un diluvio: non si vedevano altri viaggiatori, l'umanità sembrava aver disertato ogni partenza.

«Quando me ne vado io, piove sempre» sospirò Delfina. «E c'è sempre tanta solitudine. Così parto più triste. Fatalità... Sono nata in una notte di temporale. Il cielo, vedendomi, ha brontolato subito.»

Regina scosse la testa.

«Quanti addii, eh, Delfina? Ogni volta come se dovessimo non vederci più, invece finiamo per ritrovarci prima del previsto, sempre, e nei modi più incredibili.»

Scrutò l'amica: solo in viso portava male i suoi quarant'anni. Si capiva che era stato un bel viso; ora appariva divorato dagli occhi febbrili, dalla bocca pesante. Una maschera d'ansia e di golosità insaziabili. Ma il corpo si manteneva integro, miracolosamente giovane.

Delfina frugò in una borsa, estrasse il copione dalla copertina rossa:

«Consegnalo a quell'uomo» disse, porgendolo. «Inventaci un bel titolo e consegnaglielo. E tornaci, da quell'uomo. Non commettere, stavolta, una delle tue solite follie.»

Regina prese il copione. L'altra occhieggiò la pioggia: filtrata dal sole sull'orizzonte, il vento la rendeva ondosa sui convogli immobili. Quella visione indusse la donna a meditare, chissà perché, che fin da ragazza l'avevano chiamata La Favorita, e lei si era rassegnata al nome di battaglia, l'esatto contrario del suo destino, consistito sempre nel favorire gli altri. Il treno arrivò.

Dopo che Delfina scomparve affacciata al finestrino, raccomandando «Tornaci, al Danieli! Entraci anche per me, in quella suite...», Regina imboccò il sottopassaggio e si rese conto che stentava a respirare: amici e amiche, compagni di scena, erano tornati a sparire e senza Delfina, anche se per lo più toccava a lei sostenere moralmente l'amica, si sentiva smarrita, vulnerabile. Le veniva a mancare lo stimolo alla sua vocazione protettiva: qualcosa di simile alla sete di maternità.

Ci pensò a lungo, decidendo di tornare alla suite del Danieli.

8.

Nella settimana che seguì, il Donati si dimostrò abile e attento. Fece in modo che le circostanze assecondassero i loro desideri. Pensieri e preoccupazioni si allontanarono, lasciandoli immersi in un vuoto dolce del cuore, un vuoto senza sentimenti, tranne quello della soddisfazione fine a se stessa, che alimentarono e difesero. Ciò insinuò, nelle stanze del Danieli, il giocoso proposito di mantenere la sensualità ambigua e carica di sottintesi, come quando, sotto la luna, Venezia animava di perfetti chiaroscuri le ombre.

Badarono a non incrinarla anche con un solo gesto di troppo.

Dell'erotismo, di cui entrambi conoscevano in uguale misura gli artifici e le malizie, si servirono per tener lontani i fantasmi sgraditi con cui la realtà inquieta la memoria, allorché questa si avventura fuori dal sortilegio protettivo dei sensi. E se i pranzi, le cene, le passeggiate, le gite in motoscafo potevano, in qualche modo, esporli alle insidie della riflessione, c'erano i profumi intensi, le lampade suggestive, le musiche, i vini pregiati: c'era una quantità di cose, ancora, a stordirli.

In un solo caso, l'equilibrio minacciò di rompersi.

Fu di pomeriggio. Regina era caduta in un sonno profondo e, nel letto della sua camera, sembrava voluto, provocatorio l'essersi abbandonata in una posizione che ne faceva risaltare il corpo, dando, nella penombra, un'ambiguità invitante al suo profilo. Giaceva sul fianco destro, la gamba sinistra ripiegata sulla coperta e nuda fino all'inguine, le mani affondate fra le cosce, come se il sonno avesse interrotto la voluttà del gesto.

Il Donati si trovò a scrutarla dalla porta. L'aveva aperta per caso e subito l'aveva accostata, tenendosi poi fra i battenti, respinto da una reazione eccessiva.

Si sentì solo, ridicolo, sul punto di perdere un controllo inutile; decise che sarebbe entrato anche per reagire all'assurdo stato di soggezione in cui lo poneva il gioco delle inquietanti sensazioni prive di contatto fisico. Il desiderio annullava gli alibi mentali. Ma poi tornò, limpida, la memoria di quando aveva udito Regina cantare qualche giorno prima. Ogni cosa, l'aria stessa di un'alba che pure sorgeva magnifica, sembrava felice di essere attratta da quella voce che usciva dalla chiesa sconsacrata, di farne parte.

E lui si era incamminato, cedendo a tanta forza dell'ignoto. La comparsa della donna, incarnazione della casualità assoluta, l'aveva liberato dal disagio che lo possedeva con una pressione allo stomaco, dal malessere spirituale e dalla strana malinconia che l'avevano assalito all'idea di affrontare, nella figura del Doge, il mondo intero per annunciargli la sua decisione.

Senza l'incontro con Regina, forse non l'avrebbe trovato il coraggio di affrontare il Lunardi.

Era dunque questo l'amore che, nei casi preziosi, ci investe e ci sorprende, potendo sconvolgere una vita? Bastano una voce, un canto a manifestarne l'accadimento? Siamo così appesi a un filo bizzarro nelle svolte fatali dell'esistenza?

La settimana si concluse.

«Il gioco è finito» esclamò Regina, con rammarico.

«Diciamo» ribatté il Donati «che si è giocato col fuoco, e un po' ci siamo scottati. Almeno io. Mi piace inventare le cose con te. E mi dispiace lasciarti.»

Toccata, la donna ammise d'impulso:

«Siamo stati bene.»

«Allora, dammi retta e ascoltami.»

In breve, il Donati le raccontò, di sé, ciò che riguardava la decisione comunicata al Doge Lunardi e lo scontro che ne era seguito ai Sabbioni di Ganda; le vie tortuose per le quali lui, di ottima nascita borghese, era scivolato ancora giovane nelle maglie della Ghenga Veneta, diventandone uno degli adepti più preziosi ("Come un aliante bizzarro s'infrasca in un'intricata e minacciosa vegetazione"); il proposito di inaugurare, con la casa costruita all'Isola Albarella, il corso incensurabile della sua vita futura; il dato di fatto, infine, che i suoi familiari erano sempre rimasti all'oscuro di tutto:

«Sì, mia madre non ha mai saputo. Affinché non sapesse, ho educato me stesso alla menzogna più spregiudicata.»

Regina chiese, stupefatta:

«E chi crede che tu sia, tua madre?»

«Un uomo d'affari: *buoni*, in ogni senso.»

«Com'è possibile...»

«Molto denaro arriva in quella casa, da parte mia» la interruppe. «Dove arriva molto denaro si fanno, di solito, poche domande. Anche nel cuore degli affetti.»

Sorvolò su quella constatazione amara e, illuminandosi, prese le mani della donna:

«Nessuno, meglio di te, può immaginare il senso di ebbrezza, di potenza sulla stupidità degli uomini, che mi procurava interpretare il ruolo del corruttore di falsi onesti, del ricattatore di ricattabili, della carogna senza rimorsi con le carogne incapaci di grandezza... Un ruolo, in fondo, lontano dal mio vero e intimo carattere, che ha sempre aspirato al contrario. L'ho dimostrato a me stesso anche qui, con te, in questi giorni...»

I due si scrutarono.

«E io» insinuò Regina «che dovrei fare?»

«Te lo dissi, al nostro primo incontro. Ricordi? Recitare, per me, una parte. Interpretare un personaggio che esprima lo star bene insieme, o meglio l'illusione di una convivenza, di cui abbiamo finto la prova generale in questa suite. La prova generale mi pare sia ottimamente riuscita.»

Questo progetto di simulazione e parodia lo divertiva:

«Ti chiedo di essere la fidanzata che non sei, la futura moglie che potresti essere, alla festa per l'inizio della mia nuova vita. Una donna leale, intelligente, appassionata, moderna. Mia madre non mi ha mai visto accoppiato con una donna simile, e se ne è rammaricata.» Ironizzò: «Crede che io sia impacciato, con le donne. E che il mio lavoro mi distragga totalmente da loro».

Risero insieme.

«Perché, proprio io?» domandò Regina.

Il Donati avrebbe potuto spiegarle le ragioni che l'avevano trattenuto dietro la porta socchiusa, il giorno prima: dirle che, per festeggiare un avvenire, val bene concedersi, potendolo, di avere al fianco la donna che uno s'aspetta per una vita. Invece rispose, con un gesto bizzarro:

«Perché è così che mi va.»

Andava anche a Regina. Tanto più che il Donati concluse:

«Poi, toccherà a te chiedere. Una messinscena per la tua compagnia? Un grande viaggio? Una somma?... Qualunque cosa, sarò lieto di pagartela, e ci lasceremo da veri amici.»

Partirono quella sera stessa.

Il Donati avrebbe presentato Regina in famiglia, nella residenza di Ca' Tiepolo.

9.

La madre Cristina era seduta alla scrivania, con gli occhiali, i capelli bianchi ben pettinati; china sul suo diario, scriveva con una sottile penna stilografica: la grafia era minuta, ma energica. Il Donati si avvicinò scrutandole le dita. Il dorso delle mani era attraversato da grosse vene azzurre, la fede nuziale e l'anello con diamante scintillavano.

La donna voltò la testa con un sorriso. Chiuse il diario, togliendosi gli occhiali, e mise a fuoco la figura del figlio come dalla distanza di una lunga attesa. Lui la baciò sulla fronte.

«Come va, Marco?»

«Bene.»

«Il tuo lavoro?»

«Sempre meglio.»

«Hanno rispetto di te?»

«Tutti.»

«Sono contenta. Ti sei trovato una brava compagna?»

Il Donati aveva l'impressione di dar voce a un se stesso proiettato al di fuori di lui, che lo fissava con una maschera di derisione. Era in quei momenti, di menzogna estrema, che avvertiva la paura della morte. E pensava a Dio, dicendosi: se esiste, allora è un Dio terribile. Avrebbe voluto che Dio lo forzasse a sciogliersi in lacrime, ad afflosciarsi come un burattino ai piedi della madre.

«E ti sposerai?» lei chiese, insistendo su quella sua ossessiva preoccupazione.

«Sì, presto» la rassicurò.

Più mentiva, più la vergogna si dissolveva, e si sentiva forte nel suo essere bugiardo. Gli capitava in ogni circostanza.

«Vorrei veder crescere un figlio tuo, Marco.»

La sorella Anna aveva partorito da due mesi. E la madre disse, di quel primo nipote:

«L'ho voluto io, che lo chiamassero Marco, come te. Anna si opponeva. Voleva un altro nome.»

«Lo so.»

Il Donati si sentì attraversare dal rancore. Per quanto magistrale fosse stata la sua opera di copertura, l'assaliva la sensazione che la sorella intuisse qualcosa, e che il cognato sapesse; quello slavo non gli era mai piaciuto, aveva una faccia che un esperto della Ghenga avrebbe definito "spugnosa": da confidente della polizia, nella quale si potevano leggere le false generalità di un'anima. Ma, con tutta probabilità, lo slavo Anton Majcek, di Zagabria, avrebbe tenuto la bocca cucita nella sua qualità di amministratore della casa; amministratore, ovvio, del denaro regolarmente inviato dal Donati.

E ora erano di fronte: la madre e Regina.

La luna, alta, scompariva nelle nebbie. Il silenzio della sera era assoluto.

Regina si sentiva investita dall'intensità con cui la vecchia donna la studiava: due occhi simili a quelli del Donati, e tenuti fermi alla maniera sua, per scrutarla nel profondo.

«Quanti anni hai?»

«Ventotto.»

«Come ti chiami?»

«Regina.»

«Perché stai con mio figlio?»

Regina esitò a rispondere. Poi avvertì, dall'altra, un accento di follia che si insinuò in una frase pur pronunciata con il più conciliante dei sorrisi:

«Se tu non ne avessi rispetto... Se tu lo tradissi, io ti ucciderei.»

La madre aprì la finestra sul fiume:

«Guarda» esclamò. «È la nebbia che chiamano *insonnia*, perché notte e giorno stagna alle Sacche. Il mondo, in suo potere, diventa come una povera mente persa nella testa di un folle.»

Avanzava, dall'orizzonte, una barca con un gallo fosforescente dipinto a prua. Il barcaro prese a gridare:

«Turna!»

Da punti indefiniti, gli risposero:

«Turna!»

La madre spiegò:

«È il nostro modo di salutarci. Anche fra chi non va alla ventura, ma resta fermo sul suo argine e non capisce da dove deve tornare, dal momento che è una vita che non si muove da lì.»

Poi la nebbia cancellò completamente il cielo e la terra.

Seguì la cena e, alla fine, la madre si mise al pianoforte, annunciando:

«*Ariette dimenticate*, di Debussy. In omaggio alla nostra Regina.»

La sorella Anna si sedette alle sue spalle. Il cognato

restò in piedi, appoggiato al pianoforte, e a tratti il suo sguardo sfuggente si incrociava con quello di Regina. Il Donati si aggirava inquieto fra i mobili antichi, i tendaggi pesanti. Inseguiva un mondo perduto di luci, profumi, suoni.

Ascoltando *Ariette dimenticate*, Regina fissava un orologio dorato sotto una campana di vetro: un giovane suonatore di flauto si sosteneva al quadrante e, accanto a lui, spuntava una donnina con un cappello e un'ampia gonna. Quando l'orologio batteva l'ora, il giovane suonava e la donnina accennava movimenti di ballo.

Nella pace menzognera della casa, l'orologio sembrava insinuare un senso di sberleffo, di possibile imprevisto da parte della sorte. Regina cercò di allontanarne la premonizione.

Rimasti soli, il Donati l'introdusse nella camera dove il figlio della sorella dormiva. Sulle pareti intorno, innumerevoli ingrandimenti fotografici della madre Cristina, ritratta ai tempi della giovinezza: i capelli neri con la scriminatura in mezzo, la bocca maliziosa, lo sguardo ambiguo sotto le sopracciglia ben modellate. Non si capiva con quale sentimento fissasse: se la si valutava da destra, sembrava ironico affetto; se da sinistra, una controllata alterigia.

Davanti alla creatura neonata, Regina e il Donati si trovarono ad abbassare gli occhi insieme. Nessuno dei due confessò di non aver voluto figli, fino ad allora, per un controverso disamore di se stesso.

10.

Tre uomini sedevano nella stanza. Sulle tapparelle abbassate, un grande salice, solitario davanti alla casa, proiettava strane ombre, sembrava sigillare l'atmosfera tombale dell'ambiente e mormorava nella giornata ventosa.

Il Questore di Rovigo, Filippo Sasso, tracciava distrattamente su un foglio una donnina nuda, e ascoltava a tratti. Avrebbe voluto essere lontano da quella camera asettica dove, a fiuto, si capiva che si stava annunciando una bega inutile. Degli altri due, seduti di fronte, uno, il più giovane, esponeva complesse teorie poliziesche, van tandole come rivoluzionarie nella strategia investigativa, l'altro – il Questore di Ferrara – continuava a ripetere, con pazienza:

«Già, già... È l'uovo di Colombo.»

Non si guardavano in faccia. Si fissavano le mani con le dita intrecciate, o spostavano lo sguardo sul tratto di tavolo che li divideva, quasi stessero giocando a carte.

Il Questore di Ferrara, Vincenzo Simoni, era persona elegante. Il pari grado di Rovigo, scrutandolo con una punta d'invidia, conveniva che la fronte spaziosa del collega, incorniciata dai capelli tinti, poche volte doveva essersi corrugata per una delle infinite preoccupazioni che invece avevano ispessito di rughe il suo animo, fino a renderlo – incapace, ormai, di slanci ed entusiasmi – simile al guscio di una lenta tartaruga.

Esiste un'impassibilità poliziesca che è figlia di una profonda noia esistenziale, e il Simoni ne era la raffigurazione pressoché perfetta.

Il suo punto di forza era l'orecchio, la sede privilegiata del giudizioso proverbio: a buon intenditor, poche parole. Se era sopravvissuto, come uomo e come autorità, a mille insidie, il Simoni lo doveva appunto alla sua perizia nel dosare silenzio e parole, che lo aveva portato a un motto a cui ricorreva nei casi difficili: "Tacere quel tanto che non è tutto, dire quel tutto che non è tanto...".

Per il resto, si adattava alle situazioni con una rapidità micidiale. Riusciva a fare il morto – nel senso, ovvio, di restare vivissimo, senza andare a fondo – anche di fronte a un plotone di esecuzione. Dote preziosa che si poteva leggere nei guizzi beffardi degli occhi azzurri: occhi da fanciullo – giudicavano gli amici – che mai aveva conosciuto quell'equivoco che è l'innocenza.

Niente di comune, dunque, univa i due Questori, ad eccezione del disprezzo che entrambi nutrivano per il terzo presente: Antonio Squeri. Benché sapesse elaborare bizantine qualifiche per ogni caso, il Questore Simoni non riusciva a definire l'operato del giovane che lo fronteggiava, compiaciuto di una barba mantenuta incolta con cura, affinché suggerisse l'idea di uno spirito trasgressivo. Squeri indossava un giubbotto da finto ribelle, e di finto aveva l'essenziale che crea una personalità: dall'atteggiamento, che appariva spavaldo, al timbro della voce.

"Un guazzabuglio di complessi" rifletteva il Simoni, cogliendo al volo lo sguardo di Squeri, ansioso e insicuro. "Un ambizioso piantagrane, un miserabile portatore di una grandiosa malevolenza. Rischia di diventare una carogna potente."

Ma quali le funzioni di Squeri?

Aveva iniziato la sua ascesa come ufficiale di polizia giudiziaria. Si era quindi infiltrato nella Guardia di Finanza; per diventare, infine, di un'inflessibilità assoluta nello svolgere i compiti che sono propri della polizia politica. Rappresentava, insomma, l'uomo ideale nel regno di terre e acque che, da Porto Tolle a Pola, si offriva dominio agli strateghi del contrabbando e del sicariato per destabilizzare la società. Esperto in interrogatori, responsabile – si vociferava – di qualche morte sospetta.

Il Simoni si fece presente, udendo Squeri che gli rimproverava:

«Lei non mi sta ascoltando.»

Era vero. Il Simoni si era ben guardato dall'ascoltare

quel vaniloquio su teorie per rendere più moderno e internazionale il meccanismo poliziesco. Semplicemente ascoltando, si sarebbe sentito un traditore della sua carica. Mentì con prontezza:

«L'ho ascoltata, Squeri. L'ho ascoltata. Ma che dirle? Sono teorie. E la mia coscienza di funzionario, se da una parte mi induce a disapprovarne, diciamo, l'arditezza...» il che era scontato, qualunque cosa Squeri avesse proposto «...dall'altra, trattandosi di lei, mi spinge a convenire: vediamole tradotte in pratica, queste benedette teorie. Poi giudicheremo.»

Si rivolse al collega Sasso:

«La tua opinione?»

Benché di opposto carattere, i due, col fiuto, se la intendevano:

«La mia opinione è questa» e il Sasso fissò le ombre nel riquadro della finestra. «Fuori di qui, la giornata è limpidissima. Perfettamente godibile. Per di più, giornata di festa. Mi auguro che non siamo stati convocati d'urgenza in una funebre stanza solo per ascoltare delle teorie!»

«Concordo» sorrise il Simoni. «Esistono il caso specifico, l'emergenza?»

«Esistono» affermò Squeri.

«Non sarebbe il caso di esaminarli, allora, senza tante chiacchiere? Così, poi, ciascuno se ne andrà per i fatti propri. A pesca o a donne, vero, Sasso?»

Squeri fissò con disprezzo il Simoni, dialogando fra sé: "A donne tu, un cornuto, il tenutario ridicolo di una moglie ninfomane... A pesca, forse, di altre corna!". Spiegò:

«Dovevo... Volevo informarvi di uno sgarro.»

I due Questori si guardarono. Senza più sorridere:

«Sgarro, in che senso? Malavitoso?»

Squeri annuì, con una smorfia.

«Fatto o da fare?»
«Da fare» rispose Squeri.
«E a chi?»
Squeri assaporò la sospensione che, per qualche secondo, impose nella stanza:
«A Marco Donati. In nome delle teorie che voi non vi siete degnati di ascoltare. Se le aveste ascoltate e capite, tutta questa storia assumerebbe un altro significato.»
La stanza fu dominata dal mormorio del salice. Anche le ombre sulle tapparelle sembrarono gigantesche ai due Questori.
«Da quanto mi risulta» ironizzò Squeri «voi interverrete alla magnifica passerella che il Donati ha allestito per il battesimo, diciamo, della sua nuova casa. Esatto?»
«E con questo?» obiettò il Simoni. «Pur nella sua ribalderia, quel Donati mi è sempre risultato a modo e intelligente. In termini criminali, innocuo.»
«Senza dimenticare» aggiunse il Sasso «i favori che ci ha procurato. Col Lunardi, spesso, trattare è pazzesco.»
Il Simoni si rendeva conto che, con un testardo come Squeri, arrogante per di più, ogni argomentazione era inutile. Tuttavia precisò:
«A tutti gli effetti, risulta a posto. Un mediatore...» s'interruppe. «I dettagli, li conosciamo solo noi. E fra le bassezze a cui ricorrono i faccendieri italiani, l'affarismo machiavellico del nostro amico non è poi che sia il peggiore.»
Squeri reagì, e quasi gridò:
«Lo è, invece! E insidioso, in quanto fuori dagli schemi!... E proprio perché gente del vostro potere rappresentativo interverrà a quella pagliacciata, è necessario opporre una beffa a una beffa, una dimostrazione pubblica a un'altra, astuta e ambigua...»
Il Questore Sasso chiese, con finta ingenuità:

«Che insidia c'è, scusi, nel dare una festa per una casa nuova?»

«Adesso è lei che mi costringe a chiacchiere inutili» rispose Squeri. «L'insidia sta in una vecchia astuzia da massone e da mafioso: approfittare di un'occasione festosa, per chiamare a raccolta uno stuolo di potenti e, in tal modo, dar prova di una personale, spavalda potenza.»

Il Simoni insinuò:

«E lo sgarro che lei medita, Squeri, cosa prevede? Spargimento di sangue?»

Squeri scoppiò a ridere:

«Al contrario. Prevede ciò che, a tutti noi, dovrebbe stare a cuore più di ogni cosa.»

«Ossia?» chiese perplesso il Sasso, a cui non stava a cuore quasi nulla.

«La verità!... Di fronte a una larga rappresentanza delle nostre province, in occasione di quella festa alla quale anch'io ho avuto l'onore di essere invitato» mostrò il cartoncino con lo stesso sarcasmo che usava nella voce «dichiarerò chi è, in realtà, Marco Donati!... Lo dichiarerò senza enfasi e senza ostilità apparente. Con garbo, come la circostanza richiede. E offrirò un mazzo di rose alla donna con cui si sta mostrando in giro: una mediocre cantante e attrice, dai trascorsi tutti da verificare.»

«Una stupida bravata!» esclamò il Sasso.

Provando un rammarico che, lì per lì, non seppe motivare, tuttavia profondo, il Simoni precisò, con un sorriso amaro:

«No, Sasso. Non una bravata. Una scena madre...»

«Lei che ama il teatro» ironizzò Squeri «dovrebbe apprezzarla.»

«Già, già... L'uovo di Colombo. Usare lo stesso linguaggio della controparte. Riconosco che i nostri avversari troppo spesso ricorrono a sceneggiate, per umiliarci nelle tecniche rigide e burocratiche a cui siamo costretti. Ma, proprio da amante del buon teatro, le faccio notare che il Donati è maestro di scene madri. Non crede, dunque, che il suo sgarro rischi di costarci caro?»

Squeri riacquistò aggressività:

«La teatralità del Donati vale solo nel senso che quell'individuo è un pagliaccio. Lo potrete constatare nel momento stesso in cui lo smaschererò.»

«E lo scopo?» chiese il Sasso. «Lo scopo di questo gran daffare?»

Squeri ebbe cura di tacere sulla "voce" che Cesare Lunardi, il Doge, gli aveva fatto pervenire (era affar suo, e si sentiva gratificato: per la prima volta, da quella parte, gli veniva chiesto un favore). Afferrò le mani del Simoni, che ne provò un sottile ribrezzo e provvide a sfilarle, spiegando:

«Gli equilibri fra polizia e criminalità sono oggi perfetti. Mai il Delta del Po ha conosciuto, dal nostro punto di vista, un periodo così propizio. Solo alcuni, e mi riferisco a personaggi del tipo Donati, irrisolti e fuori struttura, oltre che pronti a tutto, potrebbero lacerare una tela di ragno tessuta, soprattutto da voi, in lunghi anni di abilità e pazienza. Diamogli una mezza occasione, a quelle canaglie, e ci sbatteranno nella fossa con la mano sinistra!»

Il Simoni squadrò Squeri dalla testa ai piedi:

«Perciò lei, all'Isola Albarella, sarà primattore. Convengo che, a volte, un giorno di gloria può compensare anni di guai. Però non vada in giubbotto. E si faccia la barba. Il Donati, come primattore, è anche un ottimo costumista di se stesso.»

Squeri uscì.

Il Simoni e il Sasso rimasero a fissare la porta, senza dirsi nulla, ma con la stessa convinzione: ci sono casi in cui resta ben poco da fare, se non il catalogo dei guai fisici che opprimono una carogna o un imbecille. Pensarono che Squeri era un fumatore accanito, soffriva ferocemente di insonnia, stava precipitando nell'abuso di pillole e nella sessualità sordida. A farlo fuori, avrebbe dunque provveduto la natura, che dispone di un invidiabile corpo di polizia repressiva.

11.

Regina restò affascinata dalla torre, avvistandola contro la luce del mare, avvolta da stormi di rondinotti e beccacce che annunciavano bonaccia. Essa ricordava uno di quei campanili che si incrociano nella campagna veneta e non hanno mai suonato campane per un'anima, mai essendo stata costruita la chiesa. Nella loro solitudine, sta l'idea di un Dio trascurato, lasciato a metà.

La torre sorgeva prossima alla villa che sarebbe stata inaugurata l'indomani. Ne era l'antico altare, di suggestivi mattoni rossi, e a legarle – le due costruzioni, così opposte e lontane nel tempo – stavano sabbie mantenute in un'abbagliante purezza, a cui entrambe si affacciavano.

Da Venezia, col motoscafo, era un salto raggiungere l'Isola Albarella. Durante il tragitto, il Donati era rimasto in silenzio, senza anticiparle nulla di quanto li aspettava, e ora Regina si trovava sconcertata da una seconda stranezza, ossia dall'indicazione che segnalava, qua e là: "Villa *Un ballo in maschera*".

Attraversando saloni e penetrando in ambienti dominati da un lusso raffinato (il Donati aveva provveduto affinché, alla sua vita futura, non mancasse alcun conforto della ricchezza, della tecnica e del buon gusto) a Regina capitava di scorgerla nei punti strategici, la torre di mattoni rossi: ora tracciata al centro della finestra, ora appena visibile a lato della vetrata, come un pensiero fisso in un contesto di ragionamenti estranei.

Alla torre si avviarono sul far della sera. Trovandosi nelle sabbie a fissare il tramonto, furono richiamati dagli stridi degli uccelli, una nube che pareva azzuffarsi intorno alla cima. Il Donati si appoggiò a Regina. Lei ne avvertì la stretta al braccio, quasi una forza oscura lo spingesse indietro; salendo la scala interna, lo vide invece sorridere, scrutando in alto, preso evidentemente da lontane visioni. In effetti, il Donati ebbe l'impressione che il padre lo aspettasse appoggiato alla ringhiera, lassù, come quando, ragazzo, lui si fermava prima dell'ultima rampa, e si salutavano con un cenno. Il padre gli chiedeva:

«Come va, stamattina, la rondinella? Vola al meglio, Marco, o vola al peggio?»

E la rondinella era la sua fantasia di adolescente, già capricciosamente divisa fra opposte tentazioni.

Si trovarono in una stanza che era un regno della polvere. Essa aveva, sì, coperto ogni cosa, tuttavia usando una sorta di sorprendente pudore nel depositarsi, nell'avvolgere le forme, e questa impressione veniva accentuata dal filo di luce che pioveva dalle persiane accostate. Il Donati andò ad aprire la finestra e si inoltrò nel poggiolo, in faccia al mare. Senza girarsi, confessò a Regina:

«Un giorno, vent'anni fa, mio padre si affacciò a questo poggiolo, fissò l'orizzonte, forse vide molto più in là di quel mare... Quindi si tolse una pistola di tasca... I testimoni dicono che restò fermo a lungo, con la pistola alla tempia, prima di premere il grilletto.»

Il Donati rientrò nella stanza, aggirandosi:

«Lasciò una lettera in cui esecrava chiunque fosse così povero di spirito da non riuscire ad amare e a capire, chiunque arrivasse a tradire. Ma di sé, della ragione del suo gesto, non scrisse nulla.»

Le indicò un punto. Qualcosa creava un rilievo sotto

la coltre di polvere; Regina non ravvisò subito la forma della pistola:

«Ho rimesso io quell'arma esattamente dov'era scivolata» spiegò il Donati. «Ho mantenuto la scena del suicidio così come mi si presentò, e fui il primo a entrare qui dopo la tragedia... Ogni dettaglio come lo registrai quel giorno.»

Regina capì che la polvere che li circondava, era per molti aspetti anche la proiezione psicologica di quell'uomo che sembrava così brillante nel far parodia della vita.

Egli chiese, fissando il vuoto:

«Perché si uccide un uomo che appare la creatura più serena e in pace con se stessa? Ci ho pensato fino all'ossessione. Ho indagato. Non ho scoperto nulla che potesse rendere falsa, o ambigua, l'immagine che mio padre ha dato, di sé, per tutta la sua esistenza. Un uomo perbene, felice di essere un piccolo possidente perbene...»

E di nuovo lo ricordò quando, da ragazzo, lo vedeva sbucare dal poggiolo, per aspettare e salutare lui, che arrivava di corsa dal mare: si mostrava col cappello di feltro, alla Boito, la gran sciarpa bianca, il mantello di taglio eccentrico, i guanti che infilava e toglieva con gesti eleganti. Faceva volteggiare il suo prezioso bastone da passeggio, per segnalarsi, con l'abilità di un prestigiatore.

«Come si chiamava?»

«Armando.»

Con mano incerta, il Donati sollevò la pistola. La pulì sommariamente dalla polvere, poi la depose fra i libri preferiti dal padre.

Nell'armadio, quando il Donati lo aprì, si mossero all'aria, acquistando vita, i vestiti di ottimo taglio che il suicida si faceva confezionare dai migliori sarti di Venezia. Le sciarpe sventolarono insieme. Regina restò impressionata dalle scarpe allineate che, velate di polvere, sembravano aver compiuto un lungo viaggio in un deserto.

Una vetrinetta ospitava una divisa da ufficiale. Ai suoi lati, fotografie nelle quali Armando Donati appariva somigliante al figlio. E poi una serie di immagini della moglie Cristina, il cui viso, anche per il modo in cui era stato angolato nell'inquadratura, si imponeva, pur dietro la trama di polvere, con tratti di una perfezione aristocratica, ma fredda, distante.

«L'amava?» chiese Regina.

«Moltissimo. L'amava e la rispettava.»

Il Donati si girò di scatto, verso la parete opposta.

Una scena di famiglia, al centro come un piccolo quadro – Armando Donati, bambino, vi teneva il braccio intorno alle spalle della madre seduta su una panchina, in un giardino – era circondata da fogli da disegno in cui spiccava, tracciato a penna o a matita, il profilo di un uomo, dello stesso uomo. Marco Donati lo scrutò, avvicinandosi, passandoci sopra la mano, quasi il gesto avesse potuto aiutarlo a decifrare:

«Il profilo di chi? Non sono mai riuscito a identificarlo.»

I fogli da disegno, in un primo tempo, erano stati lacerati nel mezzo; ma, in seguito, si era provveduto a riaccostare le due parti, facendole combaciare con cura: lo strappo restava, sottile, come lo sfregio di una rasoiata:

«Se solo afferrassi il bandolo, Regina. Del mistero che ristagna qui, intorno a noi, c'è qualcosa che a volte credo di capire. Poi tutto, di nuovo, mi sfugge.»

Si avvicinò al grammofono sul quale stava ancora l'ultimo disco che il padre aveva ascoltato. La puntina segnava, esattamente, la fine della melodia:

«*Un ballo in maschera*!» e il Donati tornò a fissare lontano. «L'aria, appunto: "Che nel ballo alcuno – alla mia vita attenterà, sta detto..."»

C'erano momenti di straordinaria verità, nel Donati, quando al gioco della messinscena, se non delle finzioni, subentrava la memoria del dolore. Regina convenne che lui continuava a suggestionarla, mentre lo udiva riflettere a voce alta:

«Credo che bisognerebbe partire da quest'opera verdiana. Mettendo il disco, mio padre ha suggerito la chiave... Era l'opera che considerava esemplare per il mondo d'oggi; il capolavoro del tradimento (concetto che ritorna, come nella sua ultima lettera) e dell'ambiguità dell'uomo contemporaneo, che si specchia in una società ambigua ed è spinto a identificarsi. Affermava: "Esistono due Italie opposte e indissolubili, l'una predestinata alla tragedia, e la cui vera tragedia si compie nelle corruzioni, nei ricatti, nella prostituzione più abbietta degli animi e dei corpi, facendo paura, uccidendo... l'altra che la tragedia l'ha storicamente superata ed è di una stanchezza mortale. Nel mezzo, spiragli, crepe, dove si infiltrano gli onesti inutili, che hanno creduto con una folle fiducia nella propria speranza, come me".»

Il sole finiva di tramontare. Erano immersi nel biancore della polvere e fronteggiavano il biancore delle sabbie:

«Comunque sia, Regina, è mostruoso che una vita vissuta in sottovoce, con grande rispetto per gli altri e una civiltà del cuore, porti al gesto atroce di un suicidio. Anche per questa ragione... soprattutto per questa ragione, io decisi che la mia vita, invece, almeno per un certo tratto sarebbe stata un *Ballo in maschera*!»

Si inginocchiò sul poggiolo. Gli sembrò di toccare sul fondo, fra le sbarre arrugginite, le due parti della sua vita che, l'indomani, si sarebbero saldate.

12.

Da quello stesso poggiolo, seguì l'animarsi della festa: gli ultimi ritocchi, gli arrivi degli ultimi messaggi augurali.

Poi i suoi occhi afferrarono, lungo le due opposte strade che confluivano al ponte, le prime automobili che avanzavano in lente file sotto il sole che, sui parabrezza, dava idea di scudi splendenti portati da cortei di vittoria.

Il Donati sorrise con una punta di amarezza, ricordando fra sé: "Esistono due Italie opposte e indissolubili...".

«Certo» commentò a voce alta. «Ma ora, nel mezzo, ci sto io!»

E lui ci stava, a differenza del padre, senza inutile innocenza, non avendo mai riposto né fiducia né speranza nei buoni principi che, alla prova delle peggiori esperienze, si erano dimostrati delle chimere. Con questa coscienza – che lo faceva sentire forte, invulnerabile – scese dalla torre, avviandosi a ricevere chi stava sopravvenendo per testimoniargli amicizia, e non pochi sudditanza, gratitudine equivoca, rispetto timoroso.

La realtà crudele non irrompe mai veloce. Essa ci appare veloce, e spesso di colpo catastrofica, perché, accecati dall'ottimismo, non riusciamo ad afferrarne i segnali, per lo più falsamente innocenti, che la precedono. I fulmini a ciel sereno richiedono, prima del fulmine, il sereno. Un avviso, questo, sul quale il Donati avrebbe dovuto essere messo proprio dalla vicenda paterna.

Invece, egli si limitò ad assaporare il suo sereno.

Avanzò sottobraccio alla madre.

Spiccarono il cappello alla Boito, la sciarpa bianca. Dal vestito di taglio eccentrico, la maggior parte dei presenti arguì che, abbigliandosi, il Donati aveva voluto in certo qual modo retrodatarsi, per far intendere che il suo senso estetico e il suo gusto spaziavano, a capriccio, in un tempo più vasto. Così come la sua personalità poteva concedersi vezzi ad altri non consentiti.

Nessuno fu in grado di collegare quella figura al culto di un padre, alla memoria della sua tragedia, nonché di capire il sarcasmo e lo spirito vendicativo con cui l'ospite, profondo conoscitore di maschere e mascherate, si muoveva dietro l'apparenza.

Dapprima esitante, poi ironica padrona della sua bellezza, Regina si inoltrò sulla scia del Donati, avendo chiaro il senso di ebbrezza che, nella circostanza, lui doveva provare. Lo sapeva perché lo provava in uguale misura. Dall'incertezza che l'aveva afferrata appena messo piede in quel mondo che non le apparteneva, era infatti passata al successo riscosso con il semplice comparire. Anche lei si immedesimava sempre più nel suo ruolo e la scena le giostrava intorno, con allegra animazione, facilitandole il compito.

Il Donati fece una sosta. Affidò la madre a Regina e riprese ad avanzare fino al punto da cui era esaltante contemplarli – gli invitati di tutto rispetto – mentre si componevano a gruppi e, come cavalli ammaestrati, scendevano il leggero declivio per raggiungerlo. Ovunque gli apparve armonia...

Si verificarono quindi, in rapida successione, rovesci di scena.

Il Donati notò i Questori Simoni e Sasso discutere animatamente prima di eclissarsi, lasciando il passo a un uomo che porgeva un mazzo di rose a Regina e approfittava dell'inchino per nascondere il volto dietro i fiori. Avvistò i carabinieri con la coda dell'occhio, come succede coi topi. Infine, dopo un susseguirsi di abbracci a vecchie conoscenze, si trovò di fronte l'individuo che aveva omaggiato Regina.

Riconobbe immediatamente Antonio Squeri. Sapeva chi era, com'era, meglio ancora di Simoni e Sasso. A quell'ufficiale di polizia, per cui non aveva alcuna considerazione, aveva sempre reso la vita difficile, sfruttandone i punti deboli, fin da quando era stato spedito sul Delta. Perciò il Donati non ebbe dubbi su ciò che stava per accadere.

Gli era già capitato di affrontare i bruschi voltafaccia delle situazioni che si danno per scontate. In casi del genere, la sua mente si concentrava, fulminea, sul margine anche minimo di salvezza. L'importante – lo sapeva – era dilatare con ogni mezzo quel margine.

«Salve Donati,» sorrise Squeri «accetta il mio piccolo omaggio .. Alla verità!»

I carabinieri circondarono i due, ma con fare disinvolto, come gli era stato ordinato, soltanto per aggiungere quel tanto di intimidazione che poteva venire dalle loro uniformi; per il resto, non avevano mandati, erano degli ospiti come gli altri, sebbene non desiderati.

Il Donati non rispose. Capì che doveva affidarsi al silenzio e alla forza degli occhi, sia per leggere bene nelle intenzioni dell'avversario, sia per sprigionare il suo magnetismo d'incantatore. Mai Squeri si era sentito investire da una simile proiezione di odio, e vacillò, mentre il Donati gli faceva pesare sempre più la propria figura con cui lo dominava, additandolo senza un gesto, con il solo atteggiamento, come il più indegno dei presenti.

Opponendo la sua occhiata, Squeri cercò di imporsi la crudeltà con cui trattava i piccoli delinquenti durante gli interrogatori, quando gli ordinava di sedere accanto a sé e, simulando comprensione, finiva per appoggiargli alla tempia la pistola con la sicura levata.

"Devo renderlo muto!" si ripeteva il Donati. E il suo sguardo diceva:

"Non ci riuscirai, Squeri. Resterai tu, un pagliaccio capace di bravate inutili... Un terrorista poliziesco smanioso di far parlare di sé, buttando bombe scriteriate!"

Gocce di sudore s'infittirono sulla fronte di Squeri. Nel silenzio assoluto che si era creato fra gli ospiti, si udì un gallo cantare nella campagna.

"Sto per farcela" pensò il Donati. "La mia identità non può essere giocata da un insetto velenoso."

Regina seguiva lo scontro senza parole, stupefatta come tutti.

Il Donati sollevò il bastone da passeggio, facendolo volteggiare con l'abilità da prestigiatore appresa dal padre, il che significava, in quel momento:

"Io ti ucciderò, verme, se dirai una sola parola!"

Squeri abbassò la testa. Ma quando girò sui tacchi per desistere, con un sospiro di sconfitta, si trovò a incrociare un altro sguardo: di una donna giovane e bruna, che lo scrutava ansiosamente dal cerchio dei presenti, stringendosi al braccio del marito, Giorgio Vettorazzo, antiquario di ottima reputazione in Venezia.

"Allora è proprio destino" esclamò Squeri dentro di sé. "Uno di noi due deve perderla, la faccia. E io non posso."

Il giorno precedente, in un letto, dopo un amore di quelli così ben riusciti che uno sarebbe disposto a confessare anche un delitto, a quella donna bruna, che tradiva il marito con una spregiudicatezza inimmaginabile a giudicarne l'aspetto, aveva confidato il suo piano. Se n'era vantato. Oltre alla faccia, dunque, avrebbe rischiato di perdere il rispetto e i privilegi della migliore o peggiore delle sue amanti, a seconda dei punti di vista, un'amante d'eccezione che gli consentiva le poche meraviglie della sua vita balorda. Le custodiva con tutta la sua accortezza di sbirro e mai ci avrebbe rinunciato.

Di nuovo, il Donati capì al volo: l'intesa fra Squeri e la donna, la mutata determinazione con cui il rivale tornava a fissarlo. Capì di essere battuto. E nel modo peggiore: per un granello di malasorte. Ma Squeri non l'avrebbe avuta, la soddisfazione di una vittoria in prima persona.

"Mai" affermò il Donati dentro di sé. "A costo di morire."

Aspettò che l'altro si girasse verso gli invitati, beffardo, che sollevasse il braccio richiamando l'attenzione. Poi, di quell'attenzione, si impadronì come un demone. Scansò Squeri e gridò, in vece sua:

«Amici, ora vi dirò chi sono. O meglio, chi sono stato capace di essere! Ve lo dirò con le mie scuse. Per rispetto a voi, a me stesso... Potrei aggiungere che è acqua passata, che io, ora... Ma che importanza avrebbe? Io sono stato capace!...»

Gridò ancora quel tanto che bastava.

In seguito, avrebbe rivissuto infinite volte le immagini della reazione che, al suo identificarsi in pubblico, aveva avuto sua madre. Rivedeva quello scatto delle spalle in avanti, la mano appoggiata a un albero, come per non cadere o dominare una nausea.

Capitolo secondo

1.

Regina fissava quel vuoto di cui avvertiva il peso: fisicamente, nelle ossa.

La villa, con i suoi spazi deserti e un biancore che la faceva apparire glaciale, poteva contare soltanto sulla sua presenza, che vi si aggirava prigioniera, per un giudizio cosciente su ciò che era avvenuto e stava avvenendo. Il Donati aveva allontanato anche gli amici più intimi: nessuno doveva essergli testimone nel dramma che era seguito alla bravata di Squeri, un dramma fatto di solitudine e di silenzio. Nessuno, tranne lei, che intanto rifletteva: dov'era finito – di quell'uomo – il senso del prestigio personale, così animato con scenica sicurezza, l'essenza stessa del suo piacere di vivere, che avrebbe dovuto impedirgli di mostrarsi, distrutto, specie agli occhi della donna preferita?

"Cosa lo spinge" si chiedeva "a pretendermi accanto, ancora? Una volontà di possesso? L'egoismo di obbligarmi ad assisterlo? O, peggio, la debolezza del vinto, del naufrago, che s'aggrappa all'unico appiglio?" Ipotesi che la spaventavano. Alle imposizioni altrui si era sempre sottratta con decisione, e per i guai che non la riguardavano fin troppo aveva pagato quando si era lasciata andare alla generosità.

Cercava di decifrare qualcosa che l'aiutasse a decidersi, seguendo con lo sguardo la figura del Donati che, come un leone in gabbia, si spostava di continuo fra le sabbie e la torre, e non si metteva al riparo se l'aria si oscurava e si scatenavano burrasche brevi e violente; anzi, in quei momenti sembrava inseguire uno stordimento selvaggio, e si bloccava, la faccia rivolta al cielo, per essere cancellato dai mulinelli sabbiosi con cui il vento l'avvolgeva prima che, sul suo corpo, la terra s'impastasse con la pioggia.

Perché il Donati non faceva nulla per convincerla che da un sentimento positivo, di qualunque natura, era indotto a trattenerla? Lo udiva ripetere automaticamente, quasi con un lamento:

«Hanno voluto distruggermi. Eppure non avrebbero più avuto ragione di temermi o di dubitare di me. Lo giuro: volevo soltanto vivere in pace la mia rispettabilità, qui e lontano da qui, in viaggi indimenticabili. Non avevo in mente altro disegno.»

Si animava per recriminare, fra sé: con che diritto poteva additarlo a esempio esecrabile una società che, in quegli anni, aveva toccato il punto più infimo? Un guazzabuglio di sordide compromissioni, con un'amministrazione a pezzi, una finanza fallimentare, un livello di moralità da basso impero, istituzioni degradate, governi effimeri, che avevano fatto dell'Italia uno dei paesi più corrotti del mondo...

«Con che diritto?!» gridava.

Ma solo il vento, o il silenzio, gli rispondevano.

Doveva comunque decidersi, Regina.

Certo, era stata suggestionata da un uomo il cui compito pareva appunto quello di suggestionare, e nella piccola isola l'aveva spinta una curiosità che riconosceva incosciente (la curiosità di vedere come sarebbe andata a finire, accettando di condividere, col Donati, un ruolo affidato all'improvvisazione). Ma ormai quel ruolo era finito, e l'attrice che era in lei poteva fare i bagagli.

Dire "Addio, amico mio, e buona fortuna", ecco cosa le restava, per evitare altri guai; farsi riportare quanto prima a Venezia.

Invece resisteva, combattuta. Per un filo non del tutto comprensibile che la legava a quel luogo, a quell'uomo, tanto che il proposito di fuggire era pari al sentimento di solidarietà, e di pietà anche, con cui lei capiva di che natura fosse il vero dramma del Donati. Specie quando, a tratti – scuotendosi dalla furia contenuta che lo inchiodava a infauste visioni – lui si girava, lieto di accorgersi che c'era, che esisteva, e le sorrideva con la gratitudine afflitta di un cane ferito, ma sicuro che non verrà abbandonato.

Allora, a Regina era chiaro che la disperazione del Donati non nasceva dal sentirsi battuto, bensì da uno stato diverso, più complesso. Conosciuta la prima sconfitta, egli aveva perso il controllo della propria energia fuori dal comune, e questa energia del corpo e della mente – per nulla scomparsa, anzi esasperata – gli si stava ritorcendo contro, diventava un'arma che poteva ucciderlo.

Qualcuno doveva aiutarlo a rivolgerla di nuovo contro gli altri, l'arma che minacciava il suo cuore.

"Io" si disse "io sola posso essere questo qualcuno!"

E ben cosciente di star sbagliando ancora una volta, per un gusto della sfida che vanificava i ragionamenti e per lo sdegno che le aveva sempre provocato l'ipocrisia sociale, Regina si propose di riportare il Donati alla padronanza di sé, che fin dall'inizio l'aveva affascinata: gli avrebbe fatto ritrovare la rabbia vendicativa.

Ma, prima, era necessario che insieme ricomponessero la pace che consente il recupero del dialogo, del dominio razionale, specie nei piccoli affetti, nei ricordi. E a tale scopo lasciò che la guidasse l'istinto con cui una donna sa quale potere abbiano, nelle circostanze confuse, gli atti più semplici; pensò che solo la felicità oscura che è propria dei corpi stimolati e appagati poteva strappare il Donati alle oscurità non felici dello spirito, tornando a immergerlo nella fiducia in se stesso.

Lo trascinò in un amore fisico che si manifestò con forme di esasperazione, e lui se ne lasciò investire com'era avvenuto con le burrasche fra la torre e le sabbie; poi lo condusse, con armonia, a una passione corporale che conosceva la delicatezza delle invenzioni, delle sorprese, e scioglieva i nodi delle ossessioni.

Fecero l'amore di continuo. E ad entrambi sembravano remoti, come sognati, i giorni trascorsi al Danieli, che li avevano visti, nella suite, fomentare con malizia i loro sensi, torturandosi piacevolmente e sentendosi forti nel riuscire a non cedere a quel reciproco possesso che ora esplodeva senza freno.

Regina ne era certa: avrebbero recuperato anche quella musica dell'intesa, la giocosità dello stare insieme...

Cominciarono a ritrovarsi, dopo gli amplessi, come chi, esausto per una sfebbrata o una notte di incubi, si sveglia con una stanchezza limpida che è il primo segno della ripresa, di una purificazione avvenuta.

2.

Regina sedeva sulla sponda del letto. Il Donati si inginocchiò e insinuò le mani fra le sue ginocchia.

Poco prima, tornando verso la villa, erano stati di nuovo aggrediti dal temporale. Nella camera, stagnava un odore di pioggia che veniva dagli abiti bagnati, buttati qua e là.

Il Donati si scoprì soggiogato da un ricordo: dei suoi anni di gioventù. Rivide il tronco di un pioppo, che gli appariva più alto e imponente degli altri, sulla cui corteccia una mano abile e ignota aveva intagliato un sesso femminile, riproducendolo nei minimi dettagli. Quell'apparato genitale si tuffava, maestoso, fra le cosce appena delineate; le grandi labbra mostravano la polpa rosa del legno.

Il tempo e le stagioni avevano completato l'opera.

I temporali d'estate e le violente grandinate avevano cancellato la patina verginale. Le piogge d'autunno avevano pazientemente inciso le rughe che la natura ramifica nell'intimità di un corpo di donna. Il gelo degli inverni aveva lasciato spacchi, e per le tempeste di sabbia rossa si erano stratificate scolature come di sangue. Era cresciuto un muschio che adombrava la folta peluria di un pube. Altra suggestione – quella della fecondità – veniva dalle catacliste, le farfalle che depongono uova luminose come lucciole.

Sembrava che gli abitatori del fiume avessero portato tutti il loro contributo.

Il Donati, ragazzo, passava via appunto nelle stagioni più diverse, spinto a volte dal suo sangue caldo e dalla smania di femmine, altre volte da depressioni o disperazioni che quel sangue gli raggelavano, procurandogli solitudini che gli facevano apparire il mondo come un deserto.

Allora, cercava il pioppo, stordendosi con l'intenso odore del legno. Gli capitava di inginocchiarsi davanti alla scultura, di appoggiarvi la testa, come ora di fronte al sesso di Regina. Il ricordo gli accelerò i battiti del cuore. Gli sembrò che le coincidenze della vita che legano, con piccole fatalità, gli atti umani e le cose, il passato e il presente, tornassero a favorirlo.

Lei gli appoggiò la mano sulla nuca.

3.

Si perdevano dove il fiume era immenso, o nel suo intrico di isole, sfiorando le paludi infide. La barca a motore preferita dal Donati portava dipinte immagini delle Antiche Venezie: sotto la copertura a pagoda, era visibile l'intero giro dell'orizzonte.

Allora, il senso della vita si faceva sospeso, e la loro mente leggera.

Inoltrandosi fra le lanche trasparenti, in labirinti dominati dai fiori dell'iris, dalle rose canine e dalle ninfee, Regina aveva l'impressione di dissolversi nel sottobosco di felci, nelle nubi d'oro delle lenticchie d'acqua, e i suoi sensi venivano eccitati, fino allo stordimento, dai profumi di un mondo primitivo che conservava intatta la sua forza.

C'erano giorni che le nebbie sparivano di colpo scoprendo spettacoli che incantavano. Sui ponti lontani, un biancore irreale: si impiegava un po' a capire che si trattava di gabbiani, ammassati in sosta. Nei tramagli che i barcari lasciavano appesi ad asciugare, i pesci e le piante acquatiche rimasti impigliati, mandavano iridescenze nel sole che spaziava accecante quanto, fino a poco prima, si era negato alla vista.

Ma in altri giorni la barca veniva accerchiata dalle nebbie che chiamano *vaghèzie*. Parola che significa il capriccio con cui esse cancellano il cielo e la terra; la mobilità con cui si spostano; la paurosa solitudine che provocano in chi vi si avventura; la mutevolezza che impongono al suono del vento, ora minaccioso, ora giocoso.

Costretti ad arrestarsi, il Donati e Regina fissavano i tergicristalli che scricchiolavano avanti e indietro, inutili come la loro attesa che si alzasse la coltre che li teneva prigionieri, con la sensazione di aver toccato i confini di un regno dell'Oltre. Questa sensazione spingeva la donna a raccontare la sua vita, soprattutto anni lontani, lacerazioni, convinta che potessero giovare al senso di unione in quell'avventura. Infatti, entrambi venivano da mondi dove gli affetti si erano dimostrati, subito, difficili e ingrati.

Regina riandava a quando le nebbie, ugualmente fitte, cancellavano la periferia di Mantova, che l'aveva vista nascere e aggirarsi fino all'adolescenza. Intanto mostrava al Donati una cartolina: si trattava di un ritratto fotografico di sua madre, morta da due anni, scattato quando era ragazza e stampato a forma, appunto, di cartolina postale. Sua madre vi appariva in una scena ingenua e animata, nella sola occasione in cui la sorte l'aveva favorita: eletta in una gara di bellezza, indossava una fascia con la scritta "Regina d'estate" e dominava una folla di giovani plaudenti, nelle braccia un gran mazzo di fiori, un riso nello sguardo e una posa di sfida a chi la stava ritraendo. Da una parte, un'orchestrina era impegnata in un ballabile:

«In quello stesso anno sono nata io» spiegò la prima volta Regina « e sono stata chiamata col mio nome proprio in ricordo di quel piccolo trionfo.»

Sul retro, l'immagine si trasformava in un cartoncino epistolare, destinato a essere compilato e spedito. Sua madre aveva ordinato decine di quei ritratti, che inviava poi alle amiche più care: l'unico regalo che si era concessa in vita sua...

«C'erano dunque le nebbie fitte» riprendeva la donna. «Io ero una bambina. E mia madre mi portava con sé.»

Prima si tenevano strette nei tram che sembravano andare alla cieca coi fanali giallastri, poi camminavano tenendosi per mano verso i canali, segnalati dai radi lampioni che galleggiavano qua e là. Sua madre affrettava il passo. Regina faticava a starle dietro:

«Svelta, Regina!»

Consultava l'orologio, ansiosa, come se rischiassero di mancare un appuntamento di vitale importanza.

Percorrevano stradine dove il freddo scendeva a folate e coppiette stavano appiccicate ai muraglioni; superavano le gru degli scarichi, file di bettole in cui gli uomini giocavano a carte, per raggiungere una grande baracca di legno che portava l'insegna: *Ballo Gardenia*.

Ne uscivano le musiche dei balli. E ne usciva suo padre.

Sua madre le diceva:

«Aspettami.»

Ubbidiente, lei aspettava da una parte, sentendosi estranea, come se non fossero i suoi genitori quei due velati dalla nebbia che pareva renderli più distanti, mentre si abbracciavano. In realtà, ciò che appariva l'abbraccio di due innamorati, così non era. Suo padre sbucava dal locale col berretto di traverso, le mani in tasca, l'aria arrogante. Si concedeva a quell'incontro fra le folate biancastre, lanciando solo un cenno alla bambina e badando che le effusioni della donna non si protraessero.

Sua madre gli toglieva il berretto, per accarezzargli i capelli, poi glielo rimetteva a posto con un gesto amoroso. Gli teneva il viso fra le mani, lo stringeva a sé con passione:

«Purché tu stia bene» la udiva ripetere. «Purché tu sia felice!»

Lasciandola fare, l'uomo sembrava non rendersi conto della dedizione di cui lo investiva la donna, del suo sentimento cieco che tutto accettava purché lui fosse appagato, un piccolo re dell'egoismo. A Regina, il padre era apparso subito assurdo e crudele.

Bruscamente, lui girava sui tacchi e tornava a scomparire sotto l'insegna: *Ballo Gardenia*. Non aveva detto una parola. Loro due riprendevano la via delle gru, che di notte si stagliavano sinistre. Sua madre camminava concentrata negli occhi dove una gioia aveva qualcosa di folle e selvaggio; le mani che stringevano le sue, le sentiva sudare.

Poi c'erano mattine senza nebbia, e sua madre la trascinava nel cortile di una casa coperta d'edera: i raggi del sole cadevano di sbieco, assorbendo il pulviscolo, così che quando suo padre si presentava al balcone del secondo piano, di nuovo il suo bel viso arrogante lo vedeva velato. A pensarci bene, dell'uomo che l'aveva generata e che le aveva offerto soltanto le sue brusche apparizioni, non aveva mai avuto la possibilità di distinguere con chiarezza l'espressione.

Dal balcone, lui stavolta lanciava un bacio a sua madre, e questa ironica magnanimità forse la si doveva all'allegria che gli procurava la luce schietta del mattino o forse al fatto di aver passato una soddisfacente notte con la sua amante di turno. Sua madre subito lo ricambiava, restando poi con le dita appoggiate alle labbra, e le spalle contro il muro, quando lui girava le sue e rientrava, dal balcone, nella camera che non era difficile immaginare teatro delle sue galanti avventure.

In un caso, la follia amorosa di sua madre esplose in un canto. Cantò una canzone d'amore al balcone deserto, dove nessuno si riaffacciò per applaudirla.

Il dono della bella voce era, per Regina, la sola eredità materna.

Di queste visioni, in particolare, lei si ricordò quando decise di vendicarsi. Erano passati anni, e godeva dell'ammirazione generale, nel momento migliore della sua gioventù. Si recò al *Ballo Gardenia*, ormai ridotto a un locale di vecchi, che coi loro racconti o i loro silenzi riandavano ai balli perduti. Anche suo padre sedeva fra quegli esseri immobili, ma, a differenza degli altri, non parlava di passato e di memorie felici: era rimasto intatto nella superbia, ora alterata da una sottile pazzia, che gli impediva la percezione del tempo trascorso, e stava sulla sedia, contro la parete, ritto e con un vago sorriso di attesa sulle labbra, a dispetto dell'età, dei malanni. Teneva gli occhi puntati all'ingresso, sicuro che, da un momento all'altro, sarebbe entrata una di quelle ragazze che facevano perdere gli occhi ai presenti, e al *Ballo Gardenia* andavano per lui, contando sul privilegio di essere portate dalla sua mano prima sulla pista, quindi nella camera che s'affacciava al cortile della casa coperta d'edera.

Quando Regina entrò, dunque, tutti i vecchi si sorpresero, tranne lui.

Da troppo tempo il padre non vedeva Regina. E poi, quando mai l'aveva degnata di quello sguardo che consente, in seguito, di ravvisare? Lei si fermò davanti al tavolino appartato che l'uomo sceglieva per distinguersi dai compagni. Si guardarono un attimo. Non fu necessaria nemmeno una parola. Le bastò porgere la mano per trovarsi a stringere la destra rugosa del vecchio che si alzò, la seguì, e al centro della pista si drizzò nel busto, sentendosi sicuro come allora.

L'orchestrina, che ormai suonava soltanto per accompagnare pensieri e visioni perse nelle teste dei clienti, ferme sui bicchieri o appoggiate al muro, diede impeto ai ballabili che lei andò chiedendo, via via. E Regina fece girare il padre finché non gli sentì le mani farsi di ghiaccio e le gambe svuotarsi, col respiro che lo strozzava; fino a trovarselo inginocchiato ai piedi, la testa che dondolava a destra e a sinistra, nel gesto di chi, ancora, non si capacita.

Lei si abbassò sorridendo, prima di rialzarlo, e gli mormorò all'orecchio:

«Andiamo?...»

Quando infilò il braccio per condurlo fuori, ripetendo l'invito, lui rispose «Sì» col tono di un bambino e la docilità che un tempo, alla stessa proposta, gli avevano offerto le ragazze.

Fu così che Regina entrò nella camera dove, alla madre, era stata concessa una sola notte.

«Spogliati!» gli ordinò.

Dovette aiutarlo a spogliarsi, a distendersi sul letto. Con perfida dolcezza, gli sollevò i piedi e lo dispose per il lungo, nella sua sfinitezza, come un malato, notando che gli occhi gli pesavano e non ce la faceva nemmeno a tenerli fissi nel vuoto. Dalle palpebre gli scendeva un liquido scuro, che forse erano lacrime di sconfitta, o forse una semplice reazione al suo star male, come il sudore freddo sul viso. Regina pensò: "Chi l'avrebbe mai detto che avrei potuto guardarlo bene in faccia solo ora?". Udì, appena percettibile:

«Aiutami...»

Vide il padre con le braccia e le gambe di chi precipita nel vuoto, e lui la fissò come dal fondo di uno stagno.

«Un brindisi!» propose lei, notando la bottiglia.

Il padre annuì debolmente. Nei due bicchieri posati sul comodino, la luce filtrò attraverso il vino rosso, con uno splendore che, ad entrambi, sembrò racchiudere un'essenza vitale, in bilico sull'orlo, nell'angolo di un ripiano di marmo.

Regina prese il suo bicchiere, alzandolo nel vuoto di quella stanza: un vuoto, ora, funebre. Disse al padre:

«Prendi e solleva il tuo.»

La mano dell'uomo si tese con un ennesimo sforzo. Egli riuscì a raggiungere il bicchiere, lo sfiorò, ritentò: nell'atto di afferrarlo, lo fece cadere. Il bicchiere si spaccò a terra, e il vino formò un piccolo lago sanguigno a lato del letto.

«Mi dispiace» mormorò, appena un soffio.

Allora Regina tornò a prendergli la mano e gliela tenne, cercando di trasmettergli, anche con lo sguardo, la stessa forza con cui era venuta per fargli scoppiare il cuore, ucciderlo, augurandosi che essa si trasformasse in un'altra forza, di qualunque natura, purché racchiudesse almeno una forma della pietà.

Quando sfilò le dita dalla stretta, le parve di aver assolto al suo compito. Ebbe persino la vaga certezza che lui, attraverso le vie dell'istinto, fosse riuscito ad afferrare qualcosa della verità. Gli occhi che la seguirono scomparire, con la sua bella camminata, ebbero una breve luce di conforto...

Il Donati restò colpito dal racconto di Regina.

Lo stupì il modo in cui, non tanto un essere umano, quanto l'idea stessa della vita, erano stati ripagati, nel tempo, di uno sgarro.

4.

Nella muraglia della nebbia, si aprì su di loro uno squarcio.

Il sole ne esplose, li abbagliò.

Rischiarono di schiantarsi contro lo scafo che avvistarono all'ultimo istante, e il Donati fu abile nel padroneggiare la barca. Regina vide sollevarsi un enorme becco, che poi sembrò abbattersi contro i cristalli, per infrangerli, ghermirla. E ora, mentre facevano marcia indietro, quel becco, e il lungo collo, il piumaggio, si delineavano di un Airone imponente, rossofiamma, scolpito nella prora di un battello che affondava invece di poppa, inabissato nel fondale, reclinato sulla fiancata destra.

Lo accerchiarono. A Regina batteva ancora il cuore.

Sfilando lungo il tratto emerso, fu spiata da innumerevoli occhi; essi si affacciavano, dipinti, da una scena di festa, fra figure carnali e gruppi di suonatori ammucchiati come uccelli in nuvole di fregi.

Il Donati spense il motore. Aiutò Regina ad arrampicarsi per una scaletta di ferro e le fece strada: ci si poteva calare all'interno dello scafo.

Quando vi penetrarono, egli cominciò a spiegare, divertito, che si trattava di un *Battello della Felicità*: in pratica, di uno dei bordelli viaggianti che la malavita di fiume, la parte Leggera della Ghenga, aveva ideato negli Anni Quaranta. Si era calcolato che il principio della mobilità, trasformato in scappatoia giuridica, impediva le restrizioni imposte ai locali stabili di tolleranza; ossia niente controlli polizieschi, nessuna tangente da pagare allo Stato. Non valeva che il detto: "L'acqua porta, l'acqua lava, l'acqua affonda anche i debiti e nessuno ne sa più niente".

Dentro gli scafi dipinti, erano possibili il gioco, i balli e le feste, nonché lo spaccio di bevande, altrimenti proibiti.

Ogni Battello era affidato a un Controllore, giovane e di bell'aspetto, che dirigeva le ragazze, contattava i clienti, in particolare gli speciali, interpretandone vizi o virtù, a seconda dei punti di vista, e annotando i fatti insoliti, per riferirne al Doge. Ma, a regnare su tutti, era una Primadonna.

Regina si aggirava e ascoltava i bizzarri racconti del Donati, già accarezzando un'idea che l'aveva afferrata non appena erano scivolati in quel mondo sepolto... Udiva che i *Battelli della Felicità* si spostavano per il fiume e i canali, pronti a servire le ville dei ricchi possidenti desiderosi di baldorie; nel '58, coinvolti nella stessa sorte delle case di tolleranza, essi furono adibiti ad altro, e si decise che ne sopravvivesse uno soltanto, quello contrassegnato dall'Airone appunto, troppo bello per non essere conservato, a memoria di un'epoca.

Dal salone centrale, dove i clienti aspettavano, Regina

si inoltrò fra le cabine, simili a camerini. Restava avvertibile un senso di vita precedente, specie negli scorci depredati in fretta di addobbi e arredi, attraversati dal sole del pomeriggio: raggi di luce polverosa, dagli oblò, stralunavano le prospettive, nei punti in cui, per tante notti, i lumi erano rimasti a risplendere, gli specchi a inquadrare.

Le ultime ragazze, prima di andarsene, avevano lasciato scritto, sulle pareti, frasi d'addio e i loro nomi di battaglia. Regina lesse, mentre il Donati di alcune di loro si ricordava: "Only you", fanatica dei Platters; "Vita mia", perché così la chiamavano gli uomini e perché stava sempre a parlare di sé; "Bambina", che ripeteva "Vorrei tanto uccidermi alla grande per Elvis Presley" e aveva conservato l'aria di una minorenne; "Besame mucho", dalle labbra memorabili. E c'erano le Margot, le Romy, e Sole Levante, così chiamata perché conosceva i giochi d'amore d'Oriente...

La fantasia di Regina era tornata felice. Seppe che l'imbarcazione vantava una sorprendente velocità e aveva una capacità di duecento passeggeri.

«Potrebbe essere il mio teatro!» esclamò.

Il teatro che aveva sempre sognato anche l'amica Delfina, progettandolo con le sue forme curiose, il suo meccanismo arcano che attraeva nel ventre delle meraviglie, e tutti potevano entrarci e recitare ciò che gli andava, vero o falso che fosse, comico o drammatico, con un senso preciso o insensato.

Di nuovo, la legge della coincidenza continuava ad assisterli.

«Sarà il tuo e il mio teatro!» le assicurò il Donati. «Lo faremo correre per il fiume, come una volta.»

Il relitto, da quel momento, tornò in effetti alla vita. Fu la prima decisione del Donati, questa di ridare al Battello la sua piena efficienza.

Lo chiamarono *L'Airone Rosso*.

5.

Il Donati si inebriava di una Venezia pressoché deserta e silenziosa, dentro di sé cadenzando quel benessere sui tonfi del remo manovrato dal gondoliere. La gondola filava per il Canal Grande, seguita da un'altra ugualmente occupata da uomini in abito scuro che, come il Donati, reggevano enormi mazzi di rose. Filavano verso una burla. Per sua natura, la burla dovrebbe essere scherzo o inganno inoffensivi; ma il Donati la pensava in altro modo: essa può rivelarsi micidiale.

In questo caso, rappresentava il secondo momento del suo passare all'azione, che per ora si manteneva sarcastico; egli infatti riteneva il sorriso, in ogni sua forma, una manifestazione di sovranità sugli eventi, che lo avrebbe portato al recupero del vero se stesso.

Il cielo appariva dolcemente livido. Il sole nasceva facendo crescere la sua luce, ma tenendosi nascosto, quasi dissolto in un orizzonte di nubi a forma di colline e di un viola accecante. Il Donati pensò: non esiste città al mondo che, più di Venezia, consente all'alba di essere sublime e struggente. Quando la città appare come abbandonata, con le barche vuote e ferme lungo i canali, tutto il visibile suggestiona con la sensazione di non essere mai stato visto prima. Il Donati pensò, anche, che presto avrebbe avuto la sua Ca' d'Oro.

Le gondole si arrestarono davanti a una piazzetta intorno alla quale si intravedevano vasti giardini: vi spiccava soltanto una porticina. Nel riverbero delle acque, essa suggeriva una grazia segreta. A un cenno del Donati, una ragazzo corse ad aprire servendosi di un arnese da scasso. La piazzetta fu attraversata dalla fila degli uomini in abito scuro che reggevano i mazzi di rose, avendo alla testa il Donati che fece strada all'interno.

La prima a urlare di spavento fu una domestica bionda, con le guance in fiamme, svegliata di soprassalto dai passi del drappello. Arretrò per le scale, fissando i mazzi di rose come ordigni micidiali, quindi fuggì via.

Richiamati dalle urla, apparvero il Vettorazzo, l'antiquario di ottima reputazione, e sua moglie: la donna giovane e bruna che aveva scrutato ansiosamente Squeri, dandogli in tal modo la spinta decisiva alla sua bravata, il giorno dello sgarro davanti alla villa.

Le rose che occupavano tutto lo spazio della stanza, sconcertarono il padrone di casa e lo trattennero da una reazione violenta. Si trovò a balbettare, scioccamente:

«Scusate, ma che ore sono?»

Il Donati sorrise:

«È l'ora che il sole sguscia dal mare. L'ora magica di Venezia. Lei dovrebbe apprezzarla, caro Vettorazzo, perché è uomo di gusto fine e tratta mobili preziosi che, da quest'ora, hanno ricevuto per secoli una luce privilegiata, nonché orologi che quest'ora hanno suonato, diffondendone l'armonia... Un proverbio dice che solo a Venezia, quando la città è ancora sospesa fra notte e giorno, è possibile fare incontri che non si dimenticano più nella vita: essi rimangono come deliziosi ricordi di un sogno.»

Il Vettorazzo fu conquistato da quelle parole, così ben dette, che alleggerivano il suo presentimento di un guaio imminente. Si lasciò persino accarezzare dalla lusinga e dal modo in cui l'invadente capo del drappello aveva saputo porgerla:

«Ecco» concluse il Donati «prendete tutto questo come un sogno!»

Invece il Vettorazzo si stava svegliando, ed ebbe chiara la scena che l'aveva visto testimone sull'Isola Albarella:

«Marco Donati in casa mia!» esclamò, cercando di indignarsi.

Il Donati finse di prenderlo per un complimento:
«Esatto. Per di più, sono qui da amico. Un amico che ha stima per lei. E, se mi consente, affetto.»
Il Vettorazzo aprì le braccia:
«E questo mare di rose?»
«Per la sua signora. Sulle rive, abbiamo visto tante gatte innamorate» si rivolse agli uomini che gli stavano alle spalle. «Vero, amici? E il sole, l'aria frizzante di questa giornata propizia sembravano invitare tutti gli innamorati di Venezia a essere felici.»
La donna non riusciva a dar forma ai pensieri. Cercava di comunicare qualcosa con lo sguardo, senza sapere cosa e a chi. Sgomenta negli occhi, avvolta in una vestaglia leggera che lasciava intravedere un'ombra del corpo, si rendeva conto, con lucidità, soltanto di un'ape che girava nell'aria, un'ape smaniosa di polline.
Il Donati sfilò dal suo mazzo due rose. Porse la prima alla donna, la seconda al Vettorazzo:
«Passate, vi prego, le dita lungo il gambo. Noterete che non c'è una spina. Anche la minima spina è stata tolta...» accennò ai mazzi retti dagli altri. «Centinaia di rose spinate con cura.»
«Ma che significa?» tornò a balbettare il Vettorazzo.
«Significa, squisito ospite, che tutte le spine sono state riservate, se mi consente la brusca mutazione di linguaggio, a un emerito figlio di puttana. Uno di quei cretini che sembrano creati da Dio affinché l'Italia si debba fare il sangue amaro. Carogne insidiose, però c'è chi le ama. Chi, addirittura, perde la testa per loro.»
Il Donati guardò apertamente la donna.
«Chi è, questo cretino?» s'informò il Vettorazzo, mentre il presentimento di prima diventava una fitta.
Il Donati affermò:
«Antonio Squeri!»
Poi disse alla donna:

«Riferisca al suo Squeri che altre spine arriveranno, giorno per giorno, senza impazienza, finché non deciderò per la spina finale, quella gigante, che non punge solo le dita.»

Depose il suo mazzo di rose ai piedi della donna. E lo stesso gesto fu compiuto dagli uomini dietro di lui: il pavimento fu sepolto dalle rose.

Il Vettorazzo si scagliò sul Donati. Ma questi, anziché respingerlo, sollevò le braccia e, per forza d'inerzia, se lo trovò stretto in un abbraccio.

«Che c'entra Squeri?»

Il Vettorazzo si sentì all'istante ridicolo.

«C'entra, ahimè» e il Donati fece una faccia di circostanza. «Anzi, c'entrano in due, Squeri e la sua signora qui presente... in una camera da letto di un palazzotto al Ghetto. Pensi un po': una camera con vecchi mobili traballanti e di pessimo gusto. Il colmo dell'amara ironia, per il più prestigioso antiquario di Venezia. Ne convengo.»

Si inchinò. I suoi uomini lo imitarono.

Sulla porta, il Donati sentì l'obbligo di una citazione:

«Non se la prenda troppo, caro Vettorazzo. Cesare, Pompeo, Antonio, Catone e altri valorosi erano cornuti. Lo sapevano e cercavano di essere di spirito... È Montaigne che lo scrive, nei *Saggi*.»

Il Vettorazzo e la moglie si ritrovarono soli e di fronte alla distesa dei mazzi. Prima di provare i sentimenti che sono propri di situazioni del genere, lui pensò che non avrebbe rimosso quei mazzi, li avrebbe lasciati nella stanza finché le rose non fossero marcite.

Il Donati gli aveva detto la verità. Gli era stato amico prevedendo la sua capacità di essere un individuo non banale: di spirito, appunto. Una forma di rispetto, anche questa.

6.

Il Donati era tornato se stesso.

Regina lo capì il giorno che l'introdusse in un interrato della villa, che definì "Il Purgatorio" (era il primo segreto che le confidava con un turbamento contraddittorio, ora sfuggente, ora sfrontato). Ci si avventurava per un corridoio-labirinto, fra lunghe scaffalature alternate a porte di cristallo opaco, che facevano pensare alle cliniche. Nelle scaffalature, fascicoli rilegati, con le coste contrassegnate da una sigla. Si aveva la sensazione che lo strano ambiente trasmettesse al visitatore la fissità ipnotica in cui sprofondano i rettili.

Quell'aria malsana, che stagnava, aveva una ragione. Ciascun fascicolo conteneva un nome (per lo più di personaggio influente), una vita, e quel nome, quella vita, erano stati marchiati da illeciti, patti scellerati con i poteri criminosi, scandali scoppiati e dissolti nel nulla o preferibilmente rimasti sepolti sotto la cenere, ma con le batterie pronte per farli scoppiare, da parte di chi intendesse violare le coperture poliziesche e politiche.

Ripugnava, al Donati – e anche di questo fece confidenza a Regina – che i fascicoli passassero con un termine trito, giornalistico (dossier) che ben poco esprimeva del talento con cui si era dato a ricostruirle, quelle vite minacciate e ricattabili, nei fatti e nei misfatti, certo, ma anche prestando attenzione ai sentimenti e alle fatalità che possono deformare una coscienza.

In alcuni, circolava addirittura la sua genialità nell'afferrare gli occulti meccanismi che portano il complesso sociale all'autodistruzione o allo scempio terroristico. In tutti, emergeva lo stile – ecco il punto! – che gli era servito per *scriverli*, i casi prescelti, nonché le sordide scappatoie che li avvolgevano.

«Sono romanzi, Regina,» esclamò compiaciuto, nello

sguardo una luce di riso e di follia «racconti strappati alla realtà con mani da diavolo, distesi sulla carta con mano da artista. Non è il fatto, capisci? Il fatto lo si può leggere in qualunque giornale, se la grana scoppia, specie se ci scappa il morto. No, non è questo: che piacere mi darebbe, che senso di raffinata superiorità? È l'interpretazione, e io ne sono superbo...»

Con quei romanzi, quei racconti idealmente sotto il braccio, il Donati era solito recarsi dalla vittima designata, uomo o donna che fosse, subito avvertendo che negare, tergiversare con pretesti era inutile, visto che dati e cifre erano stati accertati fino alla spietata esattezza, col contributo d'informatori d'eccezione (altro asso nella manica del Donati, il saper scovare abili "esploratori d'esistenze", come li chiamava). Affermava quindi, com'era accaduto nel caso "incruento" del Vettorazzo:

«Eccomi qui, da amico. Un amico che ha stima per lei. E, se mi consente, affetto.»

Mettendo in risalto l'eleganza degli abiti e dei gesti, si sedeva, accavallava le gambe, e lo prendeva alla larga, lo spinoso problema, con citazioni colte o memorie dei sacri testi, se non si trattava di laici: il che spiazzava il ricattato e dissolveva all'istante la figura tradizionale del ricattatore. Nell'individuo preso di mira, la paura si insinuava, cresceva proprio per questo fantasioso aggirare l'ostacolo, al tempo stesso ingigantendolo, finché l'inquisito, o l'inquisita, non se lo trovavano addosso come una montagna.

Il Donati ripeteva, col suo tono di luciferina dolcezza:

«Capisco... Come potrei non capire? Forse che non viviamo entrambi in un mondo corrotto e corruttore, dove è così rara la comprensione che io sto dimostrando, pur nell'accusa e nella punizione da cui non posso esimermi?»

Qualche segreto di Stato, una quantità di segreti intimi: il tarlo prendeva a salire dal cuore, dallo stomaco, dalle viscere – parti anatomiche che, prime, avevano assorbito quei segreti come un contagio maligno – in su, verso la ragione, fino ad avere in pugno il cervello. Nel tragitto che portava il perseguitato all'ossessione, il Donati si rivelava, oltre che buon conoscitore di coscienze, ottimo tecnico di corpi da macerare in angoscia. Indagate come mai da nessuno, le vittime cadevano in una disperazione che le spingeva ad annaspare intorno, cercando aiuto dai loro protettori e fiancheggiatori di rango; in tal modo, contagiavano altri con la stessa paura, e le acque si agitavano, il melmoso cerchio si allargava, e il Donati sovrastava il cerchio: diventava talmente facile, allora, sollevare la rete colma, al momento opportuno.

Così, Marco Donati aveva asservito al Doge Cesare Lunardi i corrotti più o meno potenti delle Tre Venezie.

Fece un elenco di nomi.

Ascoltandolo, ora, anche Regina avvertì un brivido. La voce dell'uomo, infatti, mentre esponeva il metodo che può indurre alla pazzia una carogna, si faceva oggetto di uno sdoppiamento, in una dimensione neutra, glaciale, come fosse di un altro. Del Donati che riteneva di conoscere, nulla rifletteva il linguaggio, puntiglioso nel riferire, da Caronte in abiti d'oggi, condizionato dalla perizia manifestata nel proprio ruolo.

Anche le luci, fra le scaffalature e le porte di vetro opaco, si uniformavano a una simile idea: le altre della villa sempre forti, sfavillanti, e queste invece schermate, di nuovo da clinica.

Regina seguì il deambulare del Donati fino al suo scoppio d'ira. Sul fondo del corridoio-labirinto, contro la pallida parete, si stagliò d'improvviso ai loro occhi un Cristo imprevedibile e severo. Lui lo scrutò, e il tono non solo della voce, ma di tutto se stesso, tornò impetuoso. Gridò:

«E ora, Regina, punterò e sparerò in alto, al massimo di quest'Italia degenerata che si è permessa di svergognarmi attraverso il più miserabile dei suoi funzionari, ma pur sempre un suo simbolo!...»

Si inginocchiò, la testa fra le mani.

Si sarebbe scatenato, con i suoi sette spiriti, oltre i confini di quella provincia che già aveva setacciato e seminato a paura. Si sarebbe spinto nel cuore del Malpaese, degli inquirenti inetti che si arrendevano perché le istituzioni già si erano arrese, pronti ai colpi di spugna sui politici, che lui avrebbe impedito laddove erano d'oro le carceri e le lenzuola, ignobili gli appalti, e spionaggio e controspionaggio formavano un orrido duetto, fra talpe e massoni e servi di Dio che non potevano più riconoscere Cristo, perché accecati dalla perversione e dall'omicidio, in tutte le trame, in tutte le bancarotte...

«Cominceranno a chiedersi di me» disse come se pregasse «i grandi maestri e dignitari. A scherzare dapprima con il proprio terrore: sì, a sorriderne. E poi a chiedere, a chiedersi, senza più sorriso, con qualche sbalzo del cuore: ma che vuole, questo Donati? Non lo si può tacitare, non lo si può uccidere?... E se non lo si può uccidere, che altro? Che ha in testa, quel maledetto Donati? Cerchiamo di sapere almeno questo, esattamente di che si tratta, e certo le sue saranno richieste da far tremare, ma nei limiti di ciò che si può, sia lecito che illecito, in quei limiti vediamo di conciliare...»

Così doveva avvenire, e avvenne, di lì a pochi mesi.

Ma intanto il Donati rideva sommessamente di un puro proposito, di una pura rabbia, ne rideva fra sé, inginocchiato nel luogo tetro, diverso dalla persona da cui Regina era rimasta affascinata. E lei si sentì colpevole di essersi adoperata per riportarlo a quel punto.

Il Donati non si voltò quando le disse:
«Te lo giuro.»
E aggiunse:
«Come lo giuro a questo Dio, in cui credo.»

7.

Cominciarono a insidiare Regina.

Sciacalli di malavita, pronti al doppio gioco, o enigmatiche figure poliziesche, presumibilmente manovrate da Squeri. Approfittavano delle nebbie, perciò restavano ombre, tanto più che lei non li degnava di uno sguardo, controllandoli con la coda dell'occhio. Se li ritrovava che le camminavano al fianco, senza rivolgerle parola, facendole pesare soltanto il loro fiato minaccioso e il suono dei loro passi lungo le stradine sassose.

Quelle presenze ossessive, quel silenzio intimidatorio ribadivano ciò che le aveva insinuato il primo che l'aveva avvicinata, per indurla a trasformarsi in spia o in amante esca alle spalle del Donati:

«Tu non sei nulla, per lui.»

Era uno sciacallo dall'aspetto elegante. Parlava con ricercatezza:

«Tu solleciti il suo amor proprio, accresci l'idea che egli ha di se stesso, come personaggio più degli altri vitale, ricco di virilità. Tutti vorrebbe sedurci, e farci credere di essere straordinario. Ma, in realtà, non è che un egoista, egoista fino all'orrore. Presto si stancherà di te e ti butterà a Po da uno dei ponti.»

Quell'uomo aveva toccato la piaga. A Regina capitava davvero di temere le cose che lui stava dicendo: momenti, debolezze fugaci, ma intanto congetturava, anche nei propri confronti, una demoniaca finzione del Donati. Allora, si sentiva smarrita.

E l'altro aveva insistito:
«Credi di essere l'unica donna con cui abbia un legame? Vuoi ascoltarli, i nomi delle altre?...»
Lei aveva accelerato il passo:
«È meglio che tu li sappia, no? Per rinfacciarglieli.»
Desistendo con un sorriso, lo sciacallo dall'aspetto elegante aveva concluso:
«Noi sappiamo aspettare, Regina. A una donna come te, concediamo una giusta attesa. Che senso ha finire giù da uno dei ponti o passare il resto della vita in galera?»
Lei rientrava correndo e andava a chiudersi in camera, al buio. Il Donati la raggiungeva, si sedeva sulla sponda del letto, intuiva. Le sfiorava la mano abbandonata sulla coperta e con una dolcezza sorprendente le chiedeva:
«Che ti succede?»
Regina non sapeva cosa rispondere.
«Fidati.»
E lei, con uno sforzo su se stessa, riprendeva a fidarsi.

8.

Durante le riunioni, quando la visione della torre, stagliata nella finestra, gli ricordava l'angoscia che l'aveva assalito dopo lo scontro con Squeri, il Donati passava uno sguardo riconoscente su quell'assemblea di uomini di fiducia, "esploratori d'esistenze" e tecnici del malpotere, che aveva ingaggiato, con compensi regali, scegliendoli ovunque essi rappresentavano il peggio del meglio, e viceversa, al servizio di emerite carogne.
Li aveva voluti determinati, all'occorrenza, fino alla ferocia, in quanto conoscitori di corruzioni ed efferatezze in ogni zona oscura, possibili inquisitori di uno Stato degradato, ma anche perfetti nella recita dell'irreprensibilità agli occhi altrui e capaci di assaporare il concetto

della parodia in cui li aveva coinvolti. Infatti, affidando a ciascuno un compito – che riguardava la giustizia interna alla nascente organizzazione, le finanze, il commercio con l'estero, e via dicendo – il Donati si era ritrovato, per forza d'inerzia, ad allestire qualcosa di simile alle forme istituzionali e agli uffici di utilità pubblica che stava prendendo di mira, fino a ritrovarsi un Consiglio dei Ministri tutto suo, di cui era Presidente con l'allegra rabbia che lo spingeva a sfruttare ogni possibilità della fantasia.

Scrutava, rinfrancato, le figure sedute intorno al lungo tavolo e le vedeva in sintonia coi suoi propositi – rendere pariglie, seminare sgomenti – poiché tutti, chi più chi meno, avevano segreti conti da saldare, dopo esasperate esistenze. E quando, finite le riunioni, mentre il sole tramontava, egli accennava al pianoforte le arie pucciniane, mandandole dalle finestre aperte, una prima certezza lo induceva al sorriso: quegli uomini lo avrebbero accompagnato lungo un cammino difficile, fino al trionfo, senza immaginare in cosa sarebbe consistito questo trionfo (solo nella sua testa stava la sorprendente mossa finale). Già lo stavano aiutando a impadronirsi di poteri che spettavano di diritto a Cesare Lunardi, il Doge, gestendoli con una modernità che dava risultati mai visti.

In effetti, il Donati poteva ambire, senza farne mistero, al primo degli obiettivi: il ruolo di Doge.

Fra i collaboratori c'era chi s'incaricava di far trapelare voci su quell'individuo rampante, nel bene e nel male, che rispondeva al nome di Marco Donati; la tecnica consisteva nel rivolgersi all'opinione pubblica con un calcolato dosaggio di silenzio e parola, alimentando l'allusione, e qui si sarebbe potuto chiamare in causa il motto caro al Questore Simoni: "Tacere quel tanto che non è tutto, dire quel tutto che non è tanto".

Già qualche giornalista si insinuava. Il Donati dialogava di buon grado con chiunque si mostrasse all'altezza delle sue sollecitazioni. Perciò, pur non amando le interviste, che definiva degenerazioni del colloquio, concedeva "visite di cortesia dialogate" durante le quali, avendo sempre al fianco Regina, ostentandola, faceva sfoggio di sé.

«Insomma» gli chiedevano «come si definisce?»

«Un poeta.»

Ridevano, la prendevano per una battuta.

E tornavano a ridere, con la forza dell'ignoranza, allorché precisava:

«Giorgio Baffo!»

Non ne sapevano nulla, e nulla lui si degnava di spiegare. Teneva per sé le ragioni del suo sentirsi specchiato, da sempre, in quel geniale "osceno", così definito dai contemporanei, nato in Venezia alla fine del '600. Si ravvisava nella doppiezza con cui il Baffo aveva saputo essere membro della Suprema Corte di Giustizia, Senatore della Repubblica di San Marco e, al tempo stesso, autore di componimenti spinti ai limiti della licenziosità, feroci contro un potere che tuttavia lo vedeva attivo, ossequente protagonista.

Il Donati si metteva a recitare, sempre scatenando un'ilarità che gli appariva demenza:

«"Contro la mona!"...»

Ed erano versi detti contro di loro, gazzettieri che avrebbero voluto saccheggiarlo, vilipenderlo: mona, davvero, che avrebbero schiamazzato allo stesso modo vedendolo appeso per i piedi:

«"Esser la causa mi dei to malani, – Porca, ti disi, e ti mel disi in fazza? – Quando che ti è l'obbrobrio d'ogni razza – De sbirri, de spioni, e de ruffiani!"»

Sì, i colpi di scena e di testa del Donati avrebbero avuto la stessa eco dei sonetti del Baffo che, esecrati, circolavano clandestini con grande favore, e persino le donne li leggevano, provandone diletto, mentre gustavano sorbetti ai tavoli di qualche caffè.

"Dolcezza del dialetto veneziano..." – si diceva, continuando nelle citazioni e finendo per non udirlo nemmeno più, il suono della volgarità – "Perfezione della satira veneziana, sempre profondamente sensuale..." Il Donati le aveva nel sangue, erano la musica con cui il suo carattere si era nutrito di vena lagunare, per farsi anch'esso anfibio come Venezia, che Apollinaire, proprio scrivendo del Baffo, aveva definito "umida vulva d'Europa".

Lo scuoteva la domanda:

«Non ha paura di essere ammazzato?»

Istintivamente, il pensiero gli correva a un altro personaggio delle sue letture più amate: Achab, il capitano della baleniera *Pequod*, che Melville rende il simbolo stesso dell'affronto che l'uomo può subire dalla realtà nemica, facendogli stroncare una gamba dalla balena bianca Moby Dick, e quindi spingendolo a giurare vendetta. Un lampo gli attraversava il cervello: a differenza che nel romanzo di Melville, sarebbero riusciti, i suoi uomini, a non essere annientati e trascinati nell'abisso? E lui stesso, ce l'avrebbe fatta a non restare crocefisso alle corde degli arpioni sul dorso di quel mondo ostile, preso di petto?...

Ora era lui a ridere senza ragione, per cacciare le ombre:

«Ci provino. Sono in grado qui, nelle mie paludi, di scatenare una guerra.»

«Lei è molto sicuro di sé.»

«Sono ben preparato. Solo chi è ben preparato, ha la possibilità di improvvisare.»

«Lei non è stato fatto nemmeno Cavaliere del Lavoro» alludevano con malcelata ironia. «Come...»

Si zittivano. Non osavano aggiungere: “Una cricca di pezzi grossi in sospetto di mafia”. Il Donati non batteva ciglio:

«Presto, vi assicuro, avrò ben altri riconoscimenti.»

Le “visite di cortesia dialogate” finivano, invariabilmente, con la provocazione:

«Lei ha avuto, mesi fa, uno scontro aperto con un ufficiale di polizia...»

Non li lasciava continuare, nemmeno gli consentiva di pronunciare il nome di Antonio Squeri:

«No, non ho mai conosciuto un ufficiale del genere... Conosco, semmai, un individuo spregevole che infanga la Giustizia, che si è immischiato con la Guardia di Finanza per corromperla, e che si è venduto ai Servizi Segreti. Quel che è peggio, questo verme non sa nemmeno come si porge un mazzo di rose a una signora.»

9.

Una macchina li aspettava, li portava velocemente all'aeroporto di Venezia.

Improvvisavano viaggi nelle città o nel Delta dei grandi fiumi, dovunque il Doge Lunardi aveva trascurato fruttuosi commerci, complicità in affari e soprattutto l'idea comune di società e sindacati. L'acqua rende fratelli, esclamava il Donati prendendo la parola, nei discorsi d'occasione, e mascherava il sarcasmo con l'enfasi.

Spostarsi in luoghi diversi, anche divisi da grandi distanze, sfruttando al massimo le magie dei mezzi di trasporto, per non assentarsi a lungo dall'Isola Albarella, gli consentiva il potere dell'ubiquità. E questo potere trovava in lui energie inesauribili, accresceva il suo senso di potenza, rafforzava la sua filosofia: vivere situazioni parallele e opposte, dimostrando che il lecito e l'illecito hanno affinità impensabili persino nella geografia oggettiva della realtà, e di questo si nutre il carisma di un potente che disponga di requisiti all'altezza dei tempi.

Al contrario, lasciandosi trascinare da lui, Regina semplicemente si stordiva.

La coppia veniva accolta con favore. Il Donati ovviamente conquistava da quell'istrione che era; lei sapeva crearsi intorno un coinvolgimento immediato, e le sarebbe bastato cantare – alla fine dei pranzi e dei ricevimenti – le nostalgiche romanze italiane:

«In ogni paese vale la stessa regola» le spiegava il Donati, ridendo. «Quanto più sono farabutti, tanto più hanno una parte del cervello che è rimasta ingenua, bambina. Un farabutto lo si distingue, anche, dal proprio grado di infantilismo sentimentale.»

Attraversando di corsa il mondo, e divertendosi alle sue spalle in quei troppo rapidi soggiorni negli alberghi più famosi, entrambi si ricordavano della settimana di prova che si erano imposti al Danieli di Venezia, quando era cominciata la loro avventura. Regina capiva quanto fossero stati importanti, quei giorni... Ritrovavano la solidarietà dei corpi, l'unisono in piccoli atti determinanti, che gli ultimi avvenimenti avevano scosso; il piacere di dormire insieme accorgendosi di un comune respiro che era rispetto dei ritmi reciproci; la franchezza nel confessarsi, senza più reticenze; il conforto di immergersi in una sensuale armonia, i cui abbandoni correggevano qualche disarmonia del cuore.

Scrutando i cieli delle città straniere, a Regina pareva di carpirne quel sentimento della precarietà struggente che rende irresistibile il piacere di vivere:

«Restiamo» le veniva di dire.

Preferiva, a ogni altra, le puntate a Parigi. Andavano a isolarsi nelle verande dei caffè. Lei chiedeva:

«Quando potremo stare sempre così, in pace?»

«Me lo chiedo anch'io» e il Donati scuoteva la testa, sospirando inquieto. «A volte, ho la sensazione che tutto stia per concludersi, e al meglio: di poter già tirare le mie reti. A volte, invece, che i miei nemici siano infinitamente più corrotti di come li avevo immaginati. E che la rispettabilità, poi... Che sia una grazia che non mi sarà mai concessa. Un vizio da scontare in me con amarezza, come il talento di un artista mai riconosciuto e avversato fino alla morte.»

Lo sentiva, di nuovo, bisognoso della sua presenza. Le stringeva le mani, la fissava, quasi riprendendo una familiarità coi suoi tratti, e avendo la misura del troppo spreco di rabbia e disprezzo che lo travolgeva quando tornavano nel loro dominio veneziano:

«Non torniamo.»

E lui le rispondeva:

«Hai ragione.»

Al contrario, tuttavia, di come lei intendeva, perché subito lo vedeva distrarsi, con gli occhi già accesi dalla sua ambizione folle, specie in certe metropoli, e fra i grattacieli, le luci di New York. Allora gli leggeva nello sguardo: "Perché devo avere, come regno, un pugno di acque e terre sperdute, anche se all'insegna d'oro di Venezia? Laggiù, io butto al vento la mia genialità. Mentre qui tutto respira e si muove col mio stesso ritmo vitale, qui trionfa il mio delirio di onnipotenza!".

Ricevimenti venivano organizzati in loro onore, e il Donati poteva identificarsi appieno nella città che definiva l'immenso camaleonte americano. Passavano, di continuo, dall'una all'altra di quelle che definiva "tribù separate e contigue", sorelle per oscuri legami: famiglie che trinceravano la loro ricchezza dietro maschere puritane, e famiglie all'opposto, mafiose e corrotte; consorterie di speculatori e associazioni assistenziali...

«Hai ragione, Regina» ripeteva elettrizzato. «Dovremmo davvero impiantarci qui e non tornare mai più!»
Poi si ritrovavano in fila, all'aeroporto. E la metropoli già immensamente li ignorava.

10.

Il Donati esitò, prima di girare la chiave.
Restò combattuto fra il gesto e la luce dell'alba su Ca' Tiepolo, che gli procurò la stessa emozione di quando, ragazzo, scrutava nelle profondità di quell'ora del giorno.
Stava entrando nella casa dov'era nato: non ci aveva più messo piede dopo la bravata di Squeri. "Perché" si chiese "sto muovendo la chiave come fosse un arnese da scasso e sto scivolando in queste ombre con l'animo del ladro, provando un senso di profanazione?"
Nel salone, sul pianoforte, vide lo spartito delle *Ariette dimenticate* di Debussy; quindi – di sua madre – gli occhiali, il diario, la sottile penna stilografica, posati sulla scrivania. L'avevano sempre intenerito. Ora dovette girar via lo sguardo, provandone disagio. Salì al piano superiore e, con cautela, si mosse fra le porte delle stanze: scrutò, da spiragli, i volti immersi nel sonno. Quella casa e le sue creature – si disse – l'avevano cancellato dai loro spazi, dove per tanto tempo era stato il punto di riferimento, il favorito.
Notò che una mano di sua madre si muoveva sulla coperta, per un riflesso automatico dei nervi, e subito pensò che anche quello gli era negato: essere l'abitatore dei suoi sogni. Si immaginò l'insinuante demone dei suoi incubi.
Sostò nella stanza del nipote. Fissando la piccola creatura, calcolò quanto avrebbe impiegato il cognato Anton Majcek a sorprenderlo. Era certo che lo slavo l'aveva

udito arrivare e avrebbe scelto quella stanza per cercare di umiliarlo o aggredirlo. Infatti, la sua voce gli giunse alle spalle; sarcastica, alludeva al figlio:

«È della mia razza. Assomiglia a mio padre.»

«Anche tuo padre era una spia?» replicò il Donati, senza girarsi.

Vedeva l'immagine del cognato riflessa in uno specchio sulla sinistra: sembrava orgoglioso della sua corporatura possente, della bella vestaglia che indossava.

«Era un marinaio» sorrise Anton Majcek. «Conosceva i venti.»

«Quelli di Squeri non sono mari» replicò il Donati «ma stagni rischiosi. Ci si affoga.»

Lo slavo arrivò all'altezza del Donati, che continuava a non degnarlo di uno sguardo, e lo afferrò per un braccio, stringendoglielo nella morsa della mano. Fisicamente lo sovrastava, poteva dunque permetterselo.

Il Donati si lasciò girare di faccia. Capì che l'occhiata dell'altro non era nemmeno da rettile, ma da serpe d'acqua. Quando un avversario lo fronteggiava, qualunque fosse il suo grado di temibilità, l'istinto istrionico lo portava a finte reazioni. Aveva un tono ingenuo, una calma ironia quando affermò:

«Idiota. Se prima eri stato tanto furbo da darmi solo sospetti impossibili da provare, ora lo so che hai agito da spia di Squeri, e sua spia rimani.»

«Volevo che lo sapessi» ammise lo slavo, arrogante.

«Perché, se vi coprivo di soldi?...»

«La soddisfazione di poterti dire "esci da questa casa" è impagabile, Donati» Majcek fece una pausa per accentuare il disprezzo con cui evitava di chiamarlo per nome. «Una soddisfazione perfettamente nel tuo stile. Vedi? Ti sto dando una lezione: un tuo simile, lo puoi trovare dove meno te l'aspetti.»

«Questo volevo, mettendo piede qua dentro.»

«Un'umiliazione?»

«Una pugnalata alle spalle. Ciò mi dà una forza che tu nemmeno immagini, Majcek!»

Gli si accostò:

«Perché io sono sempre stato gentile con te. Ho approvato che tu sposassi mia sorella. Mi sono servito delle mie relazioni, che tu ti permetti di disprezzare, per procurarti un lavoro rispettabile. Perché...»

«Vattene!» reagì lo slavo. «Potrebbe svegliarsi tua madre, e quella donna non ha più bisogno di amarezze.»

Raggiunta la porta, il Donati affermò:

«Presto, questo miserabile mondo che conta persino te mi striscerà ai piedi, e io vedrò i miei nemici morire, uno a uno, e io sarò vivo, più che mai vivo ai loro funerali.»

L'altro si accese una sigaretta, con finta indifferenza. Ma le mani gli tremavano.

«Questo ti dovevo, *sciàvo*» un epiteto peggiore di schiavo. «E per quanto riguarda te, ucciderti ora sarebbe un errore. Per gustarsi un delitto, bisogna avere l'animo freddo. Tu lo sai bene.»

Andandosene dalla casa, il Donati passò per la porta posteriore, da cui bisognava percorrere un sentiero fra i bianchi corimbi del sambuco. Si ricordò che lungo quel sentiero, da ragazzo, si avviava a pedinare la madre, quando lei si avventurava in certe camminate misteriose, di nascosto da tutti. C'era sempre un momento in cui finiva per perderla di vista, la donna dall'aspetto così dolce, ma che doveva possedere anche una mente determinata e astuta se, sapendosi seguita, era abile nel confondere le piste.

Quando la vedeva sparire e si rendeva conto che era inutile cercarla intorno, lui veniva preso da un terrore irragionevole, ogni volta.

In quel mattino che lo condannava a un secondo rifiuto, dopo la bravata di Squeri, il Donati si sentì assalire dalla domanda perduta nel tempo, che tanto lo aveva tormentato: “Dove andava, mia madre? Perché scompariva e mi ingannava?”.

Egli ignorava che, nello stesso momento, la donna lo stava osservando dalla finestra. Lo seguì finché non svoltò in fondo al sentiero, quindi uscì dalla sua stanza ed entrò in quella del nipote, dove anche lo slavo era rimasto a guardare, dai vetri, l’allontanarsi del Donati.

Si avvicinò ad Anton Majcek con un sorriso di simpatia e, più ancora, di complicità.

«Buongiorno» si rallegrò l’uomo, ricambiando il sorriso.

Rigirandosi nel dito l’anello con la pietra dura, lei gli arrivò sotto al viso. Non sorrideva più. Esclamò:

«*Sciàvo*!»

E colpì Anton Majcek con uno schiaffo, facendogli sanguinare l’angolo della bocca.

11.

L’avvertiva, a tempo. L’istinto di chi era stato costretto, per una vita, ad essere un professionista della propria salvezza, non l’aveva abbandonato.

Cesare Lunardi, il Doge, sapeva esattamente il come, il quando e il dove era necessario decretare la morte di un uomo. Ma questa coscienza di dover agire da qualche tempo indugiava in lui come lo spiraglio di luce che segnala il giorno a un dormiente oppresso da una profonda stanchezza esistenziale; lo spiraglio s’insinua fra veglia e sonno, e il dormiente lo rifiuta, si rigira nel letto, vorrebbe che il giorno non fosse mai arrivato.

Sapeva e tardava, Cesare Lunardi: incerto se attribuire la rischiosa pigrizia agli anni che si erano ammucchiati, assommando nelle sue ossa anche molte morti deliberate, oppure a qualcosa che più riguardava il suo futuro, il suo destino. Quando si ritrovava solo nel vuoto delle sabbie, gli era chiaro che la fatica che gli costava, ormai, decretare una morte altrui, dipendeva esclusivamente dalla paura provata congetturando la morte propria.

Immaginava il silenzio che un giorno, fra non molto tempo, l'avrebbe avvolto: simile, con un che di misterioso e di sinistro, a quello che lui poteva provocare ordinando un delitto.

Era come se li ascoltasse, nella loro identità, questi due silenzi. E ne aveva un brivido.

Perciò Cesare Lunardi tardò nei confronti di Marco Donati.

Nel suo ufficio, di fronte alla scrivania, stava appeso un dipinto in cui gli pareva di poter leggere la morale della favola che lo riguardava: la *Tentazione di Sant'Agostino*, di Anonimo. Il demone tentatore, avvolto in una tunica color sangue, impugnava con la mano sinistra una campanella d'oro. Il santo lo ignorava, restando immerso nelle sue letture e affidando alla mano destra – sollevata, con l'indice teso – un monito alla forza, alla sapienza.

Il Lunardi si trascinò dalla scrivania all'immagine. Sovrappose il pugno al pugno del demone, e la campanella d'oro sembrò scossa dalle sue dita. Risuonando dapprima solo in lui e per lui, essa cominciò ad avvertire che la morte di Marco Donati era stata decretata.

Capitolo terzo

1.

L'Airone Rosso tornò a filare sul fiume.

Il battello più suggestivo che mai si fosse inoltrato per i labirinti di quell'universo d'acqua – così l'aveva preteso il Donati – apparve una domenica di aprile, portando a prua il grande airone dipinto. Dal filo dell'orizzonte, in breve fu una dominante presenza.

Sulle rive, corsero le congetture più disparate e fantasiose: che si trattasse di un teatro di pazzi; o, come un tempo, di un luogo di turpitudini e oscenità; o di una mina vagante che il Donati aveva affidato al fiume per diletto di provocazione, un'agguerrita fortezza di quell'uomo che ne inventava una nuova a ogni passo.

In realtà, *L'Airone Rosso* era un po' tutto questo insieme, pur restando, principalmente, un teatro aperto ai quattro venti, dove la scena, volendo, non aveva mai fine, perché a chiunque era concesso di recitare se stesso. Regina, eletta Primadonna, aveva dunque realizzato il suo progetto: oltre che di una ribalta con un'acustica perfetta, disponeva di una piccola ma lussuosa suite, per riposarsi o passare la notte. E accadeva spesso che la donna non facesse ritorno all'Isola Albarella, se il battello si allontanava portando in giro le sue rappresentazioni.

Tutti gli attori erano stati richiamati; mancava solo lei, che pure l'aveva ideato quel teatro di ogni possibile finzione e verità, Delfina Mattei, ora introvabile. Per quante ricerche avesse fatto, Regina non era approdata ad alcun risultato: l'amica sembrava essersi dissolta nel nulla. Restava, questo, l'unico motivo di amarezza nella compagnia che si dava euforica agli allestimenti: la larghezza di mezzi sollecitava sempre nuovi propositi e idee.

Finito il tempo della sopravvivenza, ci si poteva persino concedere il lusso di qualche rivalità. Fu il caso di una bellissima attrice e cantante, Ambra, che in palcoscenico si esibiva in personaggi nevrotici: si pose in urto con Regina, ritenendosi più legittimata al ruolo di Primadonna. Per il Donati, poi, aveva perso la testa. Lo idolatrava. E quanto più ne veniva trattata con sufficienza tanto più cresceva la sua fanatica venerazione.

Il Donati nessuno lo vedeva arrivare.

Ma arrivava, con le ombre, quando e dove *L'Airone Rosso* si fermava agli attracchi. Si chiudeva nella suite con Regina. La voce circolava sempre con la stessa animazione:

"Il Donati è qui..."

A raggiungere la compagnia, egli veniva sollecitato anche dalla curiosità per certi tipi attratti, a loro volta, dalla splendida gioventù che affollava il battello: attrici, attori, ballerini, o ragazze e ragazzi che si mischiavano, semplicemente a caccia di un approccio. Erano i clienti facoltosi. E il Donati aveva esortato chiunque fosse alle dipendenze di Regina:

«Fate in modo che quegli uomini vi confessino i loro segreti, vi aprano le porte più gelose della loro mente.»

A Regina riferivano. E Regina raccontava.

Storie di individui che, per lo più, si vantavano di ciò che avrebbero dovuto tacere: pavoni, galli canterini, qualche iena. Il Donati appoggiava la testa alla spalliera del letto, socchiudeva gli occhi e sorrideva, come se, sostituendosi alla raccontatrice, fosse lui stesso a spiare nella bolgia descritta, dove anime perse si aggiravano, nel divertimento altrui, cercando quel soffio, quell'impalpabile tutto che è la nascita del desiderio. Pronte, in cambio del desiderio, a mettere in gioco ogni cosa.

In tal modo, anche il Donati disponeva del suo immaginario teatro. E il senso, ora legato alle vicende di quel microcosmo viaggiante, si manteneva lo stesso: constatare come l'umanità continuava a manifestarsi peggiore di lui, priva oltretutto di ironia. Con un sottile piacere, da cui si lasciava stordire, apprendeva fino a che punto arroganti signori ritenuti di specchiata rispettabilità, che magari l'avevano trattato con presunzione o disprezzo, nell'intimità del battello si coprivano di ridicolo.

Regina finiva di raccontare.

Allora, lui si alzava dal letto, sentendosi quasi purificato dall'ascolto di tante bassezze che lo riscattavano, ai suoi stessi occhi, quando si poneva allo specchio, con una smorfia verso il mondo, in cui si racchiudevano nausea, odio, collera.

Regina non poteva che ammirarne l'autorità corporale. Il Donati lo sapeva, ne era orgoglioso. E sapeva anche che, in quel momento, le luci sulle rive erano rade e tremule, come lumi di cimiteri; ma dove esse affogavano nel grande buio degli argini, gli spettatori si andavano ammassando ogni notte di più, per vederlo passare, *L'Airone Rosso*, che invece sfavillava di luminarie.

E gli altoparlanti diffondevano, sul fiume, canzoni di ogni tempo. Non solo canzoni: spesso, esse si interrompevano bruscamente, e alla melodia si sostituiva la voce del Donati, che aveva inciso di persona appelli e sfide. La gente ascoltava quelle fantasie accompagnate da risate clamorose, e denunce, minacce, discorsi a ruota libera su come difendere certi fondamentali diritti: programmi di vita improntati ora alla rabbia, ora a una comicità irresistibile.

Nella notte, la gente ne veniva soggiogata.

Perciò *L'Airone Rosso* non era semplicemente il giocattolo regalato a Regina e preferito dal Donati, era il Donati stesso, che transitava sotto la luna con le sue ombre e i suoi bagliori. E lui, chiuso con Regina, si lasciava portare come nello sdoppiamento di un sogno.

Di conseguenza, era inevitabile che il battello arrivasse a pagare conti di spettanza non sua, ma del Donati, e cominciò a subire assalti, moltiplicandosi le congetture su ciò che avveniva nel diabolico vitello d'oro, ormai fantasticato come un inferno.

2.

L'Airone Rosso stava staccandosi dal molo di Ca' Dolfin, per inoltrarsi nel Po di Venezia. Gli altoparlanti diffondevano la voce di Regina che cantava una vecchia canzone: "Ma l'amore no...".

Il Questore Simoni cessò di scrutare il Doge:

«Allora?»

Prima di rispondere, Cesare Lunardi aspettò che finisse il ritornello:

«*L'Airone Rosso* è davvero un bel vedere» riconobbe. E poi: «Quel Donati le fa simpatia, vero?».

«Non lo nascondo» ammise il Simoni.

«Sta commettendo errori di ottica. Non guarda la nostra storia dall'alto. Abbassa l'obiettivo troppo a livello personale.»

«E valutandola dall'alto, la vostra storia, quale la conclusione?»

«Che va lasciata libera di fluire, col passo antico e segreto delle sue acque, come questo fiume che fa risplendere i colori di quel battello, dà eco alle sue musiche, ma a quel battello è estraneo... Bisogna che la nostra storia vada verso il suo Delta, rassegnandoci che al suo Delta muoia. Quando sarà.»

Il Simoni si sorprese.

«Le idee del Donati sembrano miniere d'oro. Nuove iniziative, nuovi rapporti internazionali.»

«Fuochi di paglia, Simoni. E non è con una vampata che si mantiene vivo un fuoco. È triste morire da illusi. E io, sinceramente, alla mia gente vorrei evitarlo.»

L'Airone Rosso raggiunse il largo. E appunto in una fiammata si trasformò il simbolo a prua, allorché fu centrato dal sole.

Il Simoni osservò:

«È sempre così difficile giudicare la storia, sia grande che meschina... Invidio la sua sicurezza.»

«Esiste, comunque, una regola. Alla storia non sono congeniali né i superlativi assoluti, né le esasperazioni comiche o drammatiche. Essi insinuano il caos.» Il Lunardi scrollò la testa, senza nascondere la propria delusione: «Come stancano, ormai, le similitudini. E come suonano inutili, al mio orecchio, certe allusioni. Siamo esistiti... Rassegnarsi a essere stati una favola, un mito, non è poi la peggiore delle condanne».

Il Simoni aspettò.

«La mia conoscenza di queste terre e acque» riprese il Lunardi «e diciamo il mio concetto di Stato, hanno portato una collaborazione fra noi che, se non sbaglio, dura da anni, e con reciproco profitto...»

«Esatto.»

«Lei desidera che questa collaborazione continui?»

Il Questore Simoni esitò un istante:

«Chiaramente, sì.»

«E a Roma, lo desiderano?»

«Presumo anche a Roma.»

«Allora, non c'è che una soluzione, mio caro amico. Il Donati va fatto fuori. E alla svelta.»

«Significa che lo vedremo filar via, legato a un tronco, in una delle Sacche?»

Il Lunardi scosse il capo:

«Non saremo noi, a ucciderlo, con uno dei nostri riti di morte. Ma voi... Per eliminare un teatrante, non ci vuole teatro, e meglio che non s'immischi la sua compagnia. Gli spettatori non dovrebbero accorgersi nemmeno che muore. Che tutto avvenga, dunque, lontano dal palcoscenico.»

Il Simoni si piegò sulle ginocchia. Sollevò un piccolo sasso fra pollice e indice, e su quel sasso si mise a riflettere. Mentre il Lunardi continuava, avvicinandosi:

«Dobbiamo premunirci entrambi. Ciascuno di noi ha un corvo pronto a sostituirlo. Lei, ha Squeri. La storia, per tornare sull'argomento, è fatta più di reciproci favori che di battaglie vinte. Voi mi eliminate il Donati. Noi vi eliminiamo Squeri... Capisce la differenza? Squeri non è un teatrante, ma agisce tendenzialmente nell'ombra, per cui la sua uccisione, sì, ha bisogno di teatro, in modo che sia ben chiaro che la responsabilità è nostra e voi non c'entrate per nulla.»

Il Simoni sollevò la testa e chiese con ironia:

«Anche Squeri può modificare la storia?»

«Lo ha già fatto. E le modifiche che comporta uno sciocco sono, spesso, irreparabili.»

Il Simoni fece saltare il piccolo sasso nel palmo:

«Una pallottola grande come questo sasso, e non c'è più, la storia.»

3.

«Cos'è successo?» chiese Regina, turbata.

«Apparentemente nulla» le rispose il Donati. «Ma ne ho provato terrore.»

Stavolta fu lei a sollecitarlo:

«Raccontami.»

«Tu conosci l'Idra.»

Nel suo aggirarsi per Albarella, Regina si era spinta spesso in quella lingua di terra, lunga, sottile, che dall'isola si addentrava nel mare. La chiamavano l'Idra per la sua forma a serpente e perché un tempo i canali di raccordo con la terraferma erano stati sette. Col modificarsi della spiaggia, si erano ridotti a due. Significava che un'imbarcazione poteva infiltrarsi nella sua vegetazione, fino a raggiungere la punta, indifferentemente da est o da ovest, a seconda del canale che veniva imboccato.

Essa era ricoperta da canne di un colore rossosangue che trovava ragione solo nella bizzarria naturale. Nessun altro canneto creava, alla vista, quella fiammata. Con l'alta marea, non restava che un paravento alto e spesso, che faceva pensare alla coda di un enorme uccello inabissato.

«C'è qualcosa di magico, laggiù» disse il Donati.

E spiegò lo strano fenomeno che si era prodotto.

Da qualche tempo, egli aveva preso l'abitudine di recarsi all'Idra quando veniva fasciata dalla luce del tramonto. Affondava l'esca, innestava la canna nel supporto, ma pescare era un pretesto. Il mare, in quell'ora, esercitava un potere di cancellazione: gli annullava, nella trasparenza, tutti i pensieri, e lui si ritrovava la mente non meno limpida, dove le figure della sua vita nuotavano lievi e quasi irreali. Sulla punta, sostava per circa un'ora, dalle sei alle sette, quindi rientrava alla villa e riprendeva a lavorare fino a cena.

«Tutto era fermo» raccontò il Donati «e io mi lasciavo andare all'immaginazione. Immaginavo che il faro, mentre lo scrutavo, mi segnalasse un allarme, cercasse di avvertirmi di un pericolo. Eppure la calma era assoluta, senza un rumore, tranne quello della risacca lontana. Cercavo di afferrare il motivo della mia profonda inquietudine, quando...»

S'era udita una barca a motore. Quel suono era durato abbastanza a lungo, prima che lo scafo apparisse con una scia rossastra nel piccolo lago, fra la punta e la riva, delle canne sommerse. La barca era sbucata a occidente, e nella sua lentezza sembrava dipanare un filo invisibile dove il sole tramontava.

Lo scafo era scuro e un gabbiano, dall'alto, lo accompagnava.

L'uomo alla guida stava avvolto in un mantello impermeabile e sedeva con la testa abbassata sul petto, nascosta da un cappello a falde larghe. La distanza consentiva di distinguerne la figura, niente di più. Ci fu un momento che barca e gabbiano restarono sospesi fra acqua e cielo, immobili, quasi non volessero rompere l'incanto sinistro della loro apparizione:

«Allora ho capito, Regina. Quella barca portava la morte. L'uomo che la guidava avrebbe potuto, da un istante all'altro, estrarre dal mantello un fucile, puntarmi, spararmi... E i pesci... Non sono stati un'allucinazione. Sono comparsi all'improvviso nello specchio di cristallo sotto i miei occhi, ho visto la loro moltitudine fuggire da occidente a oriente, come sospinti dalla forza magnetica sprigionata dall'imbarcazione.»

«E tu, che hai fatto?»

«Mi sono rifugiato nel canneto. Ma senza mostrare che fuggivo. Come se avessi pescato un grosso pesce, mi sono piegato, ho preso a strisciare all'indietro, percorrendo così i pochi metri che mi separavano dal riparo.»

Subito, la barca si era mossa: rapida, stavolta, era scomparsa in breve all'orizzonte.

Regina obiettò:

«Un incubo...»

«No. E so che la barca tornerà, se io tornerò alla punta dell'Idra. Domani sera, vorrei che tu venissi con me, per sincerarti coi tuoi occhi.»

...Comparve poco dopo le sei.

Di nuovo, lo scafo fu preceduto dal ritmo regolare del motore che, ostentando lentezza, sembrava voler rassicurare di non aver mira alcuna, solo la pazienza con cui i pescatori si avviano a far notte in mare aperto. Due varianti: stavolta, il barcaro era in piedi e dava le spalle all'Idra, col mantello che ne cancellava le forme del corpo. Era una macchia buia, sormontata dal cappello a falde larghe, e reggeva l'imbarcazione come avrebbe guidato un cavallo in un maneggio.

La seconda variante consisteva nel tragitto diverso che era stato percorso per accerchiare la lingua di terra: a differenza della sera prima, l'uomo aveva imboccato il canale di accesso a oriente.

All'estremità dell'Idra, un rilievo calcareo formava una specie di sontuoso trono, con due sedili affiancati, divisi da una lastra. Se, per ipotesi, due persone si fossero sedute a conversare su quel trono biposto, chi fosse sopraggiunto via mare avrebbe avvistato solo una di esse.

Nascosta fra le canne, Regina scrutò la strampalata costruzione come se facesse parte essenziale della scena che stava seguendo. Il Donati operò con freddezza e raggiunse la donna precedendo di un soffio l'arrestarsi della barca. Presero a fissarla insieme.

Già Regina aveva guardato la morte in faccia, qualche volta: una, in particolare, quando l'uomo che cercava di violentarla aveva levato di tasca il rasoio:

«È vero» riconobbe, con l'istinto che certe esperienze lasciano nel sangue «quella barca ha a che fare con la morte.»

Il Donati cercò inutilmente di ravvisare il barcaro alla guida:

«È facile» osservò Regina. «Fallo prendere dai tuoi uomini. Può trattarsi di un sicario, ma anche di un folle.»

Il Donati scosse la testa:

«La cosa da fare dev'essere quella giusta. So qual è e la farò. A cominciare da stasera. Anche se rischierò moltissimo.»

4.

Il Questore Simoni abitava, con la moglie, in una villetta alla periferia di Ferrara. La preferiva alla residenza che gli era stata assegnata, soprattutto perché la costruzione era immersa in una perfetta armonia di suono e silenzio: dal giardino alla colombaia, al tiglio cresciuto solitario dalla parte della strada, al minuscolo laghetto, ogni cosa lasciava intendere, di sé, ciò che bastava a rendere piacevole la giornata.

Ciò ben si adeguava al suo metro di comportamento: tacere quel tanto che non è tutto, dire quel tutto che non è tanto.

Avviandosi per il viale, fra i lampioni già accesi, il Questore considerò deliziosa la sera, che conservava un chiarore in cielo, verso la città. Fino a una mezz'ora prima, aveva tradito felicemente la propria moglie Sara, e dalla ragazzetta posseduta con accorto dispendio di energie, si era sentito gratificare: «Sei bello». L'aveva preso per un buon auspicio e ora gli frullava in testa come il motivetto di una canzone.

Pensava, al contempo, che anche la moglie Sara doveva averlo tradito nel pomeriggio: era mercoledì, giorno dispari, e lei da anni organizzava i suoi adulterî nei pomeriggi dei giorni dispari.

"Se anche per lei è stato un tradimento felice" meditò "è fatta. Si mangia qualcosa, si guarda un po' di televisione, e si va a letto in pace." La saggezza poliziesca aveva insegnato al Simoni che, fra gli aspetti peggiori della vita, si può realizzare un accordo al meglio: basta quel tanto di cinico ottimismo.

Fino a metà del viale, insomma, la silenziosa armonia tale si mantenne. Poi qualcosa stonò. Come quando, in una retata, prima ancora di fare irruzione, da un brivido capiva che la posta sarebbe stata rischiosa. Arrivò ai piedi della scala di pietra che portava all'ingresso e sollevò con dispiacere lo sguardo: il Donati e Regina lo aspettavano sull'ultimo gradino.

Lui indossava un doppiopetto scuro impeccabile, in contrasto col minaccioso gancio da macellaio che impugnava, lasciandolo ricadere lungo la gamba; lei era fasciata da un abito da sera rosso.

«Che bisogno c'è, del rampone?» chiese con un sorriso il Simoni, dominandosi perfettamente e baciando con imperturbabile galanteria la mano di Regina. «Immagino cosa siete venuti a chiarire. E non ho nessuna intenzione di mentirvi.»

«Il rampone non è contro di lei» replicò il Donati. «È che dovendo esibire il mio biglietto da visita, io, come carne da macello, per forza esibisco questo.»

Sollevò il gancio spingendolo verso l'altro, che non fece un passo indietro: lasciò che il gancio gli sfiorasse il viso.

«Ci siamo invitati a cena» esclamò il Donati. «E metta sull'avviso la servitù. Per me, potrebbe trattarsi dell'ultima cena. Che dunque la tavola sia preparata come si conviene.»

«Sarà perché, nell'aria di queste parti, il suo modo di

fare ormai aleggia, e riconosco che mi diverte, ci trovo quella fantasia che la gente non sa più nemmeno dove stia di casa...» e il Simoni scansò il gancio, infilò la chiave nella serratura. «Sarà per un presagio di questo nostro incontro, caro Donati, che proprio ieri mi sono fatto arrivare bottiglie di vino raro?»

I due lo seguirono all'interno, lasciandosi sfuggire quel sorriso che il Questore, in fondo, meritava, per la prontezza di spirito, la disponibilità lunare a qualsiasi evento. E a ironia il Donati concesse ironia:

«A lei!» disse.

E gli porse il gancio.

Il Questore se lo trovò pesare fra le mani, e scrutandosi in uno specchio, si scoprì ridicolo con l'artiglio d'acciaio che non sapeva come tenere. Il Donati gli fece notare:

«In tanti anni, la carne da macello l'ha fatta sempre appendere agli altri. Non è giusto. Non è nemmeno divertente.»

La padrona di casa sopraggiunse dal corridoio, con un'espressione da adultera soddisfatta che, ogni volta, cercava di dissimulare, costringendo così il marito, che invece se l'augurava, a cercarne traccia nelle pieghe del suo viso. Era l'espressione dell'ipocrisia femminile, con finte ombre di cruccio.

La donna restò a bocca aperta, trovandosi di fronte il marito che reggeva il gancio, fra il Donati e Regina.

«Così è la vita» commentò sospirando il Questore. «E così sia. Purché vita resti, vero Donati?»

Da quel momento, mentre i due ospiti sorseggiavano vino bianco seduti nei divani, cominciò intorno un gran daffare. La cena improvvisata risultò squisita, la padrona di casa maliziosa e, a dispetto degli anni, con un futuro aperto alla sua procace bellezza, come ironizzò il marito, unendosi al brindisi proposto da Regina in suo onore.

Ma soprattutto risultò che il Simoni e il Donati, ai quali in passato si era offerta occasione solo di superficiali contatti, erano fatti per intendersi, proprio sul filo di quella difficile misura, fra parola e silenzio, che richiede scaltrezza nell'uso dell'allusione, della metafora e della battuta intelligente.

Due uomini brillanti che tali erano diventati anche per l'opacità altrui, che spinge a rifugiarsi nell'intelligenza, come reazione.

Al caffè, decisero di mettere la musica più adatta al dialogo che stavano per affrontare:

«Mozart?» propose il Simoni «il *Così fan tutte*?... Comprendendo, in quel "tutte", figure, diciamo, di meretricio come la mia, travolte dal meccanismo poliziesco?»

Il Donati continuò a stare al gioco:

«Perché non Rossini? Magari, *La petite messe solennelle* che, se non sbaglio, lei avrebbe gradito ascoltare per le mie esequie?»

«Già, la scelta è difficile. I due capolavori, a rifletterci, nel nostro caso si integrano. Sono uno parte essenziale dell'altro.»

Finirono per incontrarsi a mezza via. Scelsero Strauss: *Il cavaliere della rosa*:

«Ha qualcosa di spiritoso, di piacevole che maschera l'ineluttabile» osservò il Simoni.

«Una composizione squisitamente ipocrita» corresse il Donati.

Poi il Simoni si fece serio. Senza tacere nulla, riferì l'incontro che il Doge Cesare Lunardi gli aveva chiesto per trattare, nel modo più esplicito, l'eliminazione fisica del rivale. Con tono cortese, riferì la brutale conclusione:

«"Non c'è che una soluzione, mio caro amico. Il Donati va fatto fuori. E alla svelta."»

Restò a tamburellare con le punte delle dita.

Nel salone cadde un silenzio pesante. La padrona di casa si sentì investita dallo sguardo di Regina: allora, col disappunto di doversi estromettere da quella giocata col fuoco, di cui aveva capito il dritto e il rovescio, e restando con una grande curiosità di conoscerne la fine, la signora Sara capì che era d'obbligo eclissarsi, e portò il suo corpo scultoreo a dormire, dopo aver baciato la guancia del marito:

«Pensami» gli raccomandò, e suonò come un saluto dettato da una preoccupazione sinceramente affettuosa. «Pensa anche a me... A noi due... Il resto, in fondo...»

Allontanandosi, fece un gesto a significare: "Che vale?".

Il Simoni la guardò scomparire e, per un momento, dimenticò schermaglie e arrischiate sottigliezze. Si sentì commosso. Il suo dosaggio di silenzio e parola era servito a salvare un buon sentimento d'amicizia con una compagna di vita.

Regina si mise a suonare il pianoforte: una musica di sottofondo, per il successivo scontro fra i due uomini.

«Chi è, il vostro sicario?» chiese il Donati.

«Il migliore» assicurò il Simoni, tornando a immedesimarsi nella paradossale situazione. «Il migliore per far fuori un attore... Un grande attore!»

Guardò negli occhi il Donati, gli toccò la mano, con un inchino di ossequio.

«Il nome.»

«Tristemare.»

Il Donati sorrise:

«Ne convengo. Anch'io, se avessi dovuto decidere il mio assassino, avrei pensato a quell'uomo.»

Il sicario era detto Tristemare perché lo vedevano partire per misteriose avventure in Adriatico, da cui tornava sempre afflitto, sotto il peso dei delitti che commetteva: l'abitudine non ne addolciva i rimorsi. Di mestiere, faceva nascere i vitelli e abortire le donne. Qualche volta lo arrestavano, non essendo né veterinario, né levatore; ma – incredibile – non aveva subìto arresto per nessuno dei suoi omicidi.

Il Donati si concentrò su quella figura. E il Simoni, sorseggiando il cognac, rispettò il suo silenzio. Immaginava ciò che l'altro stava, a sua volta, immaginando.

Quando nelle nebbie si udivano i lamenti dei tori e delle vacche alzarsi da punti impensabili, la gente mormorava: «Passa Tristemare». Le donne che volevano abortire, dovevano recarsi ai deserti di Faro Rondini, dove lui aspettava seduto su un moletto, chiuso nel mantello d'incerata:

«Io sono stanco» diceva. «Per questo continuo ingravidarsi del mondo.»

Perciò viveva solo e non gli si conoscevano legami.

Aveva sistemi suoi, da stregone. Alle gravide da più di tre mesi, ordinava di immergersi in una sacca che chiamavano la Morina. Tristemare assicurava che qui agivano gli opposti poteri dell'acqua dolce e dell'acqua salata, incrociandosi mare e fiume. Forse era una delle sue favole, che sapeva inventarle bene, tuttavia alla Sacca Morina c'erano spesso teste di ragazze che galleggiavano confuse alle boe di pericolo, mentre la marea si faceva alta, diventando come catrame, e nelle donne ci voleva il coraggio della disperazione per resistere.

In effetti, Tristemare si compiaceva della scena con cui accompagnava i suoi interventi. Sia che si servisse del ferro o dei legni con la stoppa, sia che somministrasse intrugli oppure obbligasse a saltare sui talloni fino allo svenimento, disegnava intorno alla donna il cerchio di un sole con le fiamme, ma fiamme nere. Magro e duro come una quercia, gli occhi chiari degli isolani dalmati, tracciava questi segni e altri con l'aria del demone. Faceva credere che una forza sovrumana s'impadronisse di lui, e forse era vero.

Lo stesso gli accadeva coi delitti su commissione. Non sbagliava mai. La sua mira era di una perfezione assoluta.

Il Donati commentò, con sarcasmo:

«Ucciso da mani che sgravano le vacche e le donne.»

«Eh, già» sospirò il Simoni, come se questa decisione l'avesse presa un altro al posto suo.

«Mi meraviglio del Lunardi, che ha accettato un sicario scelto in genere dai notabili del buoncostume e dai fabbricanti delle sue leggi, quando mettono nei guai le ragazze e poi le spingono ad abortire nel triste mare di quel demone.»

«Così è.»

«A quando, l'esecuzione?»

Il Simoni si alzò dal divano. Si compiaceva anche lui di essere un discreto attore, all'occorrenza:

«Domani sera. Nella dolce ora della pesca sull'Idra... Ma perché continuiamo a parlare di questo, come chiamarlo, equivoco?... Un equivoco dettato dalle circostanze? Parliamo piuttosto del nostro futuro e della maniera di convivere fra noi, ora che, da quanto vedo, siamo diventati buoni amici.»

Si alzò anche il Donati. Gettò un'occhiata al gancio da macellaio. Era stato appoggiato con noncuranza sotto una lampada e splendeva come una scultura d'oro:

«Perché, che avrebbe in mente?»

«Il necessario, l'inevitabile, da come si sono messe le cose» e il Simoni alzò le spalle. «Spostare l'obiettivo dell'esecuzione e ordinare a Tristemare la morte del Lunardi. Una rettifica un po' complessa, che richiede di smontare una macchina non semplice, ma si può fare, si può fare...»

Il Donati reagì, sentendo rinascere dentro di sé un istinto di ferocia vendicativa:

«Non c'è nessun equivoco. E lei, caro Simoni, lascerà le cose esattamente come stanno. Non prenderà alcuna decisione contraria... Non una parola: né al Lunardi, né a Tristemare.»

Regina fermò le mani sui tasti e girò di scatto la testa. Negli occhi del Simoni balenò una delle sue rare emozioni violente. Il Donati lo afferrò per il braccio:

«Io, domani sera, ci sarò all'Idra. Nella dolce ora della pesca... E mi siederò bene in vista. E Tristemare, che non sbaglia mai, potrà puntare il fucile con tutta la calma possibile. Sarò il più scoperto bersaglio che abbia mai avuto.»

Il Simoni rinunciò a capire:

«Davvero vuol morire, Donati?»

L'altro fece un gesto capriccioso:

«Le sto evitando il fastidio di smontare una macchina complicata. Ordire un assassinio, specie per un alto funzionario dello Stato, è sempre una gran seccatura. Questo, almeno, la gente dovrebbe saperlo...»

«Significa che dovrò continuare a trattare col Lunardi?»

«È da vedersi» insinuò, sibillino, il Donati. «Comunque, l'importante è che lei continui a coprire le spalle a colui che, da questa storia, uscirà vivo.»

«Continuo a non capire.»

«Capirà, Simoni... Capirà presto.»

«Dell'altro cognac?»

Il Donati gradì.

Regina riprese a suonare, col cuore che le batteva forte.

5.

La supplicò di esserci, all'Idra, l'indomani sera.

Il Donati delirava. Regina capiva la febbre che lo stava divorando. Ma si rifiutò.

«Io non ci sarò» gli disse.

Lui girò due occhi che la inquadrarono brillando di quella febbre. Parlava a stento, con la bocca impastata:

«Ogni giorno che passa, è una marea che cresce: personaggi che neanche immagini, chiedono di trattare con me...» Regina si chiese se fossero invenzioni, vanterie, oppure verità. «Io li tengo sulla corda. Quando appaiono nei giornali, in televisione, è come se li vedessi tremare, accusare quella stretta al cuore che io gli procuro... Mi dico: sono io, il tarlo nel loro cuore, mentre discutono alle tavole rotonde, concedono interviste...»

Il volto del Donati si coprì di sudore:

«Ogni giorno che passa, Regina, un passo avanti... Eppure, domani, mi giocherò la vita con uno dei miei nemici che ho già praticamente sconfitto.» Scrollò la testa: «Il Lunardi!».

«Io sarò lontana, da quella pagliacciata.»

«Non una pagliacciata, Regina, una scena madre» le contestò. «E una scena madre, dagli applausi sicuri, non si può rifiutare. Dovresti saperlo.»

Il Donati ebbe, controvoglia, un sorriso. Prima di cadere in un sonno profondo, percepì che, per la prima volta, Regina gli aveva parlato spenta, fredda in ogni moto dell'animo. Non ebbe modo di dolersene, ma quel senso doloroso, irrisolto, vagò nel suo sonno, formandone il tormento, come succede a un febbricitante, con un'immagine fissa e dai contorni incerti.

«Uno sfizio memorabile, Regina.»

«Io non ci sarò...»

Furono le ultime parole che udì, remote.

6.

Il rifugio segreto del Doge Lunardi, a vederlo da fuori, non si distingueva dagli anonimi depositi allineati lungo il mare, a Porto Caleri. Era dipinto, come gli altri, d'azzurro scialbo, con le mura lasciate volutamente in abbandono, affinché agli occhi curiosi non risaltasse niente di particolare. Ma l'interno era l'opposto. Entro il vasto perimetro, tutto appariva ricco e all'eccesso, ambienti disparati coesistevano, l'uno confluendo nell'altro, senza che pareti li delimitassero, col risultato di un sontuoso guazzabuglio.

Il Lunardi tentava di giustificarsi citando una frase manzoniana: "Così fatto è questo guazzabuglio del cuore umano". E quando dava i suoi pranzi e ricevimenti in quel caos di mobili e oggetti, allargava le braccia, retorico:

«Ciò che vedete, fa parte del mio cuore.»

Nei pomeriggi, specie di primavera, il Doge entrava nel suo apparente deposito; lo spingeva una nostalgia per se stesso che si accentuava con la bella stagione e si traduceva in un morboso compiacimento per certi aspetti del suo passato.

Si fermava, anzitutto, sotto il ritratto della moglie Luisa, morta da tre anni, e si sentiva in pace, senza rimorsi, perché gli sembrava di averle manifestato a dovere il suo attaccamento ordinando al pittore di dipingerla in uno sfarzoso abito rinascimentale. A suo modo, aveva amato quella donna così diversa da lui, di gusti fini e dall'atteggiamento sottomesso, anche se l'aveva continuamente tradita.

Si spostava, quindi, fra altre immagini disseminate: del figlio Vito, venticinquenne, specchio della prestanza fisica di cui, ancora, il Doge andava orgoglioso. Le fotografie lasciavano trapelare il carattere difficile del giovane: il sorriso era forzato, e dove più spontaneamente si concedeva all'obiettivo, gli occhi sospettosi ostentavano quell'alterigia che di solito maschera la timidezza, ma è troppo ingenua perché non si afferri un intimo desiderio di abbandono, di simpatia.

Il Lunardi non vedeva il figlio da un anno. L'aveva mandato a studiare a Parigi e, un mese prima, ne aveva ricevuto una lettera che si concludeva: "È anche possibile che non ci vediamo più. Devo decidere, con me stesso, se ti amo oppure ti disprezzo: tu non hai mai consentito mezze misure, o ti si ama o ti si odia. Ma io, come te, forse non sono capace di questi sentimenti estremi. Continuo a mantenermi in uno stato incerto, e a volte mi manchi da morire, a volte l'idea di riabbracciarti mi fa paura".

Il Doge passava oltre, sospirando, si consolava al ricordo di quando aveva camminato per Venezia sottobraccio al figlio, e l'ammirazione delle donne per Vito l'aveva lusingato mille volte più di quella che, sempre, aveva investito lui.

Arrivava davanti al grande letto dove le sue amanti non cessavano di dispensargli i loro favori. Fissava la coperta sgargiante, come se avesse potuto attraversare con lo sguardo le dolci imprese di tanti anni, e si diceva: "Qui mi sono divertito quel tanto che basta per non avere rimpianti", e subito si correggeva, allontanando le ombre, "Qui posso ancora divertirmi, a dispetto degli anni e dei dottori".

Le fotografie delle favorite erano tre, e le teneva in bella mostra, ma sul lato opposto a quello che definiva "il mio cantuccio familiare": la prima era una ragazza che, in gioventù, aveva messo incinta, ed era morta di parto; la seconda, una prostituta; la terza, una donna dell'alta borghesia bolognese, di eccezionale bellezza. L'aveva ribattezzata Malo, col nome della prima imbarcazione di cui era diventato proprietario, una costosa barca a vela, dono della malavita di Corsica.

Il Lunardi si spostava ancora, attratto dai riflessi sul pianoforte. Raggiungeva lo strumento, affondava il dito in un tasto, abbassava quindi il coperchio con un gesto di dispetto: non era mai riuscito a impararlo, il pianoforte, mentre avrebbe voluto sedersi e sentir nascere sotto le dita la canzone che, a suo tempo, aveva commissionato a un maestro di Ferrara, su parole scritte da lui, che dicevano: "Malo, sono così triste e solo senza di te... Ti sono vicino, Malo, come la sera della pioggia, come la sera della neve...".

La canzone veniva eseguita, puntualmente, durante i pranzi dati per amici e contraenti.

Quel pomeriggio, il Doge si staccò anche dal pianoforte e fissò il vuoto. Avvertì che era un pomeriggio strano, attraversato da un presentimento oscuro quanto invece erano luminosi i raggi che dai finestroni piovevano nella vastità del deposito. Saper riconoscere l'esattezza di un presentimento aveva sempre fatto parte del suo mestiere... Si accorse di fronteggiare la vetrinetta dove conservava il primo panciotto dorato che aveva indossato come Doge, secondo la tradizione. Con uno scatto di rabbia, di quelli che lo afferravano irragionevoli, scaraventò a terra la vetrinetta, che si aprì, facendo scivolare il panciotto sul pavimento.

Come quando dava schiaffi al figlio Vito, e subito dopo, addolorato, lo abbracciava chiedendogli di perdonarlo, il Lunardi si inginocchiò sul piccolo mobile rovesciato, giustificandosi con la considerazione che il suo essere Doge troppo spesso aveva avvelenato con presentimenti la quiete del suo animo. Restò col panciotto stretto fra le mani perché, alle sue spalle, si alzarono le note nostalgiche del pianoforte e una voce, ben impostata e sarcastica, si mise a cantare:

"Malo, sono così triste e solo senza di te..."
Seguì una gran risata.
Il Lunardi esitò a girarsi. Aveva riconosciuto la voce, e si rese conto che si trattava di un agguato in piena regola. Chiese:
«Come sei entrato qua dentro, Donati?»
«Nello stesso modo in cui non sono riuscito a entrare nel tuo cuore...»
Il Donati si alzò dal pianoforte facendo un largo gesto intorno, sottolineando l'identità che il Lunardi poneva fra il proprio cuore e quel rifugio segreto:
«È forse spiegabile l'avversione con cui mi hai sempre estromesso da questo caos, mentre vi accoglievi cani e porci?... Diciamo che non si capisce, come sono entrato. Mistero!»
Il Doge si alzò:
«Che vuoi, pagliaccio?»
«Informarti di un dettaglio.»
«Parla e togliti dai piedi. Hai ragione: non ho mai sopportato il tuo odore. Ti tenevo lontano, sapendo che ci soffrivi, ed era questo a darmi gusto.»
«Il dettaglio è il seguente: entro stasera, uno di noi due sarà ammazzato. Non so chi e non chiedermi in che maniera. Fra un paio d'ore, lo vedrai coi tuoi occhi.»
«Vattene, per favore» pregò il Doge. «Non è giornata per le tue scene da teatrante.»
«Ti sbagli. Per il mio far scena, risulterà il giorno più memorabile. E quando me ne andrò, fra poco, tu verrai con me.»
«Se no?» lo sfidò il Doge.
«Se no, ti ammazzerò qui. Se c'è uno che sa quanto io sia abile di *archetto*, quello sei tu.»
Il Donati levò dalla tasca il coltello tradizionale della "Leggera", facendone scattare la lama lunga e stretta. Poi prese a muoversi per l'ambiente, rifacendo il percor-

so che, poco prima, le nostalgie avevano suggerito al Lunardi. Raccomandò al rivale.

«Cerca di imprimerti bene negli occhi ciò che ti circonda. Da stasera, potresti non vederlo più.»

Sollevando lo sguardo, valutò il ritratto della donna in abito rinascimentale e commentò con sarcasmo:

«Tua moglie era una donna squisita, anche con me. Un'anima bella perché aveva un dono prezioso: la semplicità. Questo ritratto ne tradisce lo spirito, l'offende. È un ritratto ridicolo, degno del cafone che l'ha concepito, e dovresti vergognartene...»

Il Lunardi sapeva che reagire alla provocazione avrebbe peggiorato le cose. Si trattenne a stento. Mentre l'altro continuava:

«Significa che non l'hai capita. Luisa ti è vissuta accanto per anni e tu non sei riuscito a capirla proprio nella sua semplicità. Inaudito! Per questo ti disprezzava, più che per i tuoi tradimenti volgari, le tue bassezze e viltà... Era una buona amica di mia madre e con lei si confidava. Sapessi quanto era grande la sua disistima per te. Ti ha disprezzato fino alla morte.»

Il Lunardi ebbe uno scatto. Il Donati fu pronto con l'*archetto*; quindi si spostò fra le fotografie del giovane Vito:

«Mandandolo a studiare a Parigi, credevi di costruire un uomo colto e raffinato. Invece non hai fatto che offrire a tuo figlio un alibi per starti lontano. La cura che ha messo nell'evitarti, è l'unico segno che riscatta quel povero ragazzo...»

Il Donati si sedette sulla sponda del letto e ne saggiò la consistenza. Ora teneva fra le mani la fotografia di Malo:

«Di lei, sì, puoi conservare un buon ricordo» insinuò con sottile crudeltà. «Parlava bene di te persino quando tu non c'eri, e magari stava fra le braccia di un altro, le mie per esempio, in un letto non sontuoso come il tuo, lo riconosco.»

Il Lunardi si scagliò sul rivale, che si lasciò afferrare, lo lasciò dire:

«Questa è la dimostrazione che sei un pagliaccio. E che stai dicendo un mucchio di menzogne. Facile buttar lì che si è stati a letto con una donna. Cosa lo prova, eh?»

L'altro levò dalla tasca una busta azzurra. La porse, con un sorriso:

«Ecco, cosa lo prova. La calligrafia di Malo, spero te la ricorderai, e se hai lo stomaco di leggere, dovrai convenire che mai, in vita tua, hai ricevuto una lettera di fuoco come questa... Anche con la penna, Malo sapeva esprimersi con molta efficacia...»

Il Lunardi vinse il ritegno, sfilò il foglio dalla busta e prese a scorrerlo, mentre il Donati insisteva:

«Quante volte l'ho vista ridere di quella canzone che avevi ordinato per lei!»

Il foglio azzurro scivolò a terra.

«Lo vedi, Doge? Le donne non le hai mai capite. Ti è mancato l'orecchio alla bordelleria, che in me, invece, è sempre stato fine e giocoso.»

Smise di ironizzare e tese davvero l'orecchio, udendo arrivare da lontano, come dal mare, una melodia:

«La senti, questa musica? Ascoltala con grande attenzione.»

Respirò a pieni polmoni:

«E questo odore di mare, così forte da stordire, lo senti? Respiralo.»

I rondinotti svolazzavano nei finestroni del deposito:

«Guardali... Te lo ripeto: domani, a questa stessa ora, uno di noi due non potrà più ascoltare, respirare, vedere... Sto cercando di trasmetterti una commozione sincera, e anch'io, prima di venire qui, ho cercato di imprimermi il più possibile di quanto ha fatto parte della mia vita.»

Nello sguardo del rivale, il Lunardi lesse la verità.
Poi il Donati spinse il Doge fuori del rifugio. Gli ordinò di salire al suo fianco in un'automobile che attendeva nel piazzale, con un autista che mise subito in moto.

7.

Raggiunsero l'Isola Albarella. Erano le cinque, quando si arrestarono di fronte all'Idra. Al riparo della vegetazione, stava schierato, al completo, il bizzarro Consiglio dei Ministri presieduto dal Donati. Questi ordinò ai collaboratori:
«Salutate il Doge, rendendogli l'omaggio che gli è dovuto.»
Diede un altro ordine ai due marinai che aspettavano col motoscafo pronto a raggiungere la punta dell'Idra:
«Vestite il Doge esattamente come me.»
Continuando a non capire, rassegnato a passare di sorpresa in sorpresa e sperando che alla fine tutto si risolvesse nel nulla di fatto di una messinscena provocatoria ed enigmatica, ma fine a se stessa, il Lunardi si lasciò mettere addosso un mantello nero e un berretto da barcaro. Il Donati indossò la medesima tenuta.
I due uomini furono di fronte e il Doge trovò la freddezza per ironizzare:
«Ora, finalmente, siamo simili. Sarai contento.»
«Per poco, amico mio. Soltanto per poco.»
Salirono sul motoscafo e, in breve, si ritrovarono nei due sedili affiancati, e divisi da una lastra, che il mare aveva scavato nel rilievo calcareo all'estremità della lingua di terra, trasformandolo in un trono doppio, davanti al mare aperto. Ciascuno aveva, ai piedi, una canna da pesca infilata nel supporto, e la posizione rassegnata, che poteva apparire tesa a verificare se i pesci abbocca-

vano, li trasformava in statue nere fra cielo e acqua.

A questo punto, il Donati spiegò:

«Ascoltami bene, Doge. Fra poco, Tristemare sbucherà con la sua barca e il suo fucile dalla mira infallibile. Dipenderà, davvero, dal destino: se arriverà da occidente, avvisterà solo te, ti scambierà per il bersaglio giusto e ti colpirà al cuore o in fronte... Se arriverà da oriente, non avrà da scambiare nessuno: vedrà me, e ucciderà me, assolvendo all'incarico. Posso dirti che due sere soltanto io l'ho notato, ed è stato giusto nel suo comparire. La prima volta è venuto da occidente, la seconda da oriente.»

«Un azzardo, una bravata.»

«Sbagli, un atto di umiltà: rimetterci alla sorte» replicò il Donati. «E se hai paura, vattene, nessuno ti impedirà di fuggire, hai la mia parola. Ma sappi che le canne sono piene di tipi della tua ghenga, che hanno il compito di giudicare.»

Il Doge si sarebbe scagliato sul rivale, l'avrebbe strozzato con le sue mani. Ma li avvertiva nella schiena, gli occhi dei suoi uomini nascosti nelle canne, come nella schiena avvertiva l'imminente arrivo di Tristemare. Udì dal Donati, con ironia:

«Puoi sempre contare sulla tua buona stella.»

Il Lunardi rinunciò a opporre altro sarcasmo. Si abbandonò a un senso di immensa sconfitta, che avrebbe continuato a pesargli anche se fosse sopravvissuto:

«Proprio tu, oggi, al rifugio, mi hai dimostrato con crudeltà che non ho avuto fortuna, nelle cose... Ma ora basta. Da questo momento, io accetto la tua bravata, e tu hai l'obbligo di rispettarmi.»

Il Donati riconobbe la sua ragione.

Per un po' restarono zitti, fissando il mare e rendendosi conto che la sua somiglianza con loro era perfetta: sotto una superficie immobile, senza un filo di vento, quanti precipizi sommersi, vuoti spalancati, un fluttuare drammatico di alghe in fondali di buio...

«È strano» mormorò il Lunardi. «Non provo paura. Te lo dico senza vanteria... E non capisco, perché ho sempre creduto di essere un vigliacco.»

Alla verità del rivale, il Donati rispose con la sua verità:

«Io, invece, la provo. Terribile.»

Trasalirono a ogni rumore. Passò una barca, invisibile e remota, e il suono del suo motore a entrambi coprì la fronte con un sudore freddo. Davanti alla morte, il Donati fu raggiunto da emozioni opposte. Provò rancore per Regina, che non c'era e aveva portato *L'Airone Rosso* lontano dall'Idra: Regina avrebbe potuto gridare il suo nome, se fosse stata presente, rompere quell'incantesimo nutrito di un assurdo grandioso e, insieme, puerile. Nel momento stesso che la sentì nemica, egli provò il desiderio di udirne la voce. Poi, al rancore per la donna, si sostituì il ricordo di un sogno fatto qualche tempo prima: aveva sognato una delle grandinate della sua terra, quando tutti si davano a bruciare l'ulivo benedetto, per scongiurare il demonio che tempestava sulle tegole. Invece a lui, da ragazzo, sembrava impagabile la suggestione di quella grandine che, in piena estate, copriva i campi col candore delle nevicate d'inverno.

E nel sogno, cessata la tempesta, lui si era avventurato, girandosi di soprassalto per uno scricchiolio leggero, trovandosi suo padre alle spalle. Per distinguerlo nel sole, che rendeva il bianco accecante, suo padre lo scrutava tenendo la mano sugli occhi. E lui l'aveva visto incorporeo, nel forte riverbero che tuttavia non lo cancellava, lasciandolo sospeso con una traccia rossosangue all'altezza del petto:

«È bello» gli aveva sussurrato suo padre «tutto questo bianco.»

Lui l'aveva preso per il braccio, e condotto, mentre la grandine scricchiolava ora sotto i loro piedi, il vento fischiava rasoterra. E il padre gli aveva chiesto:

«Lo senti? Il suono dei miei ultimi passi...»

La grandine si sciolse nel sole. Il vento cadde. I piedi si mossero in uno sciacquio informe. L'ascolto precipitò nel nulla:

«È questa, la morte, Marco... Questo grande pantano dopo la felicità dei sensi.»

L'avevano fissata insieme.

E prima di vederlo scomparire, aveva chiesto al padre:

«Perché?»

Perché – intendeva – quel gesto nella torre, il suicidio? Senza più sorriso, con un'espressione di rammarico, il padre aveva teso il braccio puntando una figura che affondava dove, della grandine, non restava a terra che una poltiglia nera... Il Donati aveva creduto di ravvisare, in quell'apparizione cupa, il profilo della madre...

Anche per il Lunardi, trovarsi di fronte alla morte fu un sogno, ma reale. Infatti gli sembrava di averla sognata, ora, quell'attraversata di Venezia sottobraccio al figlio Vito, e il "Bello! Bello!" esclamato dalle ragazze, coi corpi che si sfioravano nella calca, rimbalzava sia sul figlio che su di lui, perché lui si sentiva parte viva della gioventù di Vito, avendone gli stessi tratti, benché appesantiti dagli anni, e avendoli creati lui, quei tratti perfetti: essi rappresentavano il suo solo, piccolo capolavoro... Dopo un lungo silenzio, il Lunardi disse:

«Se dovesse capitare a me, ti raccomando mio figlio Vito. È vero, non sono riuscito a capirlo. Prendilo con te, Donati, cerca di capire tu se vale o no. Io provo per quel ragazzo...» Il pudore lo trattenne, aggiunse soltanto: «Se anche ne avessi fatto un debole, fa' che lo sia, in futuro, senza pagare con troppe amarezze».

Il Donati diede la sua parola.

«Allora, stringiamoci la mano» propose il Doge «da pari a pari. Almeno una volta.»

E allungò la destra oltre la lastra di pietra che li divideva. Il Donati restò a fissare quelle dita tese, quel palmo che gli pareva di cuoio. Si interrogò per decidere se ricambiare la stretta. Quando si disse "no", pensando a tutti coloro che l'avevano disprezzato, si rese conto che il suo rifiuto era inutile, e in fondo avrebbe potuto anche afferrarla, la mano che ora scivolava lentamente lungo il bordo della lastra, dove le dita avevano le ultime contrazioni, cercando disperatamente di stringere la pietra, di reggersi.

Tristemare aveva sparato. Tristemare era arrivato da occidente.

A lungo il Donati si tormentò, in seguito, su questa circostanza che, più ci rifletteva, più gli appariva prodigiosa: non aveva udito né il motore della barca in avvicinamento, né lo sparo.

La barca di Tristemare l'aveva vista soltanto quando, prendendo velocità, era scomparsa all'orizzonte.

8.

Come una malattia, si disse Regina: provare a tratti emozioni violente, che consumavano, e in altre circostanze che pur avrebbero richiesto tutta la sua vitalità, non provare nulla, essere posseduta dal vuoto, dal silenzio.

Temeva quelle soluzioni di continuità che la rendevano arida. In quei momenti, ordinava che *L'Airone Rosso* si portasse al largo, anche se non c'era destinazione da raggiungere.

Diede lo stesso ordine la sera della sfida alla punta dell'Idra.

Si specchiò nelle lampade gialle e solitarie che, agli oblò, si segnalavano già accese lungo le alzaie spazzate dal vento; nei canneti sterminati dove il tramonto infiltrava polverosi raggi di sole. Intorno, le compagne si truccavano, ripassavano le parti nei copioni; la più giovane, Mara, venne a tenerle compagnia, mentre il battello affondava in una vegetazione soffocante e tanto mutevole che si aveva l'impressione che le stagioni si accavallassero con magica rapidità: neve apparivano i fitti corimbi e i fiori del viburno; subito esplodeva la primavera nelle pannocchie brune della typha, che affidavano al vento miriadi di semi volanti; l'estate splendeva nei salici di ripa e nelle felci, alternandosi ai colori d'autunno della cannella palustre.

L'Airone Rosso andava e Regina provava un intenso bisogno di vita vera; di un compagno vero, che l'amasse con la semplicità e la spontaneità necessarie perché un amore sia ricco, altrimenti è povero, esposto alle circostanze, anche se, per renderlo capace di stordire, si inventano i fuochi artificiali di Marco Donati. Desiderava, in quei momenti, una realtà stemperata, sottovoce, da assaporare nei suoi minimi termini, consistendo il piacere di viverla nelle piccole sorprese del suo filo dipanato con pazienza: simile al regno fluviale che stava solcando, dove apparivano di continuo i cortei dei matrimoni e dei funerali, che sbucavano dai canneti con musiche allegre o disperate. Le file delle barche si aprivano con un Cristo retto da un barcaro; il Redentore mostrava tratti sorridenti e i piedi, anziché stare sanguinanti sotto il chiodo, stavano incrociati sopra la testa del chiodo, segno di una dignità dell'anima che non si crocifigge.

Regina scrutava quei cortei e desiderava un figlio che, assomigliandole, desse un senso alla sua bellezza fisica, dissipata anch'essa come ogni sua qualità, a dispetto di una natura che potenzialmente l'aveva favorita.

La voglia di naturalezza si faceva struggente. E di pari passo cresceva il rifiuto del Donati, che continuava a soggiogarla coi suoi miraggi: tornava ad afferrarla l'idea di fuggire, di abbandonarlo, senonché ogni volta lui avvertiva il pericolo, ed ecco che la riconquistava con un colpo d'ala, o un gesto di grazia, o un regalo insolito a prova di un affetto fantasioso, di quelli che sanno attirare una donna come una calamita.

Il Donati era un maestro nel cogliere al volo i suoi stati d'animo, e certo mai nessuno l'aveva conosciuta a fondo come quell'uomo.

Perciò ricadeva nelle mani del prestigiatore.

La sera della sfida sulla punta dell'Idra scivolò nella notte e nell'atonia di Regina. Finché non la scosse uno scoppio e il cielo non fu solcato da una striscia di fuoco; il razzo piegò sotto la luna e precipitando rischiarò un punto della riva.

Laggiù, nella luce, il Donati agitava le braccia verso *L'Airone Rosso*, in segno di esultanza, di pericolo scampato: un altro, il più grave forse, corso per il gusto folle di correrlo.

9.

Il Donati si alzò in piedi, lasciandosi sferzare dall'aria.

Stava facendo il suo ingresso in Venezia, alla testa di un corteo di motoscafi. Ed era Doge di malavita.

Gli sembrò che i palazzi, le cupole, i possenti loggiati corressero incontro alla sua figura, come per assorbirla, insieme ai riflessi dell'acqua e alle luci che lo stordivano. Accanto, gli sedeva Regina. Girò gli occhi verso di lei, e lei, che non lo guardava, attratta dalle costruzioni annerite dal tempo e dai giardini misteriosi, ricambiò allegramente l'occhiata: per gratificarlo, assicurargli che era solidale col suo trionfo. Ciò accrebbe il senso di potenza e di euforia del Donati, che si sentì in grado di comunicare, con lo sguardo, una vitalità incontenibile a tutte le persone e le cose.

Cercò di immaginare Regina in un grande dipinto, di quelli che conosceva e prendeva ad esempio, di cui anche lui avrebbe potuto far parte col suo ingresso festoso, e pensò alle donne della Raccolta della Manna, del Tintoretto, alla Venere Dormiente del Giorgione, i cui tratti del viso gli pareva tornassero, induriti dalla vita, nella figura femminile che stringe a sé la propria creatura sotto la folgore che solca la giorgionesca Tempesta.

Il Donati si sentì benedetto dalla Manna, attraversato da quella folgore: nessuna immagine gli aveva mai suggerito, più di questa, l'idea della potenza del destino.

Dai ponti e dalle rive, ammiravano la teoria delle imbarcazioni, col Doge che ora muoveva il braccio illustrando la città agli ospiti che gli sedevano alle spalle: la Francia, la Germania e l'America avevano mandato rappresentanti di cui il vincitore poteva ritenersi soddisfatto. Erano di grado elevato e, sedotti dai racconti del Donati, ogni scoperta li entusiasmava: dalle visioni più sontuose alle suggestioni segrete, da vicolo povero, delle calli, questa mistione inarrivabile che soltanto Venezia consente, fra il delirio della magnificenza e la comunione casalinga, il senso di casa che la città assume nei suoi angoli più semplici.

Siccome gli uomini cercano di giustificare, ai propri occhi, la sublime possibilità di vedere che la natura ha posto in loro (e da qui l'ansia di rintracciare sulla terra apparizioni che ne siano all'altezza), il Donati si riconosceva un favorito: nato, come si dichiarava, "praticamente veneziano", gli bastava attraversare la sua città d'elezione perché il suo talento visionario s'infiammasse.

Erano i momenti in cui non recitava per gli altri, ma per se stesso. Poteva permettersi, persino, di riconoscersi pazzo, e di inebriarsi di questa condizione.

Allora si figurava la sua anima sorgere come la Basilica di San Marco, fatta con l'oro e i mosaici istoriati, una meraviglia strappata dal profondo dei gorghi e modellata a loro imitazione, un'arca splendente nel diluvio della mediocrità terrena.

Sentiva il bisogno di deporla, la sua anima, in luogo sacro davanti a Dio, affinché se ne compiacesse, come lui si estasiava, ogni volta, della Basilica. Tanto più era il caso di deporla quel giorno, visto che anche Napoleone era stato incoronato al cospetto divino.

Seguito da Regina e dagli ospiti, alcuni dei quali probabilmente mettevano piede in chiesa per la prima volta, andò a inginocchiarsi nell'Abbazia della Misericordia, e per quella parodia dell'autoincoronazione scelse un banco dove i raggi del sole potevano centrare la sua testa china sulle mani congiunte. Mormorò con speditezza le preghiere in latino, mentre Regina invano rovistava nella memoria, per riportare a galla formule dimenticate.

Quando uscirono, ci fu il primo assaggio della festa che il Donati aveva organizzato alla maniera sua, da viversi a tappe, fino al giorno dopo. Intorno agli ospiti comparvero, con un tempismo perfetto, barche imbandite con gli aperitivi, e altre barche che portavano, specie per il piacere degli occhi, composizioni di fiori e frutta che riproducevano formule augurali in più lingue. Il nome e il cognome del Donati spiccavano formati da fragole come coralli.

Il pranzo si tenne alla Locanda Cipriani di Torcello.

Durante il discorso dell'investitura, il Doge si dichiarò compiaciuto che questa avvenisse, alla presenza di esponenti così autorevoli dei vari paesi, nella città della Serenissima, che è il più grande teatro naturale, con tale magia nel suo destino scenico che gli uomini di ogni razza, non appena entrano in questa ribalta, sentono di dover recitare una loro parte:

«Ciò dico» spiegò il Donati «perché la mia modesta arte di giocoliere dei fatti umani, che mi ha portato alla mia nuova carica, in tutto si ispira a questa città, dove appunto vale il principio di quanto appare e incanta se lo si ammira dal mare, ché su questo tesoro dell'apparenza i Dogi contavano, mentre nessun peso veniva dato alla miserabilità che sta dietro e si nasconde.»

Puntò il braccio verso destra.

Si accorsero allora, i presenti, che il grigio di quello che pareva un lungo muro, veniva da una tenda che aderiva a una superficie:

«Venezia è sede di favolosi carnevali» esclamò il Donati «e io vi annuncio che presto, qui, organizzerò un popolato carnevale dei miei nemici e delle mie vittime, che sono poi la vergogna di questa Italia, che a faccia nuda non si mostra mai!»

Alzò la mano, ottenne un silenzio assoluto.

Lo videro scendere i tre gradini del palco, avviarsi verso la lunga superficie rettangolare, fino ad afferrare il cordone dorato che pendeva all'estremità della tenda. Con la mano destra, avanzando, si trascinò il cordone, e subito scoppiò una gran risata, ché la tenda tirata andava via via scoprendo un vasto dipinto su legno, simile alle pitture murali... Grottescamente ridotti a maschere, apparvero personaggi pubblici, più o meno noti, del malpaese italiano, sciami di politici, militari e finanzieri corrotti, scandalosi ceffi, e i passi del Donati, seguiti dallo scricchiolio del supporto dove la tenda si avvolgeva, erano lenti e solenni, quanto la risata degli astanti si faceva sempre più scomposta, quasi il compito di esibire la crudele mascherata assomigliasse al precedere un funerale, e anche le spalle dell'uomo si erano fatte curve, come sotto il peso di tante variopinte carogne.

Sfilarono criminali e prostitute del potere, e laddove quasi tutto appariva deformato, si sarebbe potuto convenire che la maggior deformità spiccava in certe fisionomie lasciate invece intatte, e intatti i sorrisi, i gesti dell'ipocrisia. Alla fine, si palesò un formicolante corteo di mostri. Tanto che lo stesso Donati, girandosi per gettare un'occhiata, ne ebbe un moto di ribrezzo.

Il Doge diede appuntamento alla festa notturna. Anche la gente qualunque sarebbe stata ammessa.

Un colpo di cannone annunciò che i fuochi artificiali avevano inizio, ed essi si alzarono a illuminare sia la folla che le maschere dipinte. Ci fu un'ovazione:

«Donati!... Donati!»

Egli bevve fino a perdere il controllo. Gli ospiti, anch'essi ubriachi, lo applaudirono mentre saltava sotto la pioggia multicolore che si spandeva a cupola in cielo, con la faccia all'insù, rivolta ai razzi sibilanti, alla cascata di scintille, come per farsene investire. Non meno eccitata dall'esaltazione collettiva e dagli scoppi, Regina si lasciò trascinare in giri di valzer, quando un'orchestrina attaccò, e il Donati girava su se stesso aumentando il capogiro già procurato dall'ebbrezza. Si diede a gridare, all'indirizzo degli ospiti stranieri, frasi insensate e paradossali previsioni buone per cervelli offuscati dai fumi dell'alcol, come quando decantò una fede, che non aveva mai avuto, "nell'Europa della malavita che sola può distruggere la malavita dei poteri ufficiali". Farneticando, profetizzò:

«Un giorno non lontano, festeggeremo qui la nascita degli Antistati Uniti d'Europa! Ed essi sorgeranno insieme agli Antistati Uniti d'America!»

Sul finire della notte, la fila dei motoscafi si spostò a Chioggia. Ora avanzava, coi motori al minimo, in quell'altro palcoscenico continuo di ponti, calli, campielli, mercati deserti, caffè. Il silenzio era tornato profondo. Anche le barche che rientravano dalla pesca notturna, nel biancheggiare della prima luce, sembravano filare tenendosi in disparte...

Nel mare aperto apparve, illuminato, *L'Airone Rosso*.

Ne restarono per qualche istante soggiogati, perché il sole nascente sembrava dar vita al grande airone, coi bagliori della fiammata, slancio alle sue ali, come se il battello stesso fosse sul punto di balzare in cielo. Era un'apparizione di grande purezza, eppure gli ospiti sapevano che, all'interno dell'imbarcazione, la festa avrebbe avuto la sua conclusione più torbida. Le ragazze aspettavano con i loro spettacoli, le mille sorprese.

Il Donati esortò gli amici. Li vide salire, dopo che lo ebbero abbracciato e ringraziato, e sparire con un ultimo saluto. L'avrebbero ricordato, non aveva dubbi. Da quei giorni di festa in poi, le quotazioni del suo nome sarebbero salite nel mondo, e grazie alla minore delle sue arti: la fantasiosa capacità di far divertire. Sorrise fra sé, immerso nella prospettiva della sua ascesa stravagante quanto irresistibile, da cui lo distrasse la voce di Regina:

«Tu non vieni?»

Si rese conto che si fronteggiavano: lei già con un piede sulla scaletta dell'*Airone Rosso*, lui solo, nel motoscafo. Prima che la donna gli ponesse la domanda, stava per seguirla, senza problemi. Avevano deciso che sarebbero stati insieme, in quell'ultimo tratto di baldoria in pieno mare, e la sua presenza avrebbe garantito Regina, perché gli ospiti mostravano apertamente di desiderarla.

Invece, ora si ascoltava rispondere, sorpreso lui stesso:

«No.»

«Perché?»

Cercò, invano, ragioni. Ma non trovò che il piacere,

morboso, di un rifiuto irragionevole. Un rifiuto che si abbatteva contro di lui, lo faceva tremare: l'idea di Regina posseduta da altri, infatti, si trasformò all'istante in una gelosia piena di dolore.

«Sbagli» reagì Regina, con una strana calma che lui ben conosceva, e che nascondeva il contrario. «Il patto è stato, fin dall'inizio: essere in due, nel bene e nel male... È la prima volta che non lo rispetti.»

Con una girata rabbiosa di spalle, lei continuò a salire la scaletta. Avrebbe potuto raggiungerla: ancora sarebbe stato facile. Perché, dunque, faceva un cenno al marinaio, abbandonandosi, col cuore che martellava, al gusto di farsi e fare del male?

Mentre il marinaio saltava nel motoscafo e si metteva alla guida, il Donati provò nausea della doppiezza inspiegabile che, spesso, aveva distrutto passioni sincere. Udì lo scoppio del motore, provò paura di quella parte di sé che lo attraeva come un precipizio...

Messo piede sull'*Airone Rosso*, Regina si voltò. Il motoscafo già si confondeva con l'orizzonte, e il Donati si reggeva in piedi, con la testa bassa. Di nuovo, ebbe coscienza della vastità della sua solitudine. Ancora una volta, le toccava difendersi da sola. O, chissà, non si sarebbe difesa.

Il Donati, intanto, stava pensando a quando aveva visto la donna disegnarsi contro la luce, sull'*Airone Rosso*, in tutta la sua bellezza. L'aveva amata, nell'istante in cui la rifiutava, con un'intensità mai provata:

«Più veloce!» gridò al marinaio.

Ora, erano due punti sul mare, lui e Regina, confusi a un'immensità non più ideale, che li schiacciava, li annullava.

Capitolo quarto

1.

Nel piazzale della stazione, in quel paesino fuori dal mondo dove gli avevano raccomandato di scendere – Badia – non c'era un'anima, non si udivano voci e rumori. Le case, lungo una strada rettilinea e senza un albero, avevano le persiane chiuse e sembravano disabitate.

Senza capire, Vito Lunardi girò via gli occhi, guardò una nuvola, la sola presenza mobile in quel paesaggio nella balugine della calura. Si accese un motore, in un punto. Sbucando dalla parte opposta della piazza, un'automobile puntò su di lui, con lampi di sole sul parabrezza, per cui Vito Lunardi individuò solo all'ultimo i due uomini che la occupavano. Il primo, alla guida, gli gettò appena un'occhiata, mentre il secondo, seduto dietro, si animò per aprire la portiera, e uscì sorridendo, porgendo la mano:

«Squeri!»

Il giovane Lunardi afferrò, anzitutto, che Squeri simulava il sorriso ed evitava di guardare negli occhi, e ciò lo mise subito sul chi vive. Suo padre, da Doge, gli aveva insegnato alcune regole fondamentali, nel giudicare gli esseri umani.

«Nessuna valigia?» si sorprese Squeri.

«Nessuna.»

Vito si era portato una borsa da viaggio, con lo stretto necessario. Quella decisione di tornare in Italia, benché sollecitata da Squeri, nascondeva, prima di ogni altra cosa, la sua volontà di partire da zero. Mentre l'automobile si lasciava dietro il paese senza vita, egli chiese:

«Perché incontrarci qui?»

«Per prudenza.»

Il giovane lo scrutò con tale determinazione da costringerlo a ricambiare l'occhiata:

«E perché tanto daffare, da parte sua, per convincermi a tornare, incontrandoci poi come due cospiratori?»

«Se accetterà di parlarne con calma, a colazione, a casa mia... Forse qualcosa riusciremo a chiarire.»

Restarono in silenzio e Vito, in breve, si rese conto che avevano imboccato la strada fra le grandi sabbie, verso Taglio di Po e Donada. Quello era stato il regno preferito di suo padre, dove il Doge ucciso aveva insediato i suoi accampamenti invisibili, tessuto le sue trame, commesso gran parte dei suoi misfatti. Sabbie come deserti d'Africa. Avvistarono il Faro sugli Scoglioni del Baldo, che un tempo segnalava sulle acque e ora affondava in un limo a crosta lunare e a perdita d'occhio.

Vito si ricordò che, accanto alla scaletta di ferro che ormai nessuno saliva, per la prima volta nella vita era stato cosciente di avere un padre. Strano, si disse: era tornato deciso a cancellare dalla mente ogni memoria, e quell'episodio gli si riaffacciava con un'estrema precisione, come se lo stesse vivendo. Lui, molto piccolo, stava rannicchiato dietro un girasole bruciato, che pareva essersi trasformato in pietra, e il Doge era strisciato dalla parte opposta: aveva ascoltato il padre respirare dietro le foglie senza tempo e polverose, poi quegli occhi si erano spostati per inquadrarlo con intelligente amore.

Il Doge gli aveva indicato:

«Guarda, il Po sembra una piana di neve.»

Squeri si fissava le mani sulle ginocchia. Il giovane Lunardi tentò di provocarlo:

«Come mio padre, potrei aver commesso qualunque delitto.»

«Se anche fosse...» replicò l'altro, ironico. «Poco importa.»

Vito continuava a scoprire, dai finestrini, punti senza contorni nelle dune accecanti, che non i suoi occhi, ma il suo animo individuavano legati all'infanzia o all'adolescenza. Era ancora un bambinetto che aveva imparato da poco a reggersi spedito sulle gambe, eppure, laggiù, era stato capace di salire e scendere per le montagnole, nel sole bruciante o nel vento impetuoso, prima gridando con fiducia "Doge!... Doge!", quindi abituandosi a tenere per sé, nella ricerca inutile, la preghiera: "Fatti trovare, Doge...".

Quando raramente si faceva trovare, il padre se lo metteva a cavalcioni sulle spalle, raccontandogli i suoi viaggi per il mondo, ma sostenendo che viaggiare era stato inutile, perché ogni luogo era già compreso nelle terre e acque che lui dominava, dove esistevano barche fatali come le giunche cinesi, cieli con l'aria celeste del Fujiyama, canali più favolosi di quelli d'Olanda, le nebbie fonde del Tamigi, e soprattutto la forza greca del Minotauro, che aveva a simbolo il suo panciotto d'oro di capo assoluto:

«Un giorno» gli augurava «tutto sarà ai tuoi ordini.»

E là, in una Barcassa sulle Colline Boarie, aveva scoperto il padre fare l'amore con Malo. Altre immagini che credeva di aver sepolto dentro di sé, mentre ora risorgevano nitide, quasi la figura di Squeri avesse il diabolico potere di evocarle, e forse il poliziotto lo stava conducendo fra le sabbie per inquietarlo, renderlo più vulnerabile coi ricordi.

Fu sul punto di rinfacciarglielo. Ma quando lo vide girarsi col suo sguardo obliquo, tornò a chiudersi in se stesso.

Malo: la sua gelosia per Malo... L'adorazione di suo padre per Malo... Le sofferenze di sua madre per Malo.

Vito rivide quel giorno: la Barcassa che stava spiando, e sembrava galleggiare nella balugine desertica; il padre che si avviava alla Barcassa, pettinandosi e mettendosi un fiore, annusandosi la giacca e le mani profumate.

Lui era entrato nella cucina, aveva udito, al piano di sopra, oscenità alternarsi ai silenzi. Era salito. Oltre la porta aperta, gli erano apparse le scarpe del padre, bianche di sabbia. Le persiane erano chiuse, la veste di Malo stava buttata sopra il cappuccio di una lampada e, sul tavolino, uno scialle rosso, un cappello.

Si era deciso a guardarla. Con sereno dolore.

La testa reclinata di Malo usciva dalla spalla del padre, che non si accorgeva della presenza del figlio. A sua volta, la donna lo aveva guardato con un braccio e un piede che pendevano dal letto, rivelando una completa indifferenza all'uomo che la stava possedendo: come se lei e Vito si fossero incontrati alle due sponde di un corso d'acqua, separati da qualcosa d'invalicabile, ma effimero.

Non accadde che questo lungo guardarsi. Ma rimase un marchio, in Vito Lunardi.

Apparve il giallo cupo dei Sabbioni della Febbre. Vito li indicò a Squeri, con l'intenzione di provocarlo:

«Là, ho visto mio padre ordinare a un uomo di uccidersi.»

«Chi era quest'uomo?»

«Un traditore.»

Con finta noncuranza, Squeri continuò a scrutarsi le unghie.

«Lo costrinse a inginocchiarsi e ad appoggiare il mento sulla canna di un fucile. Il traditore obbedì e rimase immobile, con gli occhi in alto, come se pregasse la figura di mio padre che, ritto sopra di lui, aspettava che si ammazzasse. Con un impercettibile sorriso, stava pregando il suo assassino, come un dio... Mormorò qualcosa, prima di abbassare il braccio. Il dito scivolò sul grilletto, la testa volò all'indietro.»

«Cesare Lunardi era un uomo crudele.»

«Ma sapeva anche essere dolcissimo.»

«Perché mi ha raccontato l'episodio del traditore?»

«Perché non sono mai riuscito a capire se l'amore per mio padre è stato superiore al disprezzo che provavo per la sua crudeltà.»

«Conosco perfettamente il suo conflitto» sorrise Squeri «perciò ho insistito per farla ritornare. Di sua iniziativa, non l'avrebbe mai fatto... Ora, potrà risolvere il suo dubbio e, insieme, aiutarci a risolvere molti nostri problemi. Almeno lo spero...»

Così dicendo, porse la lettera che Vito aveva spedito da Parigi alcuni mesi prima. Il giovane lesse il passo su cui il Doge aveva riflettuto, tormentandosi: "È anche possibile che non ci vediamo più. Devo decidere, con me stesso, se ti amo oppure ti disprezzo... Continuo a mantenermi in uno stato incerto, e a volte mi manchi da morire, a volte l'idea di riabbracciarti mi fa paura".

Squeri lo vide prendersi la testa fra le mani. Non era sconforto, ma una concentrazione estrema. Nonostante i ricordi che durante quel tragitto in macchina l'avevano sollecitato, Vito non riusciva a mettere a fuoco la figura paterna. Essa insisteva a ritornargli come l'ultima volta che l'aveva vista viva: trasfigurata, quasi irreale. Era accaduto di notte, dopo che il Doge gli aveva fatto sapere la sua decisione di spedirlo a Parigi, dove – a suo dire – avrebbe potuto, oltre che farsi una vita, rifarsi un'identità. Per parlargli e opporsi a questa decisione, il ragazzo gli aveva dato la caccia nei posti più diversi.

Come da bambino, aveva finito per cercarlo nei Sabbioni di Ganda, che in certe notti erano teatro di misteriosi riti.

Salì e scese per le dune, sotto la luna. Dopo aver frugato inutilmente il buio, il suo sguardo inquadrò il padre che, come sorgendo dal nulla, se ne stava ritto su una montagnola di fronte. Era un'ombra bianca, che spiccava appena dal chiarore lunare. Lo riconobbe perché soltanto il Doge teneva in quella maniera le spalle erette, i piedi incrociati, le mani nelle tasche:

«Doge...» si lasciò sfuggire, come sempre affascinato contro la sua volontà, e si rese conto che, per tutta la vita, non l'aveva mai chiamato con altro nome. La sabbia che ne ricopriva il corpo, formava anche sul volto una maschera che avrebbe potuto dirsi da clown, dove scintillavano, all'erta, i suoi occhi da faina:

«Doge!» gridò Vito, senza chiedersi ragione del suo nodo in gola. «Io non voglio andarmene da nessuna parte, né a Parigi, né altrove... Io non voglio rifarmi un'identità, perché non voglio farmi nessuna vita!»

Si lasciò prendere dai nervi, come spesso gli succedeva. Sprofondò con le ginocchia nella sabbia, e nella sabbia scavò con le mani, febbrilmente, come per seppellirsi in quel mare bianco:

«Io voglio soltanto sparire! Non esserci più... E sei tu, la causa di questa mia disperazione. O forse te ne rendo colpevole, mentre mi viene da qualcos'altro che non capisco... Una disperazione che ha bisogno di un padre. E, se è così, perdonami.»

Si accorse che la faccia paterna luccicava, sotto la luna, quasi la pelle fosse composta di minuscole pietruzze. E gli sembrò una lacrima quella che, scivolando, acquistava la consistenza di una lamina.

Ma lo era davvero, una lacrima? E se lo era, di che natura? Di dolore, d'affetto, oppure di scherno, per la sua debolezza? Non si poteva mai dire, col Lunardi, nemmeno con le sue lacrime...

2.

Nelle stanze della casa di Squeri, a Porto Tolle, mazzi di bandiere e stemmi delle patrie più diverse, delle più contrastanti ideologie. A quella collezione, tenuta con cura maniacale, s'aggiungevano ritratti e ingrandimenti fotografici di personaggi appartenenti alla Storia recente e remota. Un ammasso di colori e idoli, dove la luce languiva, che spinse Vito a congetturare una follia con un che di puerile.

Ora Squeri parlava fumando e guardandosi le scarpe. Aveva gli occhi arrossati, le rughe evidenti. Si esprimeva con voce bassa, lasciando intendere che la sua ossessione massima era il Donati: l'aggirava, ne faceva il centro delle parole, tornava ad aggirarlo, come un uccello predatore. Donati e ancora Donati. Fra tante immagini di protagonisti e testimonianze epiche, a dominare era la figura di quell'uomo, a riassumere ogni altra erano le imprese che gli si attribuivano.

Ascoltando Squeri, e scoprendolo insidioso nei pensieri fissi, Vito ebbe presente un altro insegnamento del padre: si odia, in genere, qualcuno che non si è, ma si vorrebbe essere, e la regola dell'odio e dell'amore, l'uno la faccia rovesciata dell'altro, è largamente applicabile ai personaggi polizieschi. Le loro persecuzioni sono spesso frutto del rancore perché il perseguitato ha doti e privilegi ad essi negati.

Squeri detestava il Donati perché avrebbe voluto essere il Donati, e questi se ne sarebbe liberato con molta difficoltà: più che un ufficiale di polizia che si adoperava per incastrarlo, infatti, l'altro rappresentava un'ombra determinata a inseguirlo per poter dire: "Sono l'ombra di Marco Donati".

Al giovane Lunardi tutto questo sembrava chiaro. Anche la bravata di fronte alla villa, il giorno dell'inaugurazione, che aveva innescato il meccanismo della vicenda, non gli appariva uno sgarro all'ospite, per smascherarlo al cospetto dell'opinione pubblica. Agendo da provocatore sconsiderato, Squeri aveva messo in gioco la sua identità non meno del rivale, nel senso che aveva voluto legarla a filo doppio all'identità del Donati, per insinuarsi in lui, da parassita.

«Che posso fare, io, contro quell'uomo?» chiese Vito.

«Glielo dirò, via via» rispose Squeri, senza raccogliere il suo sarcasmo. «Procederemo com'è solito fare lui, che non deroga mai dalle regole dello spettacolo. Se le dicessi tutto, fin d'ora, forse lei, mi perdoni, avrebbe paura e si tirerebbe indietro.»

«Ha paura chi dà importanza a se stesso» e Vito cercò gli occhi dell'altro, dove più volte, quel giorno, aveva letto angoscia, timore. «A me non importa più nulla di nulla, nemmeno della paura.»

«Cose che si dicono... In fatto di crudeltà, il Donati supera persino suo padre. Comunque, lei lo incontrerà, si inserirà nel mondo che lo circonda. Questo, il primo passo.»

«E in che modo?»

«Provvederò io. Nel frattempo, non dovrà preoccuparsi.» Sorrise: «È nostro ospite. Possiamo offrirle un delizioso appartamento a Venezia».

Squeri si alzò, soddisfatto. Si disse, convinto, che il ragazzo era del tutto manipolabile, come aveva previsto; e l'avrebbe manipolato, fino a distruggerlo, se necessario:

«Mi pare sia stato un incontro fruttuoso.»

Anche Vito si alzò dalla poltrona e, andando verso la

sacca da viaggio, tornò a guardarsi intorno, valutando con compatimento bandiere e ritratti:

«Sono d'accordo. Credo infatti di aver capito perché lei detesta il Donati, e sarebbe felice se io, chissà con quale magia...»

Per la prima volta, Squeri puntò un'occhiata gelida sull'altro, interrompendolo:

«Un giorno, a cose fatte, le chiederò quali deduzioni la mia casa e la nostra chiacchierata le hanno suggerito. Oggi, se le tenga per sé. Si limiti, per favore, alle mie istruzioni. E si ricordi che io le sono amico, ma resto un ufficiale di polizia: le mie istruzioni potrebbero valere ordini.»

Vito si girò, furioso:

«Ai suoi ordini darò retta soltanto se mi convincerò, con la mia testa, che ne vale la pena. E intanto si sbrighi a farmi incontrare il Donati. Mi ha messo in grande curiosità.»

«Stia attento. Non faccia il gradasso con me. Saprei come impedirglielo» reagì anche Squeri, con un'animosità sottile.

«Io non ho paura. Neanche di lei!»

Vito si sbatté la porta alle spalle.

3.

Le sabbie mandavano stravaganze di luce, che a Vito sembravano seducenti come miraggi. I falchi di palude si stavano alzando e il giovane Lunardi fu spinto, dalla suggestione del paesaggio ritrovato dopo lungo tempo, a prendere per le distese fiorite che costeggiavano le lanche. Era un incantesimo naturale che lo riafferrava: solo, in pace, con uno spazio immenso da respirare a pieni polmoni.

Alle sue spalle, ci fu uno sparo. Vicino, gli mandò il cuore in gola. Si girò da ogni parte, ma non individuò dove il tiratore potesse nascondersi: un cacciatore, pensò. Ma, subito, seguì un secondo sparo. E chiaramente miravano a lui.

Si mise a correre. Incapace, di nuovo, di localizzare un nascondiglio. Si ripeteva: vogliono uccidermi, stanno per uccidermi.

Correva a testa bassa, mentre gli spari piovevano in successione, precisi a poca distanza dai suoi piedi; notava la polvere sollevata dalle pallottole, per cui ogni volta faceva salti ridicoli, e il rimbalzo dei proiettili gli lacerava gli orecchi.

Il tiratore era provetto. Perché mai, non lo centrava?

Ora gli si facevano incontro possibili ripari, li raggiungeva, ed ecco che, nell'atto di buttarsi giù, uno sparo calcolato lo obbligava a scattare di nuovo, verso un punto successivo. Correva, ormai, senza più vedere, con gli occhi velati dal sudore, le tempie che scoppiavano.

Si aspettava, da un momento all'altro, l'impatto della pallottola nella schiena, o nella testa, o nelle ginocchia. Una sensazione che gli riportava le ultime parole dette con astio a Squeri:

«Io non ho paura. Neanche di lei!»

Era Squeri, che voleva terrorizzarlo? O il Donati, che voleva ucciderlo? Il nuovo Doge non sapeva nemmeno che lui era tornato e, in realtà, non aveva nemmeno ammazzato suo padre, stando alla descrizione degli avvenimenti che Squeri, su sua insistenza, gli aveva fatto, riportandogli le testimonianze di chi si era trovato presente alla punta dell'Idra.

Chi, allora?

D'improvviso, fra l'uno e l'altro sparo, risuonò una risata, ingigantita dalle risonanze del greto; anch'essa rimbalzava, qua e là, e gli sembrò più alta dei pioppi, mentre lo inseguiva, lo incalzava. Volevano costringerlo a correre per deriderlo. Fu come se ogni proiettile avesse voce: "Corri, buffone. Mostraci la tua forza, se ne hai!".

Lo prese, allora, una serenità che gli moltiplicò le energie. Si disse che, alla derisione, avrebbe opposto una prova di gioventù e di eleganza, di felicità fisica mai vista. Si concentrò nel proprio corpo, controllò i muscoli e il fiato, ignorando gli spari, badando soltanto a correre, attraverso la piana, con lo stile di un puledro di razza e la voglia di stupirli. Non sarebbe crollato, anche se le acque dove avrebbe potuto buttarsi ponendo fine a quel supplizio, le vedeva luccicare sul fondo.

Aveva imparato a correre. Ancora una volta, doveva al padre un insegnamento: "Procedi con la testa alta, dai alle braccia lo stesso ritmo delle gambe, cerca di ignorare lo sforzo pensando ad altro, di essere altrove, di non essere tu che corri".

S'immaginò che, al tiratore o ai tiratori, la sua corsa risultasse bella a vedersi. E lo era.

Gli spari si diradarono. Cessarono.

Ma Vito continuò. Sapeva che non doveva fermarsi, che doveva esibirsi fino alle ultime energie. Quando si gettò in acqua, finalmente, trovò ancora il fiato per una risata. Chiunque essi fossero, uomini di Squeri o del Donati, li aveva battuti. E gli sembrò che anche la sua risata fosse più alta dei pioppi.

4.

Marco Donati sedeva nella poltrona, all'altezza di un paravento dipinto, che gli consentiva di tenersi nell'ombra, senza doversi nascondere.

Per la seconda volta, sotto i suoi occhi, un Lunardi sgusciava all'interno del rifugio segreto, camuffato da anonimo deposito sul mare di Porto Caleri. Un mese prima si era trattato del Doge ucciso sulla punta dell'Idra, ora si trattava del figlio. Il Donati sorrise, toccato dalla sorprendente identità di gesti fra i due: quel mettere dentro la testa e scrutare intorno, col timore delle emozioni che li attendevano; quel riflettere sulla maniglia impugnata, e poi chiudere la porta di scatto.

Notò anche che, fra la quantità di oggetti ammassati nel vasto interno, Vito seguiva lo stesso percorso lungo il quale si era inoltrato il padre.

Lo vide fermarsi sotto il ritratto della madre Luisa, nello sfarzoso, patetico abito rinascimentale. Dall'espressione del giovane, al Donati sembrò di intuire: "Mi sento debole come questa donna che mi ha generato, e che ricordo con affetto, ma senza particolare rimpianto. È stata una donna giusta senza il coraggio della giustizia, perché pur conoscendo i delitti del marito, mai si è ribellata, continuando a dividere il letto con un uomo che aveva bandito per sempre dal suo cuore".

Prima di allontanarsi dal dipinto, Vito riportò alla mente un pomeriggio in cui la madre, malata, prossima alla morte, si era confidata con lui:

«La mia vita, in questa casa, è stata una continua notte dei lunghi coltelli. Qui, sono stata testimone di una bestiale volontà di potere. Per uomini come tuo padre, la religione è il denaro, il tempio è la setta. La famiglia normale è il solo alibi di cui dispongono. Famiglie di mostri che restano pur sempre famiglie...» L'aveva abbracciato, esortandolo: «Vattene, appena puoi: distruggila, questa famiglia, questo alibi ipocrita!».

Vito non aveva dato importanza a quella confessione. Era troppo giovane, non l'aveva capita, l'aveva scambiata per il delirio di una donna che sapeva frustrata, tradita.

Ne ebbe un rimpianto, un senso tardivo di pena. Essi

svanirono allorché si spostò fra le fotografie disseminate che lo ritraevano in età diverse, e che il vecchio Lunardi aveva conservato con una cura simile al culto. Rendersene conto lo esaltò, lo colmò di riconoscenza. Il suo stato d'animo si capovolse, ed egli si disse: "No, non sono un debole e un rassegnato come mia madre Luisa. Ho la forza dei Lunardi, famosi per essere dei dominatori, dei despoti, saccheggiatori di piaceri e di trionfi". Strinse fra le mani alcune foto e provò l'impressione che l'immagine del padre si riflettesse nella sua: si ricordò di quando avevano camminato per Venezia, tenendosi sottobraccio, e l'ammirazione delle donne per entrambi li aveva fatti sentire, più che un padre e un figlio, due fratelli con la stessa gioventù da vivere insieme.

Questo ricordo lo spinse verso il grande letto dove il Doge, senza farne mistero, aveva goduto delle sue amanti che vantava meravigliose. Fissò la coperta ed ecco, al suo orecchio, di nuovo la voce paterna: "Ascoltami: il giorno in cui non proverò più alcun desiderio, e capirò che la mia anima se ne sta andando in ombra, metterò fine alla mia avventura, oppure lascerò che i miei nemici mi facciano cadere in una delle loro trappole".

Il giovane concluse che il Donati non aveva battuto nessuno, perché suo padre si era lasciato giocare, forse anche a causa sua, della disperazione filiale che gli aveva fatto pesare. Bastò una simile congettura, e il suo stato d'animo mutò per la terza volta. Dopo essersi sentito un debole e un forte, ora si giudicava un incapace di amare. Anche i suoi rapporti sentimentali con le donne, che pure ricercava con ansia, e probabilmente a causa di questa ansia, si bruciavano in breve tempo.

L'amore, per lui, veniva sempre da una sensazione di buio, che finiva per riassorbirlo.

Vito si spostò ancora, fino al pianoforte. Affondò un dito nei tasti, e avrebbe voluto saperlo suonare, quello strumento, per esprimere il momento difficile che stava vivendo. Poi si trovò di fronte alla fotografia di Malo, che sarebbe rimasta, nella memoria della gente, la favorita del Doge. L'aveva odiata, ma perché? E perché alle donne attribuiva indiscriminatamente la stessa doppiezza di cui riteneva Malo responsabile: ossia l'arte di spingere in cielo e, insieme, in basso, nel fondo del buio? Malo lo fissava con l'espressione di quando si erano scrutati al di sopra della spalla del padre, che la stava possedendo: sola coi propri pensieri e i propri sogni, però cosciente di determinare i sogni altrui.

Girò le spalle all'immagine, dicendosi: "Resterò uno divorato dalla sensualità, ma trattenuto da stupide illusioni, senza il coraggio di ammettere che solo donne come Malo, ambigue fra dolcezza e perversione, solo puttane del genere mi attirano".

Si accorse di specchiarsi nella vetrinetta dove il vecchio Lunardi aveva conservato il primo panciotto d'oro indossato da Doge. La superficie rifletteva, nitida, la sua figura. Memorie, amare considerazioni furono spazzate via dalla vanità, e Vito fu cosciente, felice di essere bello, nient'altro: lo favoriva, oltre che la perfezione fisica, un'anima della bellezza che – lo sapeva bene, e ne approfittava per le sue rivalse – creava struggimento nelle donne di ogni età, provocava la morbosità della passione.

Fino a quel momento, il Donati, dal suo punto di osservazione, non aveva perso una mossa del giovane Lunardi, e valutandone a fiuto la personalità, si era fatto l'idea che Vito fosse semplicemente uno sbandato, afflitto da una labilità psicologica che lo teneva in balìa, prima ancora che delle situazioni, di se stesso. Ciò risultava chiaro dagli improvvisi cedimenti che lo inducevano a guardarsi intorno, smarrito, o a sedersi, con la testa fra le mani, per poi rialzarsi di scatto, con una piccola, nevrotica recita della gestualità che sprigionava, in quella solitudine, un che di ossessivo. Ma, di fronte alla vetrinetta, l'atteggiamento del ragazzo era del tutto cambiato: lo specchiarsi nella propria bellezza gli aveva dato una sicurezza imprevedibile, l'aveva immerso in una dimensione rafforzata e quasi aggressiva.

Eccola, la sua arma – convenne il Donati – e scrutando anche lui, a fondo, la seducente figura di Vito, giudicò quell'avvenenza, quel dono esemplare di gioventù, due insidie che lo facevano sentire battibile almeno sul terreno delle apparenze, sollecitandogli un moto di rancore, un presentimento sgradevole.

Fu nella vetrinetta che Vito vide profilarsi, alle sue spalle, l'immagine del Donati. Restò per qualche istante immobile, col cuore in tumulto. Poi si girò: non aveva mai visto in faccia quell'uomo, ma capì di chi si trattava. Reagì con i primi pensieri che gli si affollavano in testa, mentre gli occhi dell'altro, assorti, non lo abbandonavano, come se volessero inchiodarlo:

«So chi è lei. E voglio dirle che la sua astuzia non ha mai messo in trappola mio padre... È stato mio padre che... Voleva cadere nel primo inganno che fosse degno della sua grandezza.»

Al Donati piacque la reazione di Vito, in difesa della memoria paterna, ma anche rispettosa nei suoi confronti. Il giovane avrebbe meritato una risposta adeguata. Invece disse, simulando dolcezza:

«Pensa, Vito, tuo padre è arrivato a decretare il mio assassinio. Ti ricordi quando ti picchiava selvaggiamente, per poi chiederti scusa? Quando tu lo cercavi e lui ti sfuggiva, lasciandoti nella solitudine, nella disperazione, senza preoccuparsi che la tua mente ne soffrisse?...»

«Che vuole, da me?» lo interruppe Vito, turbato che un estraneo potesse insinuargli, con tale malizia, sgradevoli memorie che riteneva gelosamente sue.

Il Donati rise:

«Sono io che devo porti questa domanda. Se non sbaglio, tu e Squeri state cercando il modo migliore di mettervi in contatto con me. E io, questo modo, sono venuto a portartelo a domicilio... Ora, che si propone Squeri, manipolandoti? Tu lo sai, Vito, te lo sei chiesto? Se lo ignori, vorrà dire che aspetteremo insieme di saperlo.»

Riferì, quindi, le parole con cui il vecchio Lunardi, prima di essere ucciso alla punta dell'Idra, gli aveva raccomandato la sorte del figlio.

Vito si sentì spiazzato: da come il nuovo Doge lo stava trattando – con quel tono di voce, quella verità, persino con una sottile deferenza – la sua volubilità si lasciò conquistare. Il Donati gli sembrò all'altezza della carica che rivestiva, e quando gli diede appuntamento alla villa nell'Isola Albarella, accettò di buon grado.

Raggiunta la porta, come ricordandosene solo allora, il Donati lo pregò:

«Ma anche tu, Vito, fammi un favore. Riferisci a Squeri, se lo vedi, che i suoi, a cominciare dal Questore Simoni, avevano stabilito una cosa saggia, e che non sarebbe risultata sgradita all'umanità: in pratica, di farlo fuori. I patti, fra tuo padre e il Simoni, prevedevano che fosse eliminato insieme a me. Ma dal momento che io ne sono uscito vivo, ho provveduto perché anche Squeri vivesse.»

Fece una pausa:

«Per ora... Digli esattamente: "Per ora, e finché mi divertirò con lui".»

Notando il sorriso amichevole a cui il giovane Lunardi si stava aprendo, il Donati lo scrutò senza ricambiarlo e riflettendo sulla sensazione che Vito gli aveva procurato allorché si era compiaciuto – della propria prestanza fisica davanti alla vetrinetta: si era sentito escluso dai favori del tempo che segna i momenti privilegiati della gioventù, raggiunto ormai da un'ombra, già discretamente lunga, degli anni.

Vito si ritrovò seduto sulla sponda del grande letto. Tornò a sorridere fra sé, di soddisfazione, al pensiero di riferire a Squeri l'incontro col Donati, e soprattutto il suo messaggio finale.

5.

Squeri si aggirava per calli e ponti. Proseguiva lungo la "calle-spina", passato il sottoportico del Ghetto Vecchio, sboccava sulle Fondamenta di Cannaregio e si ritrovava al ponte delle Guglie.

La sua tensione cresceva: Venezia notturna è lo scenario perfetto perché un'anima persa si senta spinta al massimo della sua furtività, a una storica scelleratezza le cui impronte, a saperle vedere, risaltano da mille angoli, lasciate nei secoli da spie poliziesche e sicari. Come un'antica spia, appunto, Squeri poteva sussultare per uno scoppio di voci ripercosse dai campielli, o i passi improvvisi alle spalle, o i volti dei passanti, che in nessun'altra città del mondo si incrociano tanto ravvicinati.

Raggiungeva, infine, un palazzetto cadente nella calle del Forno.

Una porta si apriva, il suo rettangolo di luce restava deserto, con un'ambigua suggestione, tanto che Squeri, ogni volta, prima di introdursi frettolosamente, si guardava intorno temendo un agguato.

Si chiudeva la porta alle spalle e gli bastava fare qualche passo. Trovandosi già immerso in un convegno d'amore che ben sapeva privo della naturalezza del convegno, per non parlare dell'amore, poi, di cui non esisteva la minima traccia, Squeri si sentiva investito dall'ironico sguardo della donna. Restava a fissarla negli occhi, come a escludere, in quel saluto che si scambiavano sul chi vive, la nudità di lei, che pure, in piena luce, pareva colmare la stanza.

Senza incoraggiarlo con una parola, Pupe aspettava immobile che lui si avvicinasse e si chinasse a baciarle la nuca, le spalle, passandole le mani sui seni pesanti.

Squeri eseguiva quei gesti sapendo perfettamente che Pupe trovava di un'oscenità impagabile il rapporto con un uomo scelto per la sua bassezza. Sapeva che abbracciandolo, concedendosi, lei amava sentirsi addosso lo squallore, anche fisico, di una carogna, di una spia. Erano due carogne, due spie, sia pure diverse fra loro per tanti aspetti, che si rintanavano in quel palazzetto dove gli antenati della donna – una Nani, di Venezia, sposata a un industriale che le permetteva qualunque cosa – avevano tramato le loro infamie, vissuto le loro dissolutezze, perpetrato delitti.

Si possedevano fisicamente, e il più intenso piacere Pupe lo raggiungeva quando, finito l'atto sessuale, le toccava vincere un moto di repulsione e avvicinava le sue labbra a quelle di Squeri: a freddo, scambiava con lui un ultimo, viscido bacio da spia.

Mangiavano, quindi, al lume di candela, ed era la cena perfetta di due spie.

Con la vita in genere, e in amore, Pupe aveva rapporti esasperati che finivano per sfociare nella stessa realtà priva di senso che li provocava. Era sulla trentina, con lineamenti regolari ed energici, i capelli biondi e corti, divisi da una riga laterale. Si imponeva di manifestare una maggiore morbidezza di gesti, ma la sua figura conservava, negli atteggiamenti, un'impronta virile, benché il suo corpo fosse di un'insinuante femminilità.

«Pupe,» comunicò Squeri «quel ragazzo è arrivato.»

E subito parlò, a proposito di Vito Lunardi, di vittima designata, priva di maturità psicologica, e di corpo giovane modellato alla perfezione per essere inserito, con effetti destabilizzanti, in quella strana avventura del Donati e di Regina, che era una storia non soltanto di rancori e folli ambizioni, di meditate vendette e di colpi di scena, a dimostrazione dell'adattabilità della vita al fantasioso volere dell'uomo, ma anche, e potentemente, di corpi: gelosie, slanci, tormentata sessualità, tutto ciò che è impasto corporale, regolato da una forza, un'oscurità quasi primitive.

Pupe si compiacque. Si compiaceva sempre di ipotesi sordide mentre, distesi nel letto, l'uno provocava e l'altra provava quel sottile disgusto che li faceva incontrare e li teneva uniti. E appunto durante uno di questi abbandoni, sollecitati dalla morbosità, qualche mese prima a Pupe era come sfuggita l'idea: che se il Donati non era battibile a livello di ragione e di astuzia, qualche possibilità di successo si poteva avere sfruttando la sua ambiguità personale che lo rendeva vulnerabile nelle passioni, instabile nella sessualità e nei sentimenti.

Un gioco elementare eppure feroce, secondo un piano che solo una donna come Pupe poteva concepire. E persino Squeri si era sorpreso della minuziosa crudeltà che lo reggeva.

Pupe frequentava *L'Airone Rosso* e, quando vi metteva piede, dimenticava e faceva dimenticare la sua posizione sociale. Fu proprio lei a portare sul battello la notizia che il figlio di Cesare Lunardi era tornato, a riferire le prime dicerie sull'insolita bellezza di quel giovane che si aggirava solo per le sabbie e gli argini, con l'aria di cercare qualcuno e di fuggire da tutti.

Pupe suscitava in Regina un sentimento torbido e molta diffidenza.

Regina la vedeva arrivare, salutare le ragazze con cenni di complicità e lanciando battute, e non sapeva decidere se si trattava di un'affascinante ninfomane, di una lesbica come spesso cercava di far credere, o semplicemente di una dissennata, spinta a provocare per provocarsi, preda di un'ossessione a cui dava la forma di finte passioni.

Mostrandosi amareggiata, Pupe le chiedeva:

«Non ti fidi di me, vero?»

E allora faceva la scena; dichiarava che per lei, soltanto, saliva sull'*Airone Rosso*:

«Di te, Regina, resto incantata. Lasciamelo dire: di te, sono innamorata. E so che, come donna, meriti tanto.»

Fu abile, Pupe, a diffondere curiosità per Vito Lunardi.

6.

"Segreti... Segreti."

Il Donati scendeva la scala verso l'interrato della villa andando a consumare un vizio che nulla uguagliava in seduzione, e nel "Purgatorio" si inoltrava, reggendo la cartellina di ciò che non intendeva *dossier*, ma racconto di una vita scandalosa: una nuova, di un nuovo personaggio del potere, corredata – dal gran daffare che si era dato il Consiglio – di rapporti e prove documentali.

Portando la cartellina, avvertendo come poco essa pesasse (bastavano pochi fogli per distruggere un uomo), occhieggiava il Cristo appeso sul fondo del corridoio-labirinto e si sentiva portatore non già di uno scheletro nell'armadio, in grado di distruggere un alto responsabile dello Stato, bensì di un'anima, dopo la morte, il giudizio estremo. Percorreva il "Purgatorio" avvertendo alzarsi intorno, dalle cartelline già deposte e schedate, le ombre gravide che si addensavano sulla Repubblica, e la nuova vita – da ricattare, da atterrire – egli la poneva al posto designato, indirizzando al Cristo un cenno, quasi il castigo l'avessero concordato insieme.

Finiva per inginocchiarsi, come sempre, sotto il crocifisso. Non per fede, per stanchezza.

Avrebbe voluto che il rito della cartellina assegnata a condanna finisse a quel punto: archiviata l'anima del portatore di scandalo, dell'infame, ascritto alla sua persona il potere di servirsi di quei fogli scottanti. La soddisfazione, infatti, nasceva in lui dalla certezza di padroneggiare, volendo, di tenere in pugno: individui, situazioni. Mentre la messa in atto del ricatto e dell'intimidazione, pur inevitabili, ormai lo infastidivano, a volte sinceramente lo nauseavano:

"Persino troppo facile, ormai" si diceva.

Era notte fonda, di solito, quando saliva a dormire.

"Segreti... Segreti."

Accadeva che il sonno gli diventasse difficile e, al fianco di Regina, egli restava a lungo con gli occhi aperti, assalito, nel buio, da visioni premonitrici, indizi subliminali che gli svelavano il fitto lavorio di personaggi determinati, anch'essi, a rubarsi segreti per servirsene contro di lui.

Era come se ascoltasse il Questore Simoni, nelle sue telefonate strettamente confidenziali:

"Dobbiamo cedere, sbarazzarci di quel Donati con le buone, e al più presto. Mettetemi nelle condizioni di costringerlo a rivelare che diavolo vuole in cambio e accontentiamolo il più possibile, purché sparisca dalla circolazione. Altrimenti il suo gioco si farà mortale per molti."

Riflettendo sul Simoni, e la rete di conniventi che aspettava con ansia le sue informazioni, il Donati confidava a Regina:

«Non ho più dubbi, né perplessità. Ancora un po' di pazienza e usciremo dalla fase più difficile, questa del passaggio dalla lotta aperta alle trattative di resa... Intanto, nessuno nutre più, per me, indifferenza o aperto disprezzo. Alle minacce si sostituiscono i concilianti messaggi. La paura è un contagio, e io ne sono l'untore.»

E ancora, nel buio, era Vito Lunardi a profilarsi: alle prese con le possibili identità che si affacciavano alla sua personalità informe. Egli si tormentava anche nell'attesa di incontrare, in Marco Donati, non tanto il nuovo Doge da cui prendere direttive, quanto un padre verso il quale reagire, o con l'amore o con l'odio: un padre, comunque, non importa se caritatevole o implacabile. Il Donati continuava a chiedersi quale fosse il comportamento più giusto con quel giovane che, a istinto, più che mai avvertiva insidioso, portatore di zizzania, in sé, per la sua natura, non perché pilotato da Squeri.

«Dicono che sia un ragazzo di grande bellezza» aveva insinuato Regina, e gli aveva raccontato di Pupe.

«Lo è» aveva confermato il Donati. «Ha la bellezza di certe piante ibride, che sono frutto di incroci, condannate a non appartenere a una specie precisa. Piante dalla perfezione mostruosa per quanto seducente... Nessuno si è mai preoccupato di dargli un carattere. Così, a venticinque anni, è impreparato a tutto e, al tempo stesso, pronto a tutto.»

Aveva sfiorato il corpo di Regina:

«Presto, te lo farò incontrare.»

E lei aveva colto, in queste parole, un avviso sarcastico, un tono ambiguo...

Di molte, troppe cose era veggente l'insonnia di Marco Donati.

Tanto che, non sopportando l'immobilità, egli si alzava dal letto e andava a scrutare, dalla vetrata, la lontananza chiara che resisteva, nel cielo notturno, oltre la linea del mare. Lui, ladro superbo di segreti umani, fatto oggetto di perversi raggiri da chi, a sua volta, voleva rubargli segreti, finiva per sorridere di compatimento davanti a quel regno di misteri immensi che incombeva sul suo capo. Dalla trasparenza della notte, nessuna verità occulta gli era possibile rubare per poi servirsene, nel caso, contro l'Artefice massimo: pensava a un ricatto grande quanto l'universo e forse – congetturava – questo ricatto già era stato perpetrato, da parte dell'Artefice stesso, a danno delle creature.

Ma, a sfuggirgli, non erano soltanto gli insondabili segreti universali.

Se alzava lo sguardo verso sinistra, infatti, gli sembrava che facesse parte della volta celeste, amorosamente sostenuto come un nido da forze pietose e invisibili, anche il poggiolo della torre che dominava la villa, dal quale, vent'anni prima, il padre Armando si era affacciato con la pistola alla tempia.

Al Donati capitava spesso di isolarsi a fissarlo. Si sedeva in un punto, davanti alle sabbie, dove riteneva che nessuno potesse vederlo: mai avrebbe immaginato che a spiarlo invece, in certe sere, era proprio sua madre Cristina. Il suo sesto senso, per quanto eccezionale, non afferrava la presenza della donna che, dal fitto degli alberi, non perdeva una mossa del figlio. Così accadeva che Cristina e Marco Donati si trovassero a interrogare insieme il poggiolo della torre. Nello sguardo di Marco, Cristina leggeva la domanda di sempre: perché si uccide un uomo che ha vissuto serenamente, in pace col mondo, oltre che con se stesso?

Cristina avrebbe potuto rispondere. Lei sapeva perché il marito si era ucciso: quella ragione che si era trasformata nel suo dramma segreto, a volte insostenibile, e aveva condizionato l'esistenza di Marco, all'insegna di *Un ballo in maschera* che Armando Donati aveva ascoltato prima del gesto definitivo, lasciando che si diffondesse, da quello stesso poggiolo, verso il mare.

Un giorno, presto, Cristina avrebbe fatto in modo che Marco sapesse. Egli avrebbe risolto il mistero della morte del padre, identificato il profilo dello sconosciuto, schizzato a matita su un foglio, che veniva custodito nell'armadietto a vetri nella stanza più alta della torre, e allora molte cose sarebbero cambiate, la stessa vicenda che tutti stavano vivendo, avrebbe avuto una svolta imprevedibile.

"E io?" si chiedeva Cristina Donati. "Quale sarà la mia fine, allora?"

La donna si allontanava torturata da quella domanda. Marco Donati la considerava la vittima principale, la più umiliata e innocente, della bravata di Squeri davanti alla villa. Ciò corrispondeva a verità nel senso che Cristina aveva capito, nella circostanza, la misura in cui la vita del figlio era stata stravolta. Ma al vero corrispondeva anche che lei, vent'anni prima, si era resa responsabile di qualcosa che, a rifletterci, poteva definirsi la causa di tutto.

Spesso, senza sapere l'uno dell'altra, Cristina e Marco si erano avvicinati per confidarsi, trattenuti sempre, alla fine, dalla paura di perdere l'affetto profondo che li univa. E così erano rimasti entrambi vittime di un'ossessione dalla doppia faccia: lei torturata dal conoscere la causa di ciò che era avvenuto sul poggiolo, lui torturato dall'ignorarlo...

Quando il Donati rientrava dal balcone per tornare a letto e cedere finalmente al sonno, già si alzava il giorno. Egli scivolava accanto a Regina, si abbracciava con cautela al suo corpo caldo, ripetendo fra sé, finché non raggiungeva l'incoscienza:

"Segreti... Segreti."

7.

L'Airone Rosso sfilava – istigando, provocando, specie la fantasia di chi ignorava cosa avvenisse al suo interno – fra rive dove s'infiammavano file sempre più minacciose.

Dagli oblò, Regina le scopriva, con paura, disporsi nei gradoni degli argini e sui ponti di barche: ne nascevano fondali da teatro gremiti come di coristi e comparse. Le schiere, laiche, dei Comitati Femminili si ponevano in alto, vantandone il diritto in virtù di ceto sociale; nei ripiani successivi, si confondevano le comunità di beghine aizzate dai parroci. Esse reggevano stendardi e cartelli con scritte tipo "Gruppo San Giorgio ", "Dio esiste", oltre al sanguinario, squadristico "A morte Marco Donati".

Si aggiungevano le file dei puritani senza stendardo. Poi i gruppi dei Quadri Civili, a cui non interessava nulla né dell'*Airone Rosso* né di Dio, impegnati con ogni mezzo a far chiasso sui loro diritti, a cominciare da più adeguate pensioni.

Tra le urla di protesta che si fondevano allo strepito dei volatili d'acqua molestati e messi in fuga dalle cove di pace, s'alzavano spari:

«Tutto questo per un po' di felicità!» esclamava Regina, sbigottita.

Nella bolgia, capitava che s'insinuassero schiere idolatranti l'opposto: ossia il Donati, il battello, ogni possibile supposizione d'anarchia corporale e spirituale, e gli stendardi facevano impallidire quelli dei rivali, con raffigurazioni grottesche e motti esilaranti. Essi erano ispirati dalla tradizione del lazzo e del ghigno. Lo stendardo più riuscito raffigurava un Marco Donati che, travestito da arlecchino, partoriva un'infinità di altri, minuscoli arlecchini, trionfanti e con in testa una coroncina da re.

Fra le opposte fazioni scoppiavano risse grandiose. E

chi dava vita al corpo a corpo, che spesso lasciava sul terreno beghine malconce e puritani messi a nudo, finiva per dimenticarsi completamente dell'*Airone Rosso*, il cui equipaggio diventava pubblico di spettatori, a volte costretti a intervenire per la salvezza dei contendenti.

Calava il sole. Dagli argini, dalle chiuse, dai ponti di barche si sfollava. Mentre *L'Airone Rosso* prendeva verso il fiume aperto, Regina provava pena per la soldataglia stremata dove confluivano amici e nemici, dimessi i sette spiriti vendicativi, con le braccia spezzate a furia di reggere e agitare bandiere e cartelli, senza più fiato per l'incessante inveire e replicare alle sferzate verbali che provenivano dagli altoparlanti del battello, alle risate infinite che il Donati in persona aveva registrato, e che gli echi dilatavano fra le rive.

Andava, la soldataglia, a riprendere la vita nelle case della normalità, dell'apparenza tranquilla, dove avrebbe trovato altri motivi di scandalo, ma occulti e familiari, nonché meno divertenti, degni del silenzio della tolleranza ipocrita, per amore del quieto vivere. Senza più la possibilità di un grido, un solo grido capace di liberare il cuore.

«Marco Donati, nostro Doge, nostro tutto!» esultavano gli ultimi seguaci accaniti. «Liberaci dai coglioni e dai corrotti!»

Qualche figura stagliata contro il tramonto, che si trascinava un cartello o un vessillo. Poi, più nulla.

Regina si diceva, nella solitudine, "Così va il mondo", e magari attaccava una vecchia canzone che gli altoparlanti diffondevano adattandone il ritmo a quel senso di stanchezza generale che sembrava salire al cielo, frenare le ali dei gabbiani, sbiadire le nuvole: "Come sei bella, più bella stasera, Mariù...".

Ma le aggressioni e gli attentati che, da un certo momento, presero di mira *L'Airone Rosso* non potevano essere opera di Comitati raffazzonati e incoscienti. Portavano la firma di gruppi e associazioni ben più temibili, sobillati sia da Squeri e dal suo piccolo esercito di ombre, sia da chi stava più in alto di lui, nelle gerarchie dello Stato.

Una notte, *L'Airone Rosso* evitò miracolosamente di essere squarciato da una bomba.

Capitolo quinto

1.

Sul pavimento, una valigia scura, scrostata, con cordicelle legate intorno. Il Donati la indicò a Vito Lunardi con un gesto di noncuranza:

«La porterai a Tristemare. Entrerai nella sua casa e gli dirai: è la valigia che ti manda Marco Donati.»

Vito sollevò la valigia: non pesava nulla.

«È vuota» sorrise l'altro.

Scrutando l'involucro di fibra, l'immagine stessa della desolazione, che faceva pensare a disgraziati persi in viaggi senza speranza, Vito chiese, sconcertato:

«Che senso ha?»

«Nessuno» rispose il Donati. «Ma ha forse un senso, la vita di Tristemare? Quella valigia è il mio messaggio. Tristemare sappia che deve prepararsi all'ultimo dei suoi viaggi per mare, e stavolta sarà il mare del niente, dove scomparirà il niente della sua vita e della sua morte... Perciò non ha bisogno di portarsi niente, nella valigia.»

Al centro della stanza, un tavolino, e sul tavolino una pistola. Anche gli occhi del Donati corsero dalla valigia all'arma:

«Non ha senso neppure che tu uccida Tristemare. Che

conta un assassino di meno in un mondo dove, ormai, ammazzare è come mangiare, dormire?»

«Perché farlo, allora?»

«Perché Tristemare ha ucciso tuo padre. E spetta a te la vendetta. Per quanto stolta e inutile, questa è la legge di una Ghenga, la nostra, in cui tu chiedi di entrare con autorità.»

Vito scosse la testa:

«Io non credo in nessuna legge... Io non ho chiesto niente.»

«L'ha chiesto tuo padre, per te. E tu non hai smentito. Potrei dire, dubitando: non hai smentito per agevolare Squeri, il suo proposito di infiltrarti.»

Mentre Vito non replicava, il Donati gli spiegò come la Leggera e la Pesante, di cui era Doge, riflettevano – brutalmente e con un'ingenuità di stampo arcaico – la società più vasta delle istituzioni presunte civili, e del ventre pieno, del piacere volgare, dell'innocenza svenduta: incapace dunque, anch'essa, di crearsi comportamenti all'altezza dei tempi nuovi. Una società vuota come la valigia da portare a Tristemare, che in quanto tale si regge imitando riti perduti che pongono un branco contro l'altro, un uomo contro l'altro.

Vito ascoltava il Donati, affascinato, nonostante tutto. E il Donati parlava al giovane seguendo, più che una logica del dialogo, la suggestione di una vena retorica, un gusto delle parole che gli riusciva così facile architettare, con lo scopo di sottomettere quell'essere dagli occhi innocenti non per merito suo, ma perché la vita non l'aveva ancora coinvolto in nessun atto di cui potesse ritenersi responsabile.

«Tristemare mi ucciderà» disse Vito.

«Possibile. Ma Tristemare ha sbagliato nel compiere il suo incarico. Doveva ammazzare me, e per questo era stato pagato. Dunque, è più probabile che ti offra le spalle, e a te basterà puntare quella pistola. Potrai farlo con calma. Cerca solo di non pensare che stai ammazzando un uomo.»

«Perché dovrebbe essere così facile?»

«Perché è un'altra regola senza senso di cui il nostro mondo si compiace, giocando con le esistenze, i destini. Chi sbaglia deve pagare con la vita. Tristemare non potrà sottrarsi. Se lo facesse, per lui sarebbe peggio che morire.»

Vito Lunardi si lasciò scivolare in tasca la pistola, sollevò la valigia che non pesava nulla. Più forti del rischio che si avviava a correre, erano la curiosità e la disponibilità a qualsiasi evento:

«Credevo che sarebbe stato diverso, fra noi» obiettò con rammarico. «Che lei mi avrebbe trattato da amico, parlandomi con fiducia di cose semplici, naturali. Mi sarebbe piaciuto essere messo alla prova nelle piccole cose, e così imparare a vivere, confrontandomi con la sua esperienza... Invece mi accorgo che tutto continua a essere come quando mio padre era vivo, tutto all'ultimo sangue, e ridicolo, per poi ritrovarsi a mani vuote davvero come questa valigia.»

Il Donati ammise, dopo un silenzio:

«Noi non saremo mai amici. Tu devi essermi grato perché credo di averti capito come nessuno... Ma io resto un sublime meschino, Vito. Guardo la perfezione del tuo corpo, e la invidio, la bellezza del tuo viso, e ne provo rancore, intuisco l'intelligenza che tu non usi solo perché non ne sei ancora cosciente, e mi irrita. Detesto la tua giovane forza virile.»

Fece un'altra pausa, ridendo fra sé:

«Comunque, cerca di ammazzarlo, quel Tristemare. E sappi che se lo merita, per i suoi delitti.»

Vito si avviò alla porta, valutando che nelle parole del Donati note di sarcasmo si accoppiavano agli accenti della verità:

«È tutto uno scherzo, vero?» chiese amaramente.

«Possibile.»

«Lei, Donati, ha mai ammazzato un uomo?»

«In queste società segrete di cui anche tuo padre è stato Doge, io non ci sono entrato con le ambizioni del capo. Ci sono entrato da buffone, saltimbanco e capocomico di femmine... Sapendo che avrei potuto farne la mia farsa, perché farsa è, compreso Tristemare.»

Vito Lunardi fu fatto salire nell'automobile guidata da una guardia del corpo. Puntarono su Faro Rondini, dove sorgeva la casa di Tristemare, e a tratti l'elegante malavitoso si girava per ripetere al ragazzo, con un sorriso non meno ambiguo di quello del Donati:

«Succede a tutti, la prima volta.»

In realtà, Vito si sorprendeva che in lui non stesse succedendo nulla. Se la messinscena non era destinata a rivelarsi una buffoneria di quelle per cui il Donati andava famoso, fra poco avrebbe dovuto sparare o essere sparato, eppure si sentiva soltanto felice di esistere. Con una voglia esasperata, questo sì, di colmarsi gli occhi con le visioni che gli venivano dai piccoli paesi bianchi che si susseguivano, assomigliandosi, dalle aie dove le donne facevano le trecce di paglia per ricavarne i cappelli famosi di quella zona, inventati alla fine del Settecento da uno stravagante prete parmigiano, il Platestainer.

Vito vedeva le piccole piramidi dei cappelli di paglia rese d'oro dal sole a picco, e d'improvviso esclamò:

«Voglio comprare un cappello di paglia!»

Stupefatta, la guardia del corpo fermò l'automobile, e Vito scelse una paglietta che gli donava:

«Come sto?» chiese, quando ripresero ad andare.

«Come il più grande incosciente che mi sia mai capitato.»

Di nuovo la pianura correva ai loro lati. Passavano donne piacenti in bicicletta, sui sellini i sederi si dilatavano, e la testa di Vito si perdeva in fantasie amorose. Di chilometro in chilometro, si sentiva preso da un'inspiegabile malìa del desiderio, da una voglia di farsi dimenticare dal mondo, in un qualunque grembo compiacente e protettivo:

"Perché" si ripeteva "non riesco a sentire la morte, che pure mi è così vicina?"

La paura e l'ansia erano tanto profonde, in lui, da sembrargli estranee. Quando le avvertì salire, con la loro morsa e un sudore freddo, a difenderlo, a creare una barriera vitale, quasi furiosa, scattò un'erezione. Sentì di ferro il membro, e ne vantò con ironia un prestigio che non temeva competizione. "Sono vivo" esclamò fra sé. "In una maniera spropositata. Come non lo sono mai stato." Lo prese una fame aggressiva, e quando avvistarono una trattoria ordinò ancora:

«Ferma!»

La guardia del corpo lo guardò divorare il cibo e attaccarsi al collo della bottiglia senza potergli impedire di berla tutta. E ora, in macchina, Vito Lunardi, prossimo assassino o prossimo assassinato, aveva il cervello che saltava qua e là, come un rondinotto, la testa rovesciata sullo schienale, la paglietta sugli occhi. Cadde in un sonno che, come l'erezione di poco prima, era una difesa tenace di ogni sua forza contro il doversi arrendere all'evidenza. Finché la guardia del corpo non lo scosse, per indicargli:

«La casa è laggiù!»

Rideva suo malgrado, l'accompagnatore, mentre avrebbe dovuto impensierirlo quella pazzia del Donati che aveva accettato di condividere; ma convenne che ci sono circostanze in cui l'ilarità, facendosi tragica, si impone con una forza irresistibile. Mai più a nessuno sarebbe capitato di scortare un giustiziere a metà fra l'Ippogrifo e un bambino da tenere per mano.

Augurandogli buona fortuna, gli ricordò:

«L'importante è che ti volti le spalle!»

Reggendo la valigia che non pesava nulla, portando in tasca la pistola che pesava troppo, Vito si inoltrò in uno strambo giardino, dove cercò di orientarsi in un dedalo di alte siepi e di vialetti cosparsi di una ghiaia bianchissima. Gridò il nome di Tristemare. Nessuno rispose. Percorse una serie di svolte: altro silenzio. Sbucando da una siepe e affacciandosi a un cortile interno, una visione lo sbalordì: Tristemare sedeva su un panchetto di legno, quasi a ridosso della parete di fondo; era in maniche di camicia e dava le spalle, giocherellando con un piccolo cane che gli saltellava davanti.

A Vito, quelle spalle voltate sembrarono immense dentro la camicia bianca.

Tristemare non si girò nemmeno quando i passi di Vito fecero volutamente rumore sulla ghiaia. Egli disse, con voce serena:

«La valigia, posala lì. E ricambia il Donati per il messaggio. Digli che conosco troppo bene il mare, per non sapere come si va alla deriva, e a fondo. Ma lui, un giorno, prima di quanto creda, nel niente ci affogherà come un cane, e la valigia dovrà riempirla di sassi.»

Vito si bloccò. Tristemare annusò l'aria:

«Lo senti questo profumo di tigli? C'è un momento, nella vita, che lo sai dal profumo di un albero... Lo sai da una luce che non vedrai più la prossima primavera.»

Vito si ritrovò il piccolo cane che gli veniva a leccare le scarpe. Sempre serenamente, Tristemare lo invitò:

«Fallo, amico mio. Non è difficile. Tutto sta la prima volta.»

Il giovane si tolse la pistola di tasca e la tenne per il calcio, come fosse la coda di un topo morto.

«Si può fare persino con amore, Vito. O per pietà, come ho fatto io, tante volte... Comunque, con rispetto.»

Vito depose sulla ghiaia la pistola e la felicità di esistere tornò a possederlo; era lontano, lontanissimo dalla morte, e finalmente una cosa la sapeva su di sé, come uomo: mai sarebbe stato capace di sparare alle spalle di nessuno. Stava conoscendo una lealtà che gli faceva onore e provò un moto di fierezza.

«Addio, Tristemare» disse, avviandosi a scomparire di nuovo fra le siepi.

«Addio» si sentì rispondere. «Guarda, spunta la luna...»

Aveva percorso un breve tratto quando echeggiò uno sparo. Stordito, non riuscì a capacitarsi, e poco dopo si rese conto che la guardia del corpo sopraggiungeva di corsa, spariva verso il cortile interno. Gli andò dietro, con rassegnazione. Lo vide piegato sul corpo di Tristemare, che aveva la faccia in giù, sulla ghiaia, e le spalle voltate, al cielo. Un filo di sangue scorreva dalla sua testa e il piccolo cane, con un guaito di dolore, vi passava amorosamente la lingua.

La pistola era scivolata accanto alla valigia scura, scrostata, con le cordicelle legate intorno.

Fraintendendo, la guardia del corpo si girò verso Vito, esclamò:

«Esordio da campione!»

2.

Una folla di donne si radunava sui moli dove attraccava *L'Airone Rosso*.

Ambivano a essere scelte per far da cornice alla compagnia degli attori, secondo la strategia che, anche servendosi del battello, il Donati aveva concepito contro la società del perbenismo che detestava nella stessa misura in cui aspirava a farne parte. Esibivano i corpi, vantavano conoscenza dei vizi segreti di autorevoli e insospettabili personaggi, ed era tutta una diceria, uno svelare meschinità, infamie.

I pontili si trasformavano in bivacchi e riusciva difficile liberarsi dalle fanatiche o pazze o avide di perversioni e denaro. Gli stessi emissari del Doge restavano turbati da quella disponibilità così assoluta e dissoluta. Nell'attesa del battello, le donne cantavano, ballavano, scatenavano risse, oppure cadevano in silenzi minacciosi, in cui si raggruppavano come avvoltoi impazienti della preda, col vento che agitava capigliature, vesti sgargianti, mantelli da barcaro.

Quando appariva *L'Airone Rosso* lo accoglievano con un tripudio.

Il Donati procedeva entro un cordone protettivo e sorridendo ironico sollevava la mano destra in una parodia di benedizione sacerdotale. Egli rappresentava l'uomo della provvidenza che non scende dall'alto, ma sale dalla peggiore realtà; colui che conosceva a fondo le miserie sia degli uomini in genere sia di quelle terre e acque attraversate nei secoli da disuguaglianze sociali inconcepibili altrove, e cercava di porvi rimedio coi mezzi dell'illecito tradotto in filosofia, ossia con la convinzione che il mondo, se non lo si può comandare, lo si può corrompere, il che è spesso la stessa cosa.

Una specie di vertigine la provava anche il Donati allorché affondava fra le aspiranti, e gli pareva di venire risucchiato in un ribollire di seni imponenti, bocche carnose, grandi occhi spiritati.

Fu in una baraonda del genere, al molo della Casa Ariosta, che il Donati e Vito Lunardi tornarono a incontrarsi. L'episodio di Tristemare aveva svuotato il ragazzo, spingendolo ad andare senza scopo per paludi e mortizze, poi di nuovo attraverso le sabbie da cui il padre aveva ricavato l'effimero oro della sua potenza dissolta. Alla Casa Ariosta c'era arrivato per caso, ignorando le manifestazioni tribali delle donne e gli arrivi carismatici del Doge.

Anche il Donati lo vide, e si fermò nella ressa per apostrofarlo:

«Ciao, campione.»

Al saluto sarcastico, Vito rispose:

«Io non ho ucciso Tristemare. Tristemare si è sparato da solo. Io non saprò mai ammazzare neanche una coniglia.»

L'altro gli mise una mano sulla spalla. Non voleva né commiserarlo, né confortarlo:

«Sapevo come sarebbe finita, quando ti spingevo da quell'assassino. Tutto era previsto e calcolato.»

Sul fiume si segnalò la suggestiva visione dell'*Airone Rosso*. Il Donati si girò a scrutare il battello, la folla che si preparava a festeggiarlo, poi riportò lo sguardo sul giovane:

«Tu non sei nato per la vita balorda. Meglio davvero che ci salutiamo qui, e per sempre. Non potresti essere utile né a me, né a Squeri.»

Vito si oppose, d'istinto:

«Mi resta sempre un modo per entrare fra quelli della vostra specie.»

«E quale?» s'incuriosì il Donati.

«Imitarla, Doge» e ora era Vito che sfidava l'altro con aperta ironia, sembrandogli ridicolo persino il rispetto formale di quel "lei". «Voglio dire: entrarci da buffone, saltimbanco e capocomico di femmine... Come, alla mia età, ci è entrato lei.»

Il Donati tornò ad avvertire un campanello d'allarme nell'ostinazione con cui il ragazzo riusciva, a suo modo, a dominare le situazioni; o meglio, ad adattarle alla spavalderia della sua incoscienza. Replicò, con apparente noncuranza:

«L'arte del buffone è difficile... Se un assassino può essere un imbecille, un buffone dev'essere un genio» indicò intorno la ressa delle donne. «E con loro, credimi, non basta avere la gioventù e una faccia da dio.»

Seguì l'incontro, sulla scaletta dell'*Airone Rosso*, fra il Donati e Regina: un baciamano che aveva dell'assurdo di fronte a quel pubblico trattenuto a stento, ma soggiogato più dall'eleganza del gesto in cui si produsse il Doge che dalla brutalità di chi cercava di tenerlo a distanza.

Fu la prima volta che Vito Lunardi vide Regina.

3.

Si alzò il vento: le porte a vetri, che riflettevano le luci del salone, accusarono l'impeto delle raffiche. Fuori, il buio era quasi completo e si distingueva appena, in lontananza, la linea degli alberi contro l'orizzonte. Pesanti gocce presero a battere contro le finestre, dove Vito Lunardi scrutava l'approssimarsi del temporale, in attesa di veder comparire il Donati.

La pioggia e il vento aumentarono d'intensità, lo scoppio dei tuoni fece tremare le pareti.

Il ragazzo si aggirò, ripetendo fra sé il nome della villa, che arrivando l'aveva affascinato:

"Un ballo in maschera!"

In effetti, il salone gli appariva, oltre che un rifugio di tranquillità nella bufera, una scena che si preparasse a mostrare attori sorprendenti; ossia Vito ebbe il presentimento dell'apparizione che stava per prodursi, e continuò a muoversi per cercarla, provocarla, spostandosi fra angoli suggestivi, dove era evidente che il Donati aveva gusto nella scelta degli oggetti, era sensibile alla pittura e, fra i colori, preferiva il rosso, il rosa antico.

Passò di quadro in quadro, e le figure dipinte sembravano formare una platea in attesa, come lui, di un avvenimento che si lasciava intuire anche nella contrapposizione atmosferica fra il mare battuto dai fulmini e la pace interna, in cui la porpora e gli ori suggerivano l'idea di una vita preziosa. In un dipinto, volti di donne bellissime, di profilo; in un altro, una donna che sedeva solitaria, scrutando una distesa di neve; e via via personaggi femminili in pose diverse, sotto le luci ad effetto...

Vito avvertì un profumo, seppe di non essere solo. Fra lui e il tavolo si frapponeva una poltrona dall'alto schienale e, avanzando di qualche passo, scoprì su un disegno del tappeto due piedi che calzavano scarpe col tacco alto. Aggirò lo schienale, e gli apparvero due gambe lunghe, accavallate. Ora poteva vedere i capelli della donna. Fu sul punto di rivolgerle la parola, ma non lo fece.

Guardando meglio, si scorgevano anche le pagine di un libro aperto, che una mano teneva fermo sul fondo blu di una gonna. La sconosciuta stava leggendo. Vito si disse che non aveva nulla di misterioso il fatto che lei continuasse a stare immobile e silenziosa, nascondendosi nella poltrona. Evidentemente, assorta nella lettura, non si era accorta del suo arrivo, e lui, d'altra parte, aggirandosi sui soffici tappeti, non aveva provocato alcun rumore.

Questa spiegazione logica fu smentita. Le luci si spensero e il salone piombò nel buio completo. Tutta la zona doveva essere rimasta senza energia elettrica perché, dalle vetrate, non si avvistava alcun segnale luminoso. Anche i lampi erano cessati e il temporale si era calmato.

La donna non si alzò, non fece un gesto. Sottovoce, chiese:

«Sei Vito Lunardi?»

Non gli arrivò come una domanda, ma come un'insinuante provocazione creata dal buio, col tono intimorito dal buio. Sollecitò, in lui, un'eccitazione attraversata da emozioni confuse. Chiese, a sua volta:

«Sei Regina?»

Il buio continuava ad accrescere, fra loro, l'intimità. Il profumo che l'aveva attratto verso la poltrona, ora lo avvolgeva, lo stordiva:

«Sì» la udì rispondere.

Improvvisamente, la mano della donna prese la sua. Il gesto, in piena luce, sarebbe risultato ovvio – due che si presentano per la prima volta – mentre nell'oscurità acquistò un senso del tutto diverso. Fu una stretta di complicità sensuale, che diede concretezza al reciproco desiderio di toccarsi.

La mano di Regina era calda. Vito se la portò alle labbra, certo che le sue emozioni erano condivise. Il buio, di nuovo, insinuò un sentimento in quel baciamano che, altrimenti, sarebbe scaduto nella banale galanteria, e anche il bacio diventò vero. Il ragazzo azzardò un altro gesto. Col cuore in tumulto, a tentoni, cercò il volto di Regina, e le dita sfiorarono la fronte, scesero alla bocca, individuando lentamente i tratti. Poteva sembrare l'atto di chi, accecato, tenta di identificare una persona in cui si imbatte, ma il buio, anzi la coscienza del buio, creò l'effetto di una carezza. Quando Vito fece scivolare la mano dal collo al seno, Regina ebbe una reazione simile su di lui: toccò il suo corpo e, prima di ritrarsi, si fermò, come per trasmettere una quiete ai battiti del cuore.

Seguì una breve immobilità. Sapevano che, finché fosse durato il buio, potevano rallegrarsi del contatto che li aveva uniti, come esseri senza il peso di un'identità.

Quando le luci si riaccesero, Vito scoprì che lei, spostandosi, aveva raggiunto inavvertita le vetrate che davano sul mare. Gli dava le spalle.

Poi udì dei passi dalla camera adiacente, e subito si abbandonò in una poltrona, come se immobile in quella posizione avesse atteso l'arrivo del Donati, che ora avanzava nel salone. Fra il ragazzo e la donna, tutto si era ricomposto e nessuno si sarebbe accorto di nulla; nessuno tranne il Doge che, col suo sesto senso, fu cosciente, in successione: che i due fingevano; che, peggio, fingevano in modo esemplare; che avevano sprigionato nell'aria una sensualità affine e potente che ancora li legava.

Li scrutò e i due lo ricambiarono con uno sguardo imperturbabile; allora, il tarlo che gli si era insinuato non appena aveva messo piede nel salone, diventò un ago nel cuore.

Si era già esposto alle prime gelosie, come la notte della festa per la sua nomina a Doge, quando aveva lasciato Regina sola sull'*Airone Rosso*, scoprendo poi quanto dolorosi oltre che ridicoli fossero quegli esercizi di masochismo puerile, e ora tornava a rendersi conto che la gelosia – da cui, per una vita, si era ritenuto immune – era il sentimento che gli riusciva meno sopportabile:

«Buffone!» apostrofò Vito, fingendosi subito amabile. «Ho scelto il tuo impiego!»

Indicò un quadro: vi appariva la figura di un giovane dal volto troppo pallido, le labbra troppo rosse e grandi, come quelle di un clown. La figura era tratteggiata alla perfezione per suggerire l'armonia del suo corpo, mentre grotteschi e deformati risultavano gli altri elementi che gli facevano corona: la donna che ballava con lui, lasciandosi portare in un giro di valzer, appariva una nana grassa, laida; gli spettatori che assistevano, ridenti, mostravano musi da faina:

«Lo chiamavano, per deriderlo, *Maestro di Piaceri*» spiegò il Donati indicando il ballerino. «Mentre non era che un povero ruffiano dei Bordelli Viaggianti, finché sono esistiti... Maestro di niente, nemmeno del suo sesso da elefante, forse della sua disperazione, e piaceri pochi, umiliazioni tutte! Neanche un uomo: la caricatura di un uomo!»

Vito guardò Regina, che abbassò lo sguardo.

«La tua figura la fai» continuò il Donati, squadrando il giovane Lunardi. «Resta da vedere che figura farai fare a noi. *L'Airone Rosso* è il mio giocattolo preferito. Ma è anche un'arma: di propaganda, di provocazione. Va trattato a dovere.»

«Capisco» rispose Vito, con tono giudizioso. E poi: «Perché mi sta parlando con tanto disprezzo?».

«Che merita, un ruffiano? Non è un principio che ho creato io, che quel disprezzo mi trascino da una vita. Ti copriranno di ridicolo e di infamie, perché apparirai lo specchio del mondo com'è, un postribolo grande, che costringe a mettere la dignità sotto i piedi... I falsi puritani cercheranno di farti a pezzi, e proprio quelli a cui procurerai più favori, ti serberanno più rancore. Imparerai a maledirli, dentro di te, a ricattarli.»

Il Donati si stava coinvolgendo troppo, lo capiva. Per la prima volta gli riusciva difficile simulare la freddezza che, all'occorrenza, faceva parte del suo stile. Enumerò i compiti che sarebbero spettati a Vito: fare il servo di scena, ossia provvedere alle necessità degli allestimenti, badare alla correttezza degli attori e alla loro disciplina, controllare e dirigere le donne, difenderle se possibile, trattare coi clienti più importanti...

Ridendo, si girò di nuovo verso il quadro che raffigurava il ballerino dal volto bianco, le labbra dipinte: «Organizzavano un ballo festoso, per l'investitura del ruffiano. La sola notte lieta, per quell'infelice».

«E se non accetto?» obiettò Vito, candido.

Quella calma esasperò il Donati. Vito non lo vide nemmeno arrivare il pugno con cui il Doge lo scaraventò sulla poltrona:

«L'hai chiesto tu!...» Lo colpì di nuovo: «E dovrai anche imparare a picchiare!». Lo rimise in piedi e lo trascinò di fronte a Regina: con delicatezza, lei tolse il sangue dalla bocca del ragazzo. Mentre il Donati lo ammoniva:

«Potrai goderti, volendo, tutte le donne del battello. Sia quelle che ci recitano, sia le altre che ci trafficano per il loro divertimento o la loro pazzia.» Indicò Regina: «Ma lei, lasciala stare. Anche questa è una legge del nostro codice di buffoni: la Primadonna non si tocca... E tu le hai conosciute, vero?, le leggi da farsa del nostro mondo. L'hai visto coi tuoi occhi come ci si rimette la vita. Dunque bada a Regina, ma bada anche a te».

Regina si sentì irritata e insieme lusingata dalla gelosia che turbava il Donati. Egli la stava assoggettando a una sfida, più che mai in carattere coi suoi colpi di testa. Gli chiese:

«Vuoi divertirti alle mie spalle?»

«No. Per divertirsi alle spalle di qualcuno, bisogna provarne poca stima o vederlo un avversario. Mentre per te, fin dal primo momento, ho provato un rispetto profondo, e non ti ho mai considerato mia nemica. Non dimenticarlo.»

La donna lo guardò allontanarsi. E si trovò riconquistata da lui, dall'energia vitale che riusciva a imporre persino nelle circostanze in cui poteva apparire perdente; soprattutto fu rassicurata, ancora una volta, dalla sua capacità di fare e disfare la realtà delle cose.

«Stanno spuntando le stelle» indicò a Vito, con una punta di ironia, notando che lui scrutava il cielo notturno senza accorgersi di ciò che vedeva. Gli sorrise, ma con distanza, ormai distolta dalle riflessioni sul Donati.

Vito soffrì del brusco cambiamento della donna.

4.

Anche a quel ballo che avrebbe dovuto distruggerne la dignità, sia fisica che morale, azzerarlo nella derisione, la prestanza di Vito Lunardi resisteva, e non solo il suo bell'aspetto non veniva umiliato oltre misura, ma il ragazzo riusciva a trovare, nel fondo di sé, un orgoglio che stupiva gli altri e lui non aveva mai saputo di possedere.

Girando su se stesso fra le luci e le teste fitte degli spettatori, pensò ai racconti che aveva udito sugli infelici che, secoli prima, i giudici della Serenissima riconoscevano colpevoli di idee rivoluzionarie, tuttavia politicamente goffi e inoffensivi. Essi venivano condannati, perciò, allo scherno anziché ai tratti di corda, e obbligati a danzare nel luogo che li avrebbe visti servi di prostitute: il Traghetto detto del Buso, ossia del sesso femminile, e in seguito dei Ruffiani, in ricordo di quella punizione.

Le musiche d'accompagnamento erano mutate nel tempo, e al rullo del tamburo, le staffilate della gran frusta, si erano sostituite le ironiche melodie d'Oriente, ispirate all'harem del sultano, le "danze basse", strisciate rasoterra, forme grezze di "Ballet Comique", fino alla Grottesca e alla variante del valzer che ancora imperava. I nomi, poi – dal "Babao", lo spirito folletto veneziano, alla Cottola – erano stati assorbiti da una definizione attribuibile a qualche prete o retore coinvolti negli illeciti carnali: "Ballo d'addio all'innocenza perduta".

Un ballo che aveva una storia, dunque, e che la malavita di Po riteneva fra i suoi riti più significativi, a dimostrazione del crudo dileggio, ma anche a prova della pietà per il buffone. Come il ballerino del quadro che aveva fatto nascere l'idea in Marco Donati (egli aveva disposto affinché l'investitura risultasse una festa degna della tradizione), Vito mostrava il volto imbellettato di biacca, a simboleggiare il pallore della morte morale, ma dalla crosta bianca i tratti non venivano cancellati: anzi, in essa si incidevano, con la loro armonia. E così le labbra – dall'eccesso di vermiglio – non vedevano sminuita la loro sensualità che, pur diventando oscena, riusciva come a galleggiare sulle deformazioni della maschera.

Difficile inoltre, per chi non disponesse di una corporatura perfetta, indossare il costume: la casacca, chiamata *sfiandra*, se non veniva retta da un busto e da spalle d'eccezione – come nel caso di Vito – ben presto si riduceva a un cencio che evidenziava ogni difetto fisico.

Il giovane Lunardi ballava al centro del salone dei giochi, nell'*Airone Rosso*. Il Donati e i personaggi del suo Consiglio, seduti ai bordi della pista, si sentivano affondare sempre più nello stato d'animo dei Frati dell'Inquisizione quando il reo, condannato a subire il supplizio in Piazzetta, pur attanagliato più volte e trascinato a coda di cavallo, non dava segno di cedere; tutti dovevano convenire che non s'era mai visto neofita della ruffianeria comportarsi con la distinzione di un capo. Non riuscivano a ridere di quel ragazzo, e ciò creava un disagio profondo anche negli altri spettatori che affollavano il salone, fiutando nell'aria la sconfitta degli autorevoli giudicanti.

Vito faceva coppia, via via, con le ragazze di cui – di nome, se non di fatto – sarebbe stato insieme guida e servitore. Marco Donati tanto più si sentì escluso, avvilito, quando lo vide esplodere nel ballo con Regina.

«Ballo d'addio all'innocenza perduta» sogghignò. Lui l'aveva eseguito molti anni prima, sapendo benissimo che, anziché l'innocenza, c'era da perderci la faccia: gli sembrò un'eternità.

Fra la folla che, rumoreggiando, finì per applaudire la coppia bella a vedersi, a Vito bastò condurre in pochi giri Regina per accorgersi che entrambi assecondavano la musica muovendosi all'unisono, come se avessero ballato insieme da sempre. Capì, al tempo stesso, che stavano compiendo un grande progresso nella confidenza e che l'innocenza si perde specie quando si diventa coscienti della volgarità altrui, che vorrebbe depredarci, senza rispetto per il nostro destino. Allora si reagisce, si comincia a conoscere l'odio.

Perdendosi, l'innocenza, che è qualcosa di assoluto e di insostituibile, lascia al suo posto una solitudine che fa sentire orfani di una felicità sconosciuta, ma che pure, un giorno, ci è appartenuta.

Questa era la solitudine che andava suonando l'orchestra, che andavano ballando Vito e Regina. E gli spettatori si fecero silenziosi, per la suggestione dello spettacolo insolito, ma anche perché la mente di ciascuno frugava nel passato, si specchiava in quella che era stata la propria età innocente, e ne riviveva il distacco.

Vito e Regina sentirono crescere un bisogno, puro, di baciarsi. Sarebbe stato un modo per scambiarsi la coscienza delle affinità che gli consentivano di esibirsi con una sintonia che incantava. Ma lo sguardo del Donati, che a pochi passi teneva la testa nella mano e non perdeva una mossa con quegli occhi che foravano, incenerivano, ricordava al ragazzo che, per la Primadonna, sarebbe esistito sempre il divieto d'amore. Volteggiandogli davanti, con provocatoria sicurezza e felice di riconoscersi in quel momento superiore a lui e ai suoi accoliti, il giovane Lunardi leggeva nel Doge quel rancore dell'impotenza che finisce per investire ogni cosa.

Qualcuno, accanto al Donati, prese coraggio e interpretò anche il pensiero degli altri che, prima che Consiglieri d'affari e strategie, erano amici e compagni di tante avventure di vita:

«Che tu sia pazzo, Doge, lo sappiamo. Ma ci sono mattane che non fruttano e portano magari la zizzania che noi cerchiamo di seminare fuori da noi, e in ben altra maniera.»

Il Donati finse di non capire e replicò:

«Niente porterà zizzania nel nostro Consiglio, finché

staremo uniti per avvelenare la vita di chi merita di affogare nel veleno.»

Si spiegarono meglio, partendo dalla considerazione che il Doge, stando almeno all'apparenza, non aveva mai provato niente per nessuno, tanto meno per una donna, pur essendosi sempre trovato con un mare di donne intorno. Mentre, con Regina, sembrava diverso.

«E allora?» chiese il Donati.

«Allora spiegaci perché la dai nelle mani di quel Lunardi.»

«Che hanno le sue mani?» ironizzò il Doge.

Con la stessa ironia gli risposero che le mani niente, visto che erano di uno ancora incapace di afferrare a dovere la vita, ma il resto, a cominciare dalla faccia per finire al bene della gioventù nei calzoni, il resto, sì, aveva, e molto:

«E chi, più di te, può sapere come sono le donne? Hanno il sesso a gazza ladra e si lasciano abbagliare da ciò che brilla.»

Il Donati sorrise:

«Io provo qualcosa per qualcuno quando ne vale la pena, specie se capisco che posso essergli riconoscente. Ciò vale per un uomo come per una donna, e così è accaduto con ciascuno di voi, a cui sono debitore magari di un solo atto d'amicizia... Con Regina, so che devo esserle riconoscente per avermi seguito in questa avventura in cui l'ho trascinata, più con danno e paura che con vantaggi, e nessun'altra si sarebbe dimostrata tanto priva di tornaconti personali, di calcoli ambigui. D'ora in poi voglio sapere se riuscirò a esserle riconoscente per qualcosa di diverso, e di più: intendo la scelta che una donna fa di un uomo, in gara con gli altri...»

«L'amore!» esclamarono gli amici, e ciascuno ebbe la certezza di non conoscerlo più, quel sentimento, forse di non averlo mai conosciuto. Buon pro per il Donati, visto che era pazzo, se ancora ci credeva.

Egli non prestò più orecchio a quegli amici delusi. Concluse:

«Così vedrò com'è Regina, messa alla prova.»

La donna si sciolse da Vito e sparì sul fondo, per lasciar posto alle altre. L'unica che si rifiutò di farsi coinvolgere dal ballo fu Ambra, la rivale di Regina. Cercò, in tal modo, di segnalarsi al Donati e di averne approvazione, che infatti ebbe, sia pure con un semplice sguardo d'intesa.

La festa finì e Vito fu accompagnato dalle ragazze nella cabina che gli era destinata. Il tempo antico era stato rievocato alla perfezione: con il ballo, i costumi, le lampade che portavano impresse le insegne dei veri Dogi; e ora il giovane Lunardi, ripulito dai trucchi della mascherata, tornava al presente riavendosi da una sarabanda infernale che l'aveva stremato.

Quando cadde nel sonno, tutte uscirono. Fu allora che Regina scivolò nella cabina. Prima di spegnere la lampada, restò a fissare il corpo nudo del ragazzo; si rese conto che era tornata a credere in quella felicità dei sensi che è piuttosto un'allegria dell'anima: l'aveva persa per molto tempo, l'aveva ritrovata col giovane Lunardi, la prima volta nel buio del salone, la seconda durante il ballo. Una semplice euforia, si disse minimizzando. Poteva soffocarla dentro di sé, facilmente, come avrebbe dominato senza problemi l'ambiguità materna e sensuale che ora la spingeva a ricoprire col lenzuolo il sesso di Vito.

Quando, spenta la lampada, si girò per andarsene, si trovò di fronte Ambra e ne colse il sorriso sarcastico, per il gesto di pudore a cui aveva appena assistito. La rivale le era rimasta alle spalle, l'aveva spiata, e ora lasciava intendere di capire lo stato d'animo con cui Regina stava vivendo la prima svolta da quando *L'Airone Rosso* aveva preso a battere il fiume: quella lotta fra i nervi e il sogno, aspra, ma che a tratti riesce a illudere che la vita, soltanto grazie alle emozioni, può ancora avere una ragione.

Regina veniva messa in guardia: la rivale avrebbe approfittato di ogni suo cedimento, per cercare di abbatterne il privilegio.

5.

Era una di quelle mattinate in cui, raggiunta Venezia, il Donati si aggirava a lungo prima di arrivare alla casa del sarto che l'aspettava per le prove. Piovendo dall'alto e salendo riverberata dalle acque, la luce lo teneva come sospeso dove le sue suggestioni confluivano, gli ripuliva la mente: i pensieri si facevano specchi profondi di ciò che egli ammirava.

I suoi nemici era come se li calpestasse nelle pietre dove accentuava il suono dei tacchi, e gli pareva di lasciarseli alle spalle, vedendoli anche impiccati alle cuspidi, ai campanili arditi. Attraverso portici e colonnati si dissolvevano, al suo avanzare, personaggi quali Vito Lunardi, indegni di stargli al passo, votati a scomparire. E per i cupoloni argentei o verdi, per facciate a marmi policromi o sontuosamente affrescate, lasciava libero campo all'immagine di una Regina ridente, non sottoposta ad alcuna prova, felice solo del suo riso simile al venticello che correva per torricelle e altane, i terrazzini fioriti delle casette in cotto. E nei campielli, nelle calli segrete, trasparente si faceva invece la figura della madre Cristina, come quei raggi di sole che rimbalzavano sui gerani e gli oleandri, affondando nelle viti tirate a pergola; la donna non fuggiva più, lo aspettava, ferma, per fargli capire: tutto è sempre stato chiaro fra noi, nessun dubbio è esistito, nessuna paura.

Così Marco Donati raggiungeva il Campiello dell'Oratorio, e non a caso, essendo una tappa d'obbligo. Nella Venezia antica, infatti, per la contrada attorno alla Chiesa di San Nicolò dei Mendicoli, povera gente di mestieri precari si era costituita a Stato autonomo – la Repubblica dei Nicolotti – eleggendo un gastaldo, che chiamarono Doge, affiancato da dodici presidenti e un cancelliere.

Il Doge dei Nicolotti indossava una veste cremisi, calze e scarpe dello stesso colore, e portava un berretto da gentiluomo sopra una parrucca nera rotonda. Egli godeva anche del privilegio di seguire il bucintoro ducale in una barchetta legata alla sua poppa, nella festa dello Sposalizio del Mare.

Era capitato, al Donati, di addentrarsi nottetempo nel Campiello dell'Oratorio, e di sostare in raccoglimento lì dove una comunità, e un capo della stessa, avevano già vissuto un'avventura per certi aspetti analoga a quella che lui stava portando a buon fine; sapere che le sue esperienze vantavano un antefatto nella storia, aggiungeva una forza particolare al suo animo rasserenato dall'attraversamento della città.

La camminata finiva alle Fondamenta dei Mori, dove il Donati per l'ultima volta s'incantava, socchiudendo gli occhi e respirando a fondo, quasi un intenso profumo uscisse dalle trifore al piano nobile della casa del Tintoretto. Svoltando a destra, era arrivato; quando il sarto gli faceva strada nel laboratorio, egli si sentiva vuoto e leggero, un manichino appunto, pronto alla prova degli abiti che avrebbe indossato nei giorni del trionfo: ricevuto a palazzo – o meglio negli innumerevoli palazzi – sarebbe penetrato nelle stanze dei Poteri che stava mettendo a tortura con la sua arte sottile.

Pendevano, da una parte, le giacche e i calzoni destinati agli incontri con l'Arcivescovo di Ferrara, i cardinali di Roma, il Segretario di Stato (e chissà, forse il Papa).

Erano sagome nere, come paramenti funebri, e il Donati doveva allontanare il molesto pensiero della morte, dei morti in particolare, di cui le cartelline classificate nel "Purgatorio" della villa fornivano le tristi vicende. Dalla parte opposta, gli abiti destinati alla resa dei conti con tutti gli Squeri piccoli e grandi, capi e sottopancia dello Stato, apparivano meno lugubri, qualcuno persino festoso, e non già perché ne mutasse il colore – dal nero si passava al blu – ma perché il sarto aveva badato a esporli alla luce, a differenza degli altri che a malapena si distinguevano nell'ombra, per una scelta di maggior simpatia.

Il sarto era abile, furbo e da lungo tempo gradito alla malavita. Non appena il Donati si metteva in posa, borbottava sorridendo le sue paradossali quanto esatte notizie, come se il Doge dovesse rallegrarsene: ed era felice, addirittura entusiasta di annunciare una nuova media nazionale di quattromila reati per centomila abitanti, o che a essere a rischio, ormai, era più la borsa che la vita, crescendo a dismisura i reati contro l'economia pubblica, l'industria e il commercio:

«I sabotaggi industriali sono passati da un indice 83 a un indice 216! La sapevate, questa chicca?»

Il Donati, stando magari con un braccio alzato, abbassava un'occhiata su quell'ometto che lo aggirava e si adoperava, in ginocchio, per cancellare dalla stoffa anche la minima piega. Si davano stranamente del voi:

«Straordinario» lo incoraggiava, conoscendo il "dunque" a cui l'altro intendeva arrivare.

«E la tangente?... Il settore della tangente ha prodotto quest'anno, in Italia, dodicimila miliardi. Nel bilancio della criminalità nazionale, viene subito dopo il traffico di droga, che muove trentamila miliardi.»

«Ne sapete una più del diavolo.»

«Qui vengono» rispondeva il sarto, con una smorfia

furbesca «qui parlano. Solo voi non parlate. Forse perché tanto di voi si parla.»

«E che si dice, eh?» gli dava corda il Donati, con la compiacenza che la passeggiata gli aveva propiziato.

«Che chiederete la luna!»

«E a quale titolo, sentiamo...»

Aggirandolo alle spalle, anche per nascondere un sogghigno, il sarto insinuava:

«L'Antistato, di cui oggi si sbandierano definizione e concetto, come se fosse gran scoperta di giudici e Commissari... L'Antistato siete voi!»

«La luna...» rifletteva l'altro, fingendosi perplesso.

«La luna, sì. E, fra poco, il faccia a faccia: con chi in alto sta, in cima...» e il metro correva lungo la figura del Doge. «Già gli avete affogato in laguna i reggicoda, ma nessuno sa ciò che in realtà pretendete, e fra poco anche quello lo sapranno, e si sorprenderanno fino a sentirsi dei pupazzi ridicoli... Questo si dice, e si aspetta!»

Il Donati, quella mattina, scoppiò in una risata, dopo aver soppesato la parola:

«La luna...»

Sorpreso dallo scoppio di ilarità, quasi avendone timore, il sarto si fermò con lo spillo puntato:

«Buon pro faccia, Iddio, alla vostra allegria.» E aggiunse, con la speranza di saperne di più, di indurre insomma il Donati a sbottonarsi, come in effetti lo stava sbottonando lui, ora, per sfilargli i calzoni: «Quando la conosceranno, la vostra pretesa, esclameranno: era proprio l'ultima cosa che ci aspettavamo che chiedesse quel dannato...» nemmeno s'accorse, nella piaggeria, d'aver esagerato il carico. «Non riusciamo a credere che chieda proprio questo, è inaudito!»

Il Donati confermò:

«Vero, amico mio. Tutti resterete a bocca aperta, in

questo paese dove nessuno si sorprende più nemmeno di atroci delitti.»

A bocca aperta, il sarto già c'era:

«Dite, dite...»

Allora al Donati venne voglia di dirlo – a lui, a quell'ometto rannicchiato ai suoi piedi, prima che a chiunque altro – in cosa consisteva quella benedetta luna che avrebbe chiesto. Si abbassò e glielo mormorò all'orecchio. Ma era sul serio una luna tanto astrusa e impensabile che il sarto non ci credette nemmeno per un istante, e se ne uscì in una risatina:

«Avete sempre voglia di scherzare!»

Gli era stata confidata la verità, eppure aggiunse:

«Ma un giorno me la direte, la verità, vero? Prima che a tutti gli altri? Io sono una tomba, voi lo sapete... Una tomba che propizia la vita: visto che, spesso, è l'abito che fa il vincitore.»

Gli sembrò di aver azzeccato una battuta intelligente, e continuò a riderne ai piedi del Doge, sentendosi uno scultore alla base di una statua.

6.

Non finivano più di venir giù valigie, e il treno stesso sembrava non aver più pazienza, come i ferrovieri che la guardavano trafficare, un bagaglio via l'altro, senza darle una mano, le proprie mani tenendole dietro la schiena, mentre si aggiravano chiedendole:

«Avanti, signora! Ma quante ne ha?»

E lei, ben sapendo che non avrebbero afferrato la modesta ironia:

«Il largo necessario, se permettete, per un'attrice come me.»

Non afferrarono, infatti: né l'ironia, né la verità di

quei bagagli che parevano volanti nelle mani di Delfina, e ciò non si doveva alla forza delle sue braccia, ma al fatto che le valigie erano per lo più vuote di vestiti, oggetti e la solita roba, non certo di vanto e di speranza. Era per vanto, infatti, che Delfina Mattei lasciava sciamare lungo i binari quel mare di borse e cassette di ogni dimensione, convinta che più dai nell'occhio più si accorgono almeno con gli occhi che esisti, però la speranza restava la molla: di riportarseli indietro zeppi, i contenitori, alla fine di qualche nuova avventura, e se non tutti qualcuno, magari la valigia con lo stemma della tigre, che le era stata regalata da un ardente ammiratore quando, anche in Oriente, aveva portato *Il grande teatro del mondo*, di Calderón de la Barca, con lei che interpretava tutti e sette i personaggi, dalla Bellezza al Bimbo mai nato.

E così il treno se ne andò, e col treno le possibili vanterie, visto che in quell'ora morta nella stazione pareva non esserci nessuno, piovendo come sempre quando Delfina partiva e arrivava praticando ferrovie: veniva un'acqua fina, che rendeva le cose a linee fitte e brillanti per una solarità che non si capiva da dove potesse spuntare, essendo la nuvolaglia una plumbea lastra.

Fu da quel fondo d'orizzonte, degno di *Finale di partita* (lei amava vedere a ogni proposito un riferimento teatrale, e spesso le capitava di confondere la realtà con le mille esemplificazioni sceniche che le affollavano la testa) fu da laggiù che venne un ragazzo il quale, finché si mantenne all'inizio dei binari, sembrò sommerso dal mazzo di rose che portava. In realtà, portava anche l'ombrello, ma col manico infilato al gomito, non avendo più di due mani e occorrendogli entrambe a reggere il mazzo gigante, per cui l'ombrello se ne andava col vento a destra e a sinistra.

Avvistandolo, Delfina, lì per lì, non ci fece caso. Commentò, con un'alzata di spalle, che era colpa del desolato nulla che la circondava e che se ci fosse stata una vigilanza di polizia certi strampalati non li avrebbero lasciati circolare: "Me compresa" corresse. "Se quello è un matto perché parte sotto il diluvio reggendo un cespuglio fiorito, io che sono, seduta aspettando non so chi in mezzo a tutte queste valigie vuote?"

Sbuffò con stizza. Le capitava sempre di non essere accolta con i dovuti onori, e le sarebbe stato sufficiente un semplice applauso; ma stavolta no, stavolta le dispiaceva proprio, dal momento che a combinare il suo arrivo era stata Regina, e Regina, da quando erano care amiche, le cose le aveva fatte secondo le regole. Come se non bastasse, l'avevano cercata per mari e monti, e lei, che si era resa irreperibile per il destino, ostinata a non compiacerlo mai più, alla fine ci era ricascata annunciando: "E va bene, eccomi, arrivo". Ma ora?

Tornò a scrutare e, a distanza ravvicinata, in quella specie di prestigiatore che si destreggiava fra ombrello e rose, decifrò una faccia che d'istinto definì "da dio, perbacco, da quel dio biondo!".

Vito Lunardi le si fermò di fronte:

«Delfina Mattei?»

La donna restò sulle sue, un po' scombussolata:

«Potrei, volendo...»

Vito sorrise e aggiunse la frase che Regina gli aveva raccomandato:

«Tu sei colei che ti si crede.»

Allora, Delfina ricambiò il sorriso e seppe con certezza che il giovane sconosciuto lo mandava Regina, perché la variante di quella battuta da *Così è (se vi pare)* era un gioco fra loro.

Insomma, già si era smosso qualcosa, in lei, che non era andato distrutto nei rovesci amari, un qualcosa che accoglieva sempre con riconoscenza, dato che le permetteva di provare, per il mondo, un fuggitivo piacere accanto alla stabile pietà: un piacere che, finché durava, la faceva ridere di cuore.

Vito spinse in avanti il mazzo gigante:

«Con gli auguri di tutta la compagnia!»

Delfina s'abbracciò al mazzo, poi sollevò, con una piccola acrobazia, la meno voluminosa delle valigie, che conteneva l'indispensabile:

«Andiamo» disse.

«E i bagagli?»

«Lasciamoli al volere di Dio. Vuoi vedere che stavolta, se glieli affido, me li recapita a domicilio pieni di ogni suo bene?»

Si incamminarono sotto l'ombrello impazzito, e Vito si scusava per l'ombrello che non riusciva a mantenere verticale, girandosi verso lo schieramento delle valigie che, man mano che si allontanavano, gli apparivano nella solitudine l'immagine stessa di una strampalata desolazione. Non poteva sapere che, per lo più, erano piene di carta straccia; non poteva ancora conoscere quel limite oltre il quale capita di incontrare personaggi alla Delfina Mattei:

«Anche tu sei un po' colui che ti si crede?»

«No» rispose Vito, e senza volere centrò con un'intuizione il suo problema. «Io sono, per ora, colui che cercano di farmi credere.» Poi si presentò: «Vito Lunardi».

Era davvero così vuota, la stazione, che si era spinti a guardare il cielo, dove perlomeno qualche passero svolazzava. Da Venezia, non arrivava che il suono di una campana. Delfina si fece attenta:

«Campana solitaria» esclamò.

Era superstiziosa. E le campane solitarie le avevano sempre portato fortuna.

7.

Incontrandosi, lei e Regina non si dissero niente.

Erano passati molti mesi, e cercarono parole adeguate al lungo tempo trascorso, senza riuscire a trovarne. Di adeguato, solo il silenzio con cui si toccavano le mani, si leggevano i segni sul viso, loro che sui visi avevano imparato, per forza di cose, a leggere come in libri aperti. Regina colse qualche nuova avventura in qualche ruga in più sotto gli occhi di Delfina, che continuavano a risplendere di una giocosa affabilità che nulla avrebbe mai oscurato. Delfina, dal canto suo, afferrò nella compagna una contentezza che contrastava con l'ansia, e tentò di capire quale delle due prevalesse.

Fu un piccolo, memorabile incontro nella sala dei giochi dell'*Airone Rosso*, da cui le ragazze si allontanarono per lasciarle sole. Le raggiunse l'incanto della laguna nord: qui, al loro silenzio, si aggiunse quello delle barene, visibili negli oblò, e sulle sottili lingue di terra che affioravano dall'acqua, gli aironi si muovevano lenti, senza un grido, come se anche quei voli d'incrocio con gli specchi lagunari richiedessero un'assenza di suono, affinché non fosse turbata la loro armonia.

Penetrarono nell'anima della laguna, a Lio Piccolo.

Videro la piazzetta caratteristica, con il campanile di Santa Maria della Neve.

Convennero che sono gli incontri più belli quelli in cui si riesce a dirsi tutto, senza pronunciare una sola parola.

8.

Erano i nomi stessi che andava leggendo lungo le rive a lasciare Delfina stupefatta, e un po' stordita, di fronte alla prova che, allora, il sogno è realizzabile. Scorrevano, ai suoi occhi, nomi di frazioni, di paesi, belli come titoli di suggestive commedie – Fraterna Mea, Viola Grande de l'Allegria, Finale Beltà, Molo de la Mezza Estate – e quando il sole si avviava a calare, *L'Airone Rosso* proiettava sulle acque la sua ombra: anche in quell'ombra che sembrava volare a trasmettere un messaggio all'orizzonte, Delfina si faceva spettatrice del suo sogno avverato.

Un teatro che andava: sospeso. Come nei suoi sogni, appunto, dove le era apparso, fin da ragazza, con uno scoppio di luci che la svegliavano di soprassalto.

Gli attori in genere, ma specialmente le ragazze, cominciarono a ubbidirle di buon grado. Ciò si doveva, in particolare, all'abilità di Delfina nel saperle ascoltare, raccogliendone le piccole disperazioni e i propositi assurdi, le amare esperienze e le gioie viziose. Nell'arte della confessione era imbattibile: sulle tavole dei palcoscenici, per lo più improvvisati, lei tentava da una vita di guarire i mali della realtà coi benefici dell'illusione.

L'Airone Rosso acquistò, insomma, il personaggio che gli mancava, e al tempo stesso una più precisa coscienza di essere un complesso scenico. Alla compagnia, durante le prove, Delfina leggeva le parti di ciascuno, diversificando gesti ed espressioni, senza perdere occasione di ribadire i suoi concetti: che la Donna Pagliaccio, la Buffa, la Giullaressa – le sole a cui, in antico, fosse concesso di montare su un palco – erano più che mai d'attualità, specie su quel battello che, con magnificenza, attraeva spettatori spinti da disparate motivazioni. Ripeteva che l'osceno è sempre stata l'arma più efficace per abbattere il ricatto che il potere ha piazzato nella testa della gente, inculcando il senso di colpa, la vergogna e l'angoscia del peccato: che grande trovata, quella di farci nascere già colpevoli, con una macchia originaria da scontare e lavare! Non per niente Machiavelli consiglia al Principe: "Date a un popolo la convinzione di essere colpevole, non importa di che, e vi sarà più facile governarlo".

Il riso, soprattutto il riso, era l'antidoto. L'impegno principale dei comici, sia uomini che donne, consisteva nel distruggere questa angoscia, facendo ridere. A simbolo della comicità femminile, citava *La Celestina* di Rojas, *L'Anconitana* del Ruzante e, splendidamente recitabile sulle acque prossime alla Serenissima, *La Venexiana* di Anonimo. Mettendo in scena queste opere, oltre a capolavori goldoniani, Delfina Mattei fece sempre più spesso cenno al Donati, ossia evidenziò, sia nei personaggi che nelle situazioni, analogie con le imprese del Doge (egli aveva festeggiato l'arrivo della donna con una cena sontuosa, che volle ricordare quella che si era svolta al Danieli, all'inizio della storia, il giorno che si erano conosciuti con Regina).

Anche Regina, da parte sua, si sentì riportata al gusto della recita che, via via, aveva perduto, a riprendere dimestichezza con l'arte del mimo e il suo cantare, improvvisando. L'emozione che le procurava coinvolgere la platea servì a distrarla dalle nuove ossessioni che tormentavano la sua mente.

Qualunque richiesta facesse per scene e costumi, Delfina veniva esaudita, e lei scuoteva la testa, ricordando:

«Pensare che, quando ho esordito io, avevo per capocomico un tanghero che, nelle fiere, mangiava un pesciolino vivo per cinquecento lire e una lucertolina morta per mille. E gridava alla piazza: la differenza fra la vita e la morte, cinquecento lire!»

Una sera, sospinta da un'illuminazione, Delfina Mattei comparve in coperta, sull'*Airone Rosso*, solitaria e imponente, lasciandosi gonfiare dal vento sotto la luna, nelle vesti di "Imperatrice dei Tarocchi": costumi che si confezionava lei, che di Tarocchi si vantava maestra. Era l'ora in cui, piano, si facevano avanti le tresche fra gli uomini e le ragazze, e sul battello il desiderio, più che soddisfarlo, lo si cercava, e si usava pazienza nell'ascoltare le note del pianoforte che Regina suonava, magari per accompagnare le pantomime del Ferrarini Angelo, di Molo Farsetti, detto il "comico delle anime", che divertiva nelle piazze e nei teatri poveri, e ogni anima che si sentiva malata poteva poi mandarlo a chiamare nei giorni seguenti, se l'infelicità l'assaliva, e allora si vedeva il Ferrarini spuntare per gli argini sulla carrozzella col tettuccio bianco.

Egli entrava in casa dell'anima malata, chiuso nell'impermeabile, reggendo una piccola borsa di cuoio. Non sembrava un comico, ma un medico che venisse per una visita, e poco dopo, dalla camera dove il Ferrarini si isolava con l'infelice, arrivavano risate squillanti, mentre l'uomo parlava sommessamente e col tono del confessore. Poi se ne andava con la stessa fretta impersonale, e la carrozzella col tettuccio bianco si faceva lontana, subito rimpianta dall'anima malata...

Era l'ora che Regina si concedeva una pausa, prima di tornare nell'affollato salone, a incrociare lo sguardo di Vito, o a evitarlo; si isolava nella cabina e si trovava a stringere fra le mani la statuina che sua madre si era fatta scolpire da ragazza, lasciandosi ritrarre nel pieno della sua beltà, per ricordare i giorni di valzer al *Ballo Gardenia*: una giravolta le sollevava la veste sulle gambe perfette, e il gesto era di chi sta per lanciare un fiore dalla pista. Regina si riprometteva di collocare, un giorno, la statuina sulla tomba della madre, e s'immaginava la lapide reggere l'effigie, al modo degli egizi che portavano l'anfora sulla spalla per i sentieri dell'aldilà, che lei sognava d'oro e viola come le alzaie di primavera fra i canali e il mare...

In quella sera, dunque, Delfina Mattei cominciò a narrare le gesta di Marco Donati, come un trovatore antico: fu una Ballata del Doge che – assicurò – avrebbe continuato nel tempo, a episodi, a capitoli, perché il Donati era come Enrico V, e grandi si prospettavano sia la sua guerra che la sua vittoria, data per certa dalle carte della fortuna. Il primo spettatore di quella scena fu Vito, che si aggirava in coperta malinconico, e al quale Delfina continuava a ripetere: «Stai lontano da Regina, c'è una montagna che vi separa». Poi vennero gli altri e si formò una piccola folla, sotto la luna.

Trionfante Tarocco umano, Delfina concluse:

«"Tutto nel mondo è burla..."»

Allora, dal buio, venne avanti il Donati, che aveva assistito alla recita. Anch'egli, per rispondere, si servì dell'ultima battuta del *Falstaff* verdiano:

«"...Ride ben chi ride – la risata final."»

Stettero a scrutarsi, caduta ogni voglia di recita, con un sentimento di pietà, indistinto quanto profondo. Chissà perché, a Delfina venne da dire:

«Sono stata molto bella.»

Il Donati, che non poteva saperlo, confermò:

«Lo so.»

Lei chinò la testa, pensando alla frase di un poeta che amava: "Forse, fra i milioni di uomini, c'è quello in cui viso e maschera coincidono e lui solo potrebbe dirci la parola che attendiamo da sempre. Ma è probabile ch'egli stesso non sappia il suo privilegio...".

Capitolo sesto

1.

Nella sala di San Giorgio degli Schiavoni, Pupe sedeva sul palco chiedendosi, eccitata, che esito avrebbe avuto la sua ardita scommessa. Aveva organizzato una conferenza su "Poteri occulti e moralità in Italia", con ignoranza concettuale e politica dei termini della questione, ma con una profonda conoscenza personale delle autorità che, con quei poteri, avevano a che fare, con quella moralità dovevano in qualche modo vedersela. Ossia alti magistrati, massimi responsabili della pubblica amministrazione, prelati, insigni finanzieri, titolari di grandi fortune: la solita fauna, dato che – rifletteva Pupe – il potere, in Italia, è totalmente privo di imprevedibilità, perlomeno in chi lo esercita (e nemmeno il potere occulto fa eccezione).

Di tali personaggi, Pupe aveva invitato alla conferenza una significativa rappresentanza, che ora sedeva ai suoi lati, trovandosi lei al centro, con il compito di moderatrice. Passando la parola ora all'uno ora all'altro, dispensava sorrisi e battute che animavano, a tratti divertivano, il folto pubblico presente. Poi si assentava, spostando lo sguardo verso sinistra dove, contro la rappresentazione di *San Giorgio che uccide il drago*, una sedia vuota spiccava all'estremità del palco. Non c'era dicitura, a distinguerla, a differenza delle altre; chi dunque poteva supporre che fosse riservata alla figura di gran lunga più importante?

Oltre a Pupe, poteva supporlo soltanto Squeri, che sedeva in prima fila e, come la sua amante, stava con l'animo sospeso: sarebbe venuto o no, Marco Donati, a occupare quel posto, ché a lui era destinato? Il Doge era capace di ben altro che accettare l'invito a una conferenza organizzata, in pratica, contro di lui, e in Venezia, nel cuore del suo dominio... Quegli illustri oratori – si dicevano Pupe e Squeri, nascondendo al riguardo il loro crudele piacere – avrebbero abbandonato di corsa la sala, se avessero immaginato che la sedia vuota aspettava il personaggio che stavano coinvolgendo nei loro discorsi, con sempre più scoperto furore, esecrandolo:

«È giusto trattare, in questa sede, di poteri occulti che insidiano la democrazia del nostro paese. Date un minimo di autorità a un degenerato ricattatore, a un criminale dalla mente astuta, e lo vedrete diventare un piccolo tiranno, che crede di manipolare il mondo. Egli non sa che, nel suo ambizioso disegno di vendetta e di conquista, per il quale si serve di delinquenti comuni e di relitti della società, sta facendo il gioco di ricattatori ben più potenti di lui, che tendono all'asservimento della nazione, e finiranno per eliminarlo, dopo averne sfruttato il cinismo e la spavalderia.»

I conferenzieri avevano accontentato Pupe di buon grado, raggiungendo Venezia da Roma e da Milano, spinti per lo più dalla curiosità morbosa di fiutare l'aria, almeno quella, da dove piovevano, nei loro confronti, i ricatti, le subdole intimidazioni che da qualche tempo li tenevano inchiodati alla paura. Essi rientravano, infatti, fra i bersagli del Donati, e i racconti delle loro vite stavano nelle cartelline schedate nel "Purgatorio" della villa all'Isola Albarella. Partecipare alla conferenza rappresentava, perciò, anche un ingenuo tentativo di sfida (e Pupe era stata abile nell'interpellare i meno remissivi, gli arroganti convinti di avere le spalle sufficientemente coperte, insinuando: "Quel Donati deve rendersi conto che il fronte non è debellato e un'alleanza di forze può ancora insidiarlo!").

Stimolandosi a vicenda, gli oratori si accanivano:

«Deve cessare la nostra pavidità, perché di pavidità ci siamo macchiati e dobbiamo ammetterlo, di fronte alla malavita che ci soffoca, pilotata da forze oscure. Non faremo nomi, ma la domanda, a cui si vorrebbe risposta, è: chi pilota certi dogi bastardi dei nostri tempi?...»

La domanda rimbalzò anche sul Donati, che era presente in sala, in un punto dove nessuno poteva notarlo. "Già, chi mi governa?" si chiese. "Per chi agisco, senza saperlo?" Un dubbio, lì per lì, lo attraversò, subito svanendo: che davvero qualcuno potesse trarre vantaggio dal suo operato, nel brulicante mondo della politica sporca. Ma per quante ipotesi avanzasse, il risultato restava: nessuno. Egli era l'attore e insieme il regista di se stesso, e autonomo avrebbe raggiunto il suo scopo; le illazioni di quei vermi sul palco non erano che proiezioni delle loro coscienze malvagie e sempre asservite a qualcosa, a qualcuno. Questa certezza di libertà gli diede un senso di forza e di euforia.

«Marco Donati!» si udì risuonare nella sala. «Facciamolo, questo nome!»

Nel fomentare i Comitati Femminili per fiancheggiare Squeri, Pupe era andata oltre ogni aspettativa. Aveva messo a frutto il suo prestigio sociale e il suo potere di trama mondana: chiavi con cui apriva porte impensabili; e fra le infinite conoscenze di rango sparse per il mondo, aveva combinato matrimoni, concubinaggi, relazioni d'affari e sordide manovre, oltre a feste memorabili.

Molte volte Venezia aveva fatto follie perché Pupe l'aveva voluto.

Di pari passo, la strategia di Squeri stava producendo i primi, sostanziali effetti. Egli aveva lavorato da sabotatore addestrato, per realizzare un piano che consisteva nel tessere fitte ragnatele fra i gruppi di potere disposti a collaborare. La conferenza di quel giorno era un tassello del mosaico e veniva a dargli ragione.

«Marco Donati!» scandivano le donne dei Comitati, cresciuti in numero e aggressività, innalzando gli stendardi. In uno, il Donati si vide raffigurato con le forme del drago, da cui spuntava la sua testa, con la bocca spalancata che spandeva fiamme.

Il divertimento del Doge stava facendosi ineffabile. E attratto era da Pupe, di cui capiva il comportamento: esso nasceva da un bisogno struggente di pietà e d'amore che, per un'impotenza a soddisfarli, scatenavano la crudeltà e il gusto perverso del doppio gioco. Del suo coinvolgimento con Squeri aveva saputo fin dall'inizio, ma non si era nemmeno sognato di decretarne l'allontanamento dall'*Airone Rosso*; sapeva che, un giorno o l'altro, si sarebbe arrivati a quel punto, a quella conferenza o altra messinscena consimile. Pupe stava godendo la soddisfazione malsana che la spingeva a intrigarsi, sedendo sul palco a fare da moderatrice degli insulti contro di lui, ed essendo cosciente – questa era la gemma della sua doppiezza – che i presenti ignoravano le sue notti passate sull'*Airone Rosso*.

In quel momento, il massimo, per la donna, sarebbe stato che lui apparisse a occupare la sedia vuota. Il Donati lo sapeva bene. Allora Pupe avrebbe potuto assistere alla trasformazione istantanea dei conferenzieri e del pubblico, a prova che non era la sola a non avere spina dorsale nell'anima. Perché dunque – convenne il Doge – non dargliela, quell'emozione in più? A suo modo se l'era meritata, Pupe, perfetta macchina umana della contraddizione e dell'infelicità tradotta in una continua, falsa seduzione. Oltretutto, non gli costava nulla; anzi, poteva consentirgli un colpo d'ala.

In una pausa di silenzio, mentre i conferenzieri si consultavano, si udirono risuonare i suoi passi ben scanditi, e il Doge uscì allo scoperto, si fece largo, si produsse persino in un inchino allo stendardo che lo raffigurava un drago. Prima di salire sul palco, scambiò un'occhiata, un sorriso con Pupe: s'intesero con un lampo reciproco di perfidia:

«Marco Donati!» annunciò al microfono Pupe.

I conferenzieri sulle prime credettero a uno scherzo, quindi impallidirono e si fecero statue di sale, mentre il Doge andava a occupare la sua sedia. Potevano finalmente vedere in faccia colui che da mesi turbava i loro sonni, rovistava con arte diabolica nei retroscena più intimi della loro vita, insinuando via via messaggi minacciosi, senza ancora svelare quale fosse il suo intento, oltre a quello di sgomentarli, e quale il contraccambio che pretendeva.

Dal palco, il Donati scrutò anche Squeri: bene a fondo, negli occhi. E Squeri gli lasciò intendere: "Che farai, ora, Doge? Come te la caverai? Sono qui per questo, per constatarlo".

Il Donati si diede, quindi, a stringere le mani di chi sedeva con lui dietro i microfoni; si andava presentando e al tempo stesso registrava ad alta voce, con tono di omaggio, i nomi degli altri, come se di quei personaggi non conoscesse, in realtà, vita morte e miracoli. «Piacere» ripeteva ostentando cordialità. «Piacere.» Infine passò uno sguardo sulla sala, dove gli stendardi si erano abbassati; notando che in prevalenza si trattava di donne, si disse: fra poco litigheranno tra loro e magari scopriranno che ho dei begli occhi chiari. "Pazze" protestò dentro di sé, con un sentimento sincero "che chiamate pazzia il mio modo di usare la mente, la vostra sete d'amore sareste pronte a soddisfarla fino alla peggior depravazione, perché allora mi condannate e mi vituperate?"

Annunciò, invece:

«Lasciate, prego, che rifletta un attimo.»

Si concentrò sui fogli che aveva davanti. Lo videro armeggiare, nascondendo in parte ciò che stava combinando con le mani, finché fu pronto. Allora apparve, in cima alla sua destra che lentamente si sollevava con un gesto solenne, una forma bianca, confezionata con uno dei fogli, che dapprima si rifiutarono di riconoscere; poi, cedendo all'evidenza provocatoria, dovettero convenire che si trattava di un aeroplanino di carta, di quelli che nascono dall'ozio degli scolari.

Soffiò sulle ali, il Donati, esclamando:

«La moralità!»

E gli bastò una calibrata spinta. L'aeroplanino si staccò dal palco, volò sfiorando Squeri, e poi sul pubblico, fra i vessilli, con le teste che ne seguivano le evoluzioni, perché sia la confezione che la spinta risultavano perfette, e l'aereo restava a lungo sospeso, deviando poi per un colpo di vento verso una porta aperta, che imboccò, scomparendo.

Si alzò una risata, quindi un ristretto applauso, subito sedati. Esaurito il suo compito, il Donati abbandonò il palco, e già qualcuna lo abbracciava, prendendo a pretesto l'esortazione a ravvedersi. Una, persino, lo baciò. Mentre cercava di raggiungere la porta principale, il Doge fu aggredito da ogni parte, e non si capiva se intendevano impadronirsi di lui per infliggergli la fine di Marcantonio Bragadin, scorticato e impalato dai turchi per aver difeso eroicamente Famagosta – in parecchie si erano dichiarate, all'inizio della conferenza, a favore di questa soluzione – oppure per farlo a pezzi da conservare con culto fanatico, come i brandelli di un idolo maledetto.

In fondo, era pur sempre il personaggio del giorno, il protagonista per eccellenza, e aveva – questo le componenti dei Comitati dovevano riconoscerlo – dei begli occhi chiari.

2.

Correva la voce per *L'Airone Rosso* fermo nella notte, all'attracco, e Vito sapeva che era per lui quel mormorio animato di ragazze che si disperdevano, finito lo spettacolo, lanciandogli occhiate fra l'affetto e l'ironia:

«Il Donati è qui. Da Regina. Stanno facendo l'amore.»

Vito lasciava che lo sciame malizioso svanisse fino al silenzio, poi si scuoteva, anche lui spariva sottocoperta. Si dirigeva alla propria cabina – con la voglia di chiudersi, dormire, dimenticare – ma sempre ne usciva, poco dopo, con i nervi troppo tesi per abbandonarsi al sonno. La cabina di Regina, laggiù, sembrava aspettarlo, lo attirava come una calamita. Avvicinandosi, udiva conversare i due, all'interno; dai suoni, si figurava i loro preliminari. Li percepiva calmi, determinati: si preparavano a possedersi come Vito aveva visto certi animali che uscivano dai branchi, nelle pianure, in pace col proprio istinto, tanto da apparirne superbi.

Quando fra le parole della coppia si insinuavano silenzi più prolungati, e le parole stesse si ammorbidivano nel sottovoce, in brevi risate soffocate, il ragazzo veniva afferrato da un senso di esclusione intollerabile.

Vito ascoltava il fare l'amore del Donati e di Regina. E provando vergogna del suo spiare – ma insieme ricevendone un piacere morboso – si ricordava del padre, del padre insieme a Malo, di tutte le volte che li aveva uditi nei loro amplessi, detestandoli per l'incoscienza con cui nemmeno si preoccupavano che lui potesse esserci, in giro, testimone adolescente, feribile. In un caso ne aveva pianto, e poi Malo era apparsa, vestita di tutto punto, per andarsene con passo spedito, e passandogli accanto si era fermata un attimo, gli aveva fatto una carezza sulla testa, fissandolo negli occhi perché capisse che il suo turbamento di sedicenne non aveva ragione d'essere: ché, volendo, avrebbe potuto averla a suo piacere. E in un'altra circostanza, prima di salire in camera col padre, Malo gli si era accostata con le labbra, e lui era rimasto fermo, rigido anzi, perciò Malo era scoppiata a ridere della sua solitudine...

Ora, invece, Vito finiva per coesistere con la coppia chiusa nella cabina, coinvolto nella sua intimità più segreta. E di nuovo a un'analogia lo portavano i pensieri con cui cercava di distrarre la mente: si figurava di essere il Doge mentre si insinuava, anche lui da profanatore di segreti, da spettro, nei retroscena delle sue vittime. Col cervello in subbuglio, dunque, veniva a sapere come Regina si comportava in amore, e nulla di lei gli sfuggiva, nemmeno una mezza parola, un soffio. Quel rubarle frasi e comportamenti, ogni notte, gli sarebbe servito quando (il momento era prossimo, non ne dubitava) sarebbe stato al posto del Donati, oltre quella porta. Allora, amante favorito, avrebbe previsto le reazioni e i desideri della donna e sarebbe stato in grado di provocarli con facilità.

Ma ciò, d'altra parte, lo umiliava. Perché la sicurezza che un giorno avrebbe potuto ostentare, passava attraverso il Donati. Era come se il Doge, di nuovo lui, gliene facesse grazia, offrendogli addirittura – col suo modo di agire, di creare situazioni – la propria compagna già decifrata, spoglia di ogni amoroso schermo, così che a Vito sarebbe stato negato, nella fase più intensa della conquista, quello che è forse il piacere massimo: delle prime scoperte che si manifestano nei primi approcci, persino delle prime, emozionanti incertezze.

Avrebbe voluto fuggire, Vito. Ma la forza umiliante che lo inchiodava all'ascolto glielo impediva. Ed era costretto a constatare che, in un letto con la donna prediletta, Marco Donati sapeva unire, all'autorità corporale, la gentilezza di un complice sensibile nel dividere anche la viziosità. Che gran macchina inutile, il tutto – conveniva il ragazzo – se, al di là della ragione e del sentimento, bastava comportarsi da ladro dentro le tenebre per conoscere, con tanta facilità, il succo segreto di realtà complesse, che non sarebbe stata sufficiente una vita alla luce del sole per impadronirsene.

Era appunto il principio teorizzato dal Donati nel suo seminare zizzania; ma Vito riconosceva verità non minore al principio di Delfina: che, prima di arrivare a Dio, per l'uomo non esiste che la buffoneria di tante recite il cui valore si racchiude nella loro semplice esecuzione, e poi più nulla, finito il teatro finito il mondo, e se per caso Dio non c'è, non resta che quella buffoneria dell'illusione, ed è terribile.

Una notte, un alito caldo raggiunse Vito sul collo, e lui si girò, spaventato: se Delfina non fosse stata pronta a tappargli la bocca, avrebbe urlato. Gli sussurrò:

«Vieni via. È un male che ti fai, inutile e rischioso. Se il Donati ti scoprisse, ti ammazzerebbe.»

Lui reagì:

«Vattene!»

Invece nessuno dei due si mosse. Restarono entrambi sotto la luna nell'oblò, all'ascolto di tante cose: dei due amanti, del mare contro lo scafo, dei loro stessi cuori dai battiti esagerati nella stretta dei loro corpi, dapprima forzata per cautela, e alla quale ora, invece, Delfina – che per Vito aveva perso la testa più delle altre compagne – si abbandonava sognante, appoggiandosi sulle spalle del ragazzo, abbracciandogli il petto. Intanto, oltre la porta, quei lunghi silenzi della coppia che già parevano dissolversi nel sonno, al contrario venivano spezzati dallo schianto di un nuovo orgasmo.

Fra il Donati e Regina, infine, le parole riprendevano con la normalità del colloquio. Come se nulla fosse successo, e anche di questo Vito provava un suo stupore, immaginando un gran temporale che si fosse cancellato di punto in bianco, lasciando un cielo di cristallo. Correva ad appostarsi in coperta, per vederli scendere dal battello, i due amanti: raggiungevano l'automobile che li aspettava sul molo, muovendosi come dolcemente frenati dalla vitalità appena appagata.

L'auto si allontanava nella notte, e lui di nuovo tornava nel corridoio, alla cabina di Regina. Apriva la porta, si introduceva. Il profumo della donna era rimasto diffuso nell'aria, ma non riusciva a vincere l'odore di sesso che ancora stagnava. Gli occhi di Vito frugavano, per confrontare quella che era stata la sua immaginazione con le tracce evidenti lasciate dalla realtà: qui, si diceva fissando un punto sul pavimento a lato del letto, qui hanno cominciato, e lei ha obbedito quando lui le ha imposto di inginocchiarsi, lo ha attirato, e lui è affondato fra le sue labbra, fino a soffocarla. Qui... Si lasciava cadere sulla sponda del letto, cercando di allontanare ogni altra morbosa tentazione: sognava che *L'Airone Rosso* fosse una nave magica che solcasse un infinito portandolo verso un sole d'altri pianeti, dove non era necessario strisciare come ladri nelle tenebre per imparare i segreti di una persona amata.

La notte che Regina lo sorprese, le cose andarono diversamente da come, spesso, le aveva ipotizzate. Egli sedeva al solito posto e lei entrò – con irruenza, gli parve –

senza tuttavia mostrarsi stupefatta di trovarselo davanti. Lo informò, indifferente:

«L'ho accompagnato alla macchina. Non mi andava, stanotte, di fare le ore piccole con lui.»

Vito si alzò di scatto, ma Regina, con una mano sulla spalla, lo rimise seduto.

«Ero entrato perché credevo...»

«Sta' zitto» lo interruppe. «Ciò che credi, va bene.»

Prese a sfilarsi gli anelli, a togliersi gli orecchini. Poi aggirò il letto, per andare a deporli su un mobile contro la parete opposta. Standogli alle spalle, canticchiava.

Vito non afferrò fino a che punto stesse usando di nuovo indifferenza o agisse con intenzione e civetteria. Perché c'era lo specchio di fronte a lui, e gli bastò sollevare lo sguardo: Regina si spogliava con gesti tranquilli e un viso felice. Quello era il suo seno nudo, con le larghe areole rese vive dalla luce, e poi la schiena, le natiche, che poco prima avevano costretto la sua fantasia a uno sforzo per essere congetturate nelle forme che ora si esponevano senza alcun pudore, e quasi sembravano offrirsi. Quello era il sesso a causa del quale tutto era avvenuto, si disse, di cui il Donati vantava il privilegio: la causa, si ripeteva, fissandolo con una concentrazione di emozioni in lotta, di rifiuto e di attrazione, per quanto durò, ossia finché lei non si avvolse nella vestaglia.

Regina si sdraiò sul letto invitandolo:

«Sdraiati anche tu. Accanto a me.»

Vito si trovò ad allungarsi esattamente dove il Donati si era disposto da padrone di quel letto, com'era padrone di ogni cosa, e fu uno stato curioso che gli fece affiorare un sorriso, lo indusse ad assestarsi persino con ironia nella fossa che il corpo del Doge aveva lasciato. Scoprì che superava in prestanza fisica quei contorni, che li schiacciava. E subito si sentì a suo agio, sicuro.

Non si toccarono. Parlarono, soltanto: per ore, fino a giorno.

Regina si rese conto, via via, che le piaceva parlare con Vito. Era il primo uomo che l'ascoltava senza l'impazienza, o peggio la finta pazienza che si concede a una donna per facilitare altri scopi; l'ascoltava per il piacere, a sua volta, delle cose che lei diceva, e lo vide animarsi, diventare partecipe di un dialogo.

A nessuno, nemmeno al Donati, Regina aveva raccontato molto di sé. Invece la fece sentir bene descrivere al ragazzo la sua vita, che era stata un continuo vagabondare alla ricerca di qualcuno o qualcosa, o forse per la ricerca fine a se stessa.

«E adesso» esclamò «sei tu che mi cerchi. Perché?»

Vito ci pensò su, un momento:

«Forse perché, fra noi due, non c'è un perché, solo il piacere di avere addosso le nostre due gioventù, e di metterle insieme. Io mi guardo intorno, Regina, e tutti mi sembrano così vecchi, dentro: persino le ragazze, a volte. Rassegnarsi prima del tempo è il peggior male che ci si possa fare.»

Era vero. Regina, con Vito, si sentiva giovane. Con i rischi e le incognite che ciò comporta.

3.

Da quella notte, Regina lasciò che Vito la seguisse nella sua cabina.

Prima dell'arrivo del Donati, la cui automobile stava per apparire nell'oblò, una tensione li spingeva a scrutarsi, a pronunciare parole a caso, per rompere il silenzio, allontanare un desiderio che invece cresceva, si imponeva. Durante il giorno, questo desiderio era il tramite di ogni loro eccitazione, e si sentivano eccitati dal sole, dall'intenso profumo delle fioriture di ripa, dalle sorprese in cui il battello incappava andando alla ventura, persino dal senso di pericolo per le scene di bolgia che *L'Airone Rosso* scatenava sugli argini.

Regina accendeva la lampada, e l'alone la rendeva come sospesa nell'ombra. Girava le spalle a Vito, restava un momento incerta. Bruscamente, si portava le mani dietro, sganciava il reggiseno, se lo sfilava. Era molto diverso da quando si era spogliata ai suoi occhi la prima volta, con noncuranza; ora, i gesti erano frutto di felicità combattute. Vito si avvicinava alla sua schiena leggermente sudata. Lei lo pregava, sommessa:

«Accarezzami. Adagio.»

E chinava la testa, concentrata in quell'ambiguo piacere che, lo sapeva, era destinato a restare insoddisfatto. Si sfilava anche lo slip, se lo lasciava cadere ai piedi. Il ragazzo si inginocchiava per raccoglierlo, stringerlo fra le mani; ci affondava il viso, prima di deporlo. Poi prendeva a baciare la donna intorno alle caviglie, salendo alle ginocchia, oltre:

«Non stasera» lo fermava Regina. E le pareva già di udirlo il motore che avanzava verso il battello.

Lui obbediva, trovava la forza di farlo, senza opporre una parola. Saliva in coperta: il fiume gli appariva un deserto appena increspato, feroce nel suo vuoto.

Poco dopo, l'automobile di Marco Donati veniva a collocarsi sul molo. Vito ne provava una soddisfazione profonda, perché i ruoli da qualche tempo si erano rovesciati: il Doge si avviava a raggiungere una donna che lui, furtivamente, aveva eccitato e preparato all'amplesso.

«Romantico e incosciente!» lo apostrofava Delfina, che capiva a volo, scoprendolo così imbambolato sotto il cielo.

Il passo del Donati, infatti, mentre saliva per mettere piede sull'*Airone Rosso*, risuonava ai loro orecchi con un'eco minacciosa: sembrava dirigersi anche verso una punizione.

4.

Nelle immagini e nel comportamento di certi pesci, Vito Lunardi aveva sempre identificato il concetto di aggressione.

Suo padre gli aveva insegnato subito la confidenza con l'acqua: a nuotare e, appena l'età l'aveva consentito, a scendere nelle profondità marine. Il cameratesco aiuto che si prestavano nell'indossare la muta e gli accessori, quindi il calarsi verso il fondo, avevano costituito, fra loro, il più saldo rito d'amicizia. Laggiù, tutto diventava l'opposto di com'era sulla terra.

L'autoritario genitore si faceva il complice protettivo che portava per mano il figlio a superare limiti sempre più avanzati; il Doge accecato d'amore per Malo e tenuto in pugno come un pupazzo dall'amante favorita, si ritrovava appagato solo abbracciando Vito, superbo nel difenderlo dalle insidie subacquee; il capo crudele che, dicevano, "cento volte si è macchiato le mani di sangue", che ordinava ai traditori di inginocchiarsi e di appoggiare il mento sulla canna del fucile, per farsi saltare la testa a un suo cenno, appariva fasciato di purezza, e lui, proprio lui, reagiva con un moto di paura se lo sfioravano ombre grandi di pesci:

«Pesci aggressori!» affermava, riaffiorando. «E gli aggressori di ogni specie, sappilo Vito, hanno l'istinto di certi pesci che conoscono la subdola pazienza, e poi scattano, per divorare, con una brutalità senza pari.»

Il Lunardi portava il figlio a immergersi in fondali a

ovest delle paludi di Comacchio, prossimi alla favolosa Spina, e gli raccontava di questa città, forse di origine veneta, poi etrusca, greca, che l'aveva sempre affascinato coi suoi tesori.

Sulla terra, Vito e il padre non si incontravano quasi mai, e se gli incontri avvenivano, per lo più di notte, spesso la figura paterna era coperta di sabbia, come un antico guerriero dall'armatura, tanto che l'adolescente oppresso dalla solitudine poteva dialogare solo con gli occhi di chi l'aveva generato; mentre, nel cuore delle acque, entrambi erano fusi uno nell'altro, e scoperti, anche nei corpi, fino alla limpidezza della nudità. Rintracciavano nuovi passaggi, s'imbattevano in ruderi e oggetti sepolti. E accadeva che, alla felicità che li spingeva, s'accompagnasse un suono solenne, come di organo immenso, evidentemente creato dalle correnti, che li faceva sentire ultraterreni, dentro una volta celeste rovesciata.

Finché non si trovarono di fronte all'imbarcazione romana.

Dal giorno che la scoprirono, non pensarono che a tornare al medesimo punto. Gli era apparsa contro lo splendore della vegetazione sommersa, che non si era spinta fino ad avvolgerla. Posava su un fondale di sabbia bianchissima e dominava lo spazio. A Vito parve che, da quello scafo, le forze del mistero lo attirassero. Se ne sentì calamitato, quasi dovesse trovare una collocazione dentro la nave, e introdursi, con un impetuoso senso di Dio, in una cattedrale sepolta.

Il padre fu costretto ad afferrarlo, trascinandolo indietro. Appena in tempo.

Ma ogni volta che rintracciavano il punto, e si facevano immobili davanti alla nave romana, padre e figlio riprovavano l'emozione di stare al cospetto di Dio che li pretendeva simili, ossia la coscienza del Lunardi diventava chiara come quella del ragazzino Vito, e per grazia sua. Il padre capiva di quale bellezza fosse la breve illusione, e ne sorrideva.

Per festeggiare un compleanno di Vito, il Doge decise il recupero dell'imbarcazione. Era una domenica di primavera e la folla si assiepò sugli argini della Laguna di Comacchio. La nave si sollevò dalle sabbie del fondo e salì a installarsi contro il sole, che ne irradiò le mirabili tinte sul blu e sull'oro. Abbagliato, il figlio si strinse al padre, come la prima volta che lo scafo si era dispiegato ai loro occhi. E questo era il segreto che li avrebbe uniti per sempre.

Tuttavia, i pesci restarono, per loro, simboli d'aggressione. Quando Malo gli procurava dolori e delusioni, il Lunardi inveiva:

«Anche Malo è uno Squalo Nero! Un pesce Istrice!»

E quando, senza ragione, per sfogare i nervi, prendeva a schiaffi Vito, chiedendogli poi insistentemente perdono, si autodenigrava:

«Anch'io, Vito, sono un Pesce Porco, che si fa tronfio delle sue insegne vistose e frantuma persino il corallo coi suoi denti a forma di scalpello!... E ora, vedi, sono un Pesce Piagnone. Tutti questi pesci esistono e andrebbero arpionati.»

Dei pesci citati con odio dal padre, Vito aveva ottenuto ingrandimenti lignei, da appendere nell'aria e da bersagliare con la fiocina del fucile subacqueo. Puntava le sagome che ruotavano dal filo, andava a segno. Alla fine, esse grondavano di arpioni, centrate dai suoi tiri perfetti: si era fatto imbattibile, Vito, con la fiocina...

...Gli aggressori cominciarono ad apparire sull'*Airone Rosso*, atteggiandosi a spettatori e a clienti qualsiasi. Il Donati ne fu subito informato:

«Che vento li porta?» chiese.

Fu facile appurarlo: manovalanza spedita dai gradi inferiori di quella malavita che oggi acquista poteri e significati sempre nuovi, trincerandosi dietro quella dicitura, "traffico", che non comprende soltanto armi, droga e via dicendo, ma anche vittime da giustiziare e corpi di giustiziati. Che la provocazione venisse dal basso, era indubbio. I vertici delle Casseforti Finanziarie del Veneto, infatti, sia per la Multinazionale delle armi che per il controllo dei porti ad altri scopi illeciti, sapevano perfettamente che con Marco Donati si stava trattando, come si preparava a trattare lo Stato, avendo molte affinità, nei due sensi, il maestoso ricatto del Doge.

Chi sobillava i gradi inferiori, spesso all'oscuro delle alte strategie, erano gli stessi che sfruttavano ad arte le provocazioni del Donati, dando vita alle sommosse fino ad allora registrate:

«Squeri continua a dimostrarsi un eccellente mestatore nel piccolo» convenne il Doge. «Seminatore di caos nelle vie di collegamento che a volte sfuggono anche a noi, ma che esistono fra le forze in campo. Egli applica la legge del virus: che c'è di più microscopico di un virus? Eppure, un virus può devastare un organismo.»

«Dovremmo mandargli uno dei nostri biglietti di congratulazioni» esplosero i componenti del Consiglio, con allusione alla pallottola precisa in fronte. «Crediamo, tutti quanti, che il tempo sia arrivato; anzi, che si sia superato da un pezzo, Doge!»

«Non ancora» replicò il Donati. «Il gusto massimo, con quella carogna, me lo sto prendendo ora. E ve ne accorgerete.»

Gli altri non capirono, non approvarono. Avevano davvero tollerato oltremisura che continuasse a respirare l'aria del mondo un aizzatore di sbirraglia quale Antonio Squeri: la causa diretta del peggio.

«Ma anche» sorrise il Donati «la causa indiretta del meglio, ossia del fatto che siamo insieme, e in questi mesi abbiamo potuto scatenarci in un gran putiferio!»

Lo informarono del comportamento tenuto dagli aggressori sull'*Airone Rosso*. Loro scopo: l'intimidazione. Rendevano impossibili gli spettacoli terrorizzando i clienti, minacciando gli attori e le ragazze. Tenevano a bada il personale di bordo con spranghe e coltelli. E spingevano contro la parete Vito, lo accerchiavano.

Vito si sentiva investito dai loro fiati, e ai suoi occhi le facce ravvicinate si trasformavano in musi di pesci. Quegli sconosciuti prendevano a urlargli: «Ruffiano! Ruffiano!». Ininterrottamente: per pestargli il cervello.

A scaricare la tensione e a scongiurare tragedie, spesso era stata Ambra, che si esibiva in scene e in una pratica fuorinorma tali da turbare gli stessi provocatori. Delfina cercava in ogni modo di impedirglielo e anche le compagne la dissuadevano, ma Ambra non dava retta per dimostrare al personale del battello, che poi riferiva al Doge, di avere più tempra di Regina. Questa invece – considerando saggiamente inutile il suo intervento, convinta anzi che avrebbe sortito l'effetto contrario – si chiudeva nella cabina, sopportando che gli aggressori scendessero a tempestare la porta con calci e pugni.

Vito scorgeva Ambra che sfilava lo spadino dal fodero e, sulle ginocchia divaricate, dava il via al numero che annunciava "Il mio karakiri!". Sarebbe toccato a lui fermarla in quel gioco mortale, ma una mano gli afferrava il collo, spingendogli indietro la testa:

«Tu non guardare» gli imponevano i provocatori, con sarcasmo. «Non è spettacolo per te. Tu limitati a fare il ruffiano, senza neanche sapere di cosa lo fai. Il Donati ti sta trattando peggio di come ti trattiamo noi, non lo capisci? È lui, che ti tiene veramente per il collo.»

Pur impedito a vedere, Vito sapeva bene in che consisteva l'esibizione di Ambra, che si introduceva lo spadino, ordinando: «Battete le mani, così mi date il tempo».

Delfina gli aveva spiegato che allo stesso modo si praticavano certi aborti, e lui pensava a queste pratiche di morte, figurandosi lo spadino penetrare dentro Ambra e la mano della donna che, nonostante il rischio di lacerare la bocca dell'utero, non cessava di spingere all'interno la lama. Allora vomitava contro il muro.

La storia di quelle aggressioni si concluse come nessuno, nemmeno il Donati, avrebbe potuto prevedere.

Un pomeriggio, Vito uscì solo in mare aperto, guidando la barca a motore verso il punto che per lui restava simbolo di purezza e nostalgia per il padre perduto; avrebbe fermato là, a picco sul fondo dove gli era apparsa la nave romana. Intorno, non una presenza, nemmeno i gabbiani. Anche il vento non dava più segno. Una caduta della sonorità che durò il tempo sufficiente affinché il nuovo suono si accordasse allo spazio.

Era un piangere umano.

Dapprima fu difficile precisarne l'origine. Il mare non aveva altro segnale che questo, e se ne colmava, a sua volta colmandolo di echi. Vito si mosse alla ricerca. Che a piangere fosse una donna, lo si capiva da certe pause dove i singhiozzi prendevano respiro e la voce si scandiva. Ora avrebbe potuto essere una bambina, ora una vecchia. Vito individuò infine lo scoglio, l'ingresso della grotta, una piccola barca legata alla roccia: li raggiunse, penetrò quindi come in un imbuto, da cui il piangere veniva amplificato.

Si inoltrò, fino al fondo.

Rannicchiata, i capelli sporchi di alghe e di terra, stava Regina: sembrava incantata, lei stessa, dal grande suono che acquistava il suo piangere sul mare sconfinato. Non si sorprese quando Vito le arrivò accanto; come se lo aspettasse, sollevò il braccio destro e lo accolse contro il proprio corpo. Subito, per lei, il ragazzo fece parte del suo piangere.

«Finirà, questa paura» la rassicurò. «Stasera finirà, te lo prometto.»

Svegliarono il Donati a notte alta. Gli comunicarono:

«Il figlio del Lunardi ne ha infiocinato uno. Dritto al cuore!»

«Lui...»

«Con un fucile da caccia subacquea. E con mano sicura. Come se fosse addestrato.»

«L'ha ucciso?»

«Quasi certo. L'hanno portato via e sono scomparsi. Perdere una vita che vuoi che sia per quelle vite perse? E nemmeno loro avevano interesse a creare un caso.»

Il Donati concluse:

«Un altro arpione, a quelli, ben più grosso e altrettanto preciso, gli è arrivato da parte nostra. Non si rifaranno vivi. Però, quel ragazzo, è proprio un pozzo di sorprese...»

5.

Dopo l'incidente con l'aggressore che aveva ferito a morte, Vito diede il primo ordine della sua vita: che *L'Airone Rosso* si staccasse dal molo Isola Verde, dov'erano accaduti i fatti, per perdersi in mare aperto, verso nessuna destinazione obbligata, nessun ingaggio da rispettare, nessuno spettacolo da esibire.

Verso quel nulla di luna grande e di acque agitate che sembravano attenderlo, quasi potessero – sia la chiara luce notturna, sia le ondate tempestose – lavare lo scafo da un sangue umano che, dalle poche gocce della sua fiocina, si fosse sparso come per un maleficio, avvolgendo l'imbarcazione.

Così si tormentava Vito, nel suo delirio: rannicchiato a prua, con la fiocina stretta di cui fissava la punta che aveva ripulito dal sangue, e aveva continuato a strofinarla, stravolto dall'angoscia, fino a farsela risplendere sotto gli occhi. Lontani, sfilavano i paesi costieri, addormentati nelle loro luci rade, Sottomarina, Pellestrina, San Pietro in Volta.

Le ondate lo investivano, e in ciascuna Vito riconosceva l'abbattersi di un'enorme frusta con cui un punitore, il Punitore, lo flagellava per il delitto commesso. Benché le sferzate fossero dolorose, con l'impressione che il costato gli si spezzasse, egli offriva il corpo nudo al mare, esaltato che la punizione non avesse fine.

Quando riapriva gli occhi, verso le stelle gonfie di vento e a un creato che pareva volerlo spazzar via come un rifiuto, si augurava che la nuova raffica lo catapultasse nei gorghi. Non si teneva in alcun modo, lasciava che il vento impetuoso lo trascinasse qua e là, un pupazzo da poppa a prua: se fosse volato finalmente fuori bordo, non avrebbe tentato di nuotare, avrebbe tenuto le braccia dritte ai fianchi, arrendendosi, e il Punitore, placato, lo avrebbe deposto su un fondo di sabbia bianchissima, come l'antica nave romana:

«Come quella nave vorrei finire» aveva esclamato suo padre, un giorno. «Deposto su un fondo di pace immensa.»

Ma benché non opponesse resistenza, il vento lo spingeva sempre ai limiti senza consentirgli di superarli; il suo corpo finiva per sbattere contro qualcosa, frenando la corsa, e la coda dell'ondata, piatta, lo costringeva a ruotare, riportandolo al punto di salvezza.

Il mare pareva dirgli che non era destinato a morire, almeno per mezzo suo.

Nelle ore di navigazione senza meta, a capriccio di marinai che aspettavano il calmarsi della follia di Vito, non meno del cadere del vento, il ragazzo aveva tentato cento volte di far scattare la fiocina del fucile contro la propria gola, ma il coraggio ultimo non gli era venuto in soccorso, per quanto cercasse di convincersi che sarebbe bastato un gesto da nulla, una pressione, per cancellare, oltre che l'ossessione di un omicidio, la condizione in cui l'aveva precipitato Marco Donati: quel calderone di streghe in cui tutto ribolliva.

«La vita è così» gli aveva confermato Delfina. «Un miscuglio insensato, e solo se è miscuglio e contraddizione in termini, è vita... Altrimenti resta una ballata di spettri!»

Il ragazzo continuava a urlare:

«Io non l'accetto!»

Mentre, dopo essersi strappato i vestiti di dosso, smaniava come un ossesso in coperta, molte ombre si erano avvicinate: le ragazze, persino Ambra, infine Delfina, che aveva insistito dolcemente:

«Ascoltami, Vito...»

Sì, Vito l'ascoltava, impedendole tuttavia di fargli un discorso, col porle di continuo quella domanda che non poteva trovare risposta:

«L'ho ucciso davvero?»

Rivedeva l'uomo che aveva colpito, nel momento in cui i compagni, soccorrendolo, gli strappavano la fiocina dal costato. A sconcertarlo, era stata l'imprevedibile trasformazione che l'aggressore gli aveva offerto proprio quando il dolore l'aveva assalito con più violenza. Mentre lo sorreggevano, e il sangue gli usciva dalla bocca, si era rivolto a Vito, levandosi un filo di voce con un grande sforzo e una smorfia che voleva essere un sorriso:

«Nessun rimorso, ruffiano... Nessun rimorso, ricordati. Gente come me è fatta anche per crepare così. E tu... Tu sei troppo giovane...»

Vito pensò al giorno in cui era penetrato nel cortile della casa di Tristemare, e l'aveva sbalordito la visione dell'uomo seduto su un panchetto, in maniche di camicia, a spalle voltate, che giocherellava col piccolo cane, pur conoscendo esattamente la sua sorte. Quelle spalle voltate gli erano sembrate immense dentro la camicia bianca: il limite stesso fra la vita e la morte che – quel giorno ne era stato certo – niente e nessuno l'avrebbe mai indotto a superare con un gesto omicida.

6.

... si era assopito, nella sua cabina, dove l'avevano trasportato. Aprì gli occhi e s'accorse che sarebbe stata notte ancora per poco, una striscia azzurrina già saliva e dava al cielo quel chiarore che non è alba, ma la prima incertezza notturna.

Vito si ritrovò con una strana sensazione di deserto, come se tutti fossero fuggiti, e solo lui fosse il superstite. Grumi di corde sgocciolavano nel corridoio e il loro suono scandiva un tempo rallentato, di una calma enorme.

Si affacciò all'oblò, a guardare il mondo, con la luna che tramontava, e gli sembrò che fosse la prima volta, dopo ciò che era accaduto. Poi si girò verso la parte opposta, dove un'ombra sgusciava dalla porta accostata, e ravvisò Regina. Veniva a raggiungerlo con la sicurezza di chi conosce il momento opportuno. Stette a fissarlo con un pensiero:

«Tutto per causa mia. A causa di un mio piangere di paura. Per una mia solitudine.»

Fu una memoria di solitudini a far sì che, fra loro, l'amore cominciasse come quando si erano incontrati nel salone della villa all'Isola Albarella, e il buio aveva creato una dimensione e dei significati imprevisti all'intimità. Quei gesti, di cui si ricordarono, tornarono esattamente a ripetersi. La mano di Regina si lasciò portare alle labbra di Vito; l'uno cercò il volto dell'altra, per individuare i reciproci tratti, come se non si conoscessero.

Con estrema naturalezza, avvenne la loro congiunzione.

Il primo incontro all'Isola Albarella – finché il Donati non era apparso, aggressivo, a turbarne la perfezione – aveva avuto un suo incanto sotto l'imprevedibile segno della sorte, quel sigillo magico capace di far sentire simili e familiari due creature che non si sono mai viste in precedenza e che si trovano a combaciare con le emozioni, senza nemmeno bisogno di esternarle. Tornarono a provare quella miracolosa provvidenza dei sensi, a lasciarsene condurre, e Vito lentamente si liberò dalla morsa dell'ansia; dall'abbraccio con Regina venne un abbandono che gli evocò visioni perse nella sua vita, forse mai ricordate e ora vive fin nei minimi dettagli: fra tutte, le scene dolorose che avevano coinvolto la figura materna, spingendo lui, fin da piccolo, a provare oscuramente il rimorso di essere nato.

La pietà per la madre e il rimorso agirono, in Vito, come potente pietà per se stesso.

E proprio il benessere che gli stava procurando l'amore, lo indusse a rivedere sua madre, al contrario, in uno squarcio di notte, dopo un diverbio con suo padre a causa di Malo: la madre che ripeteva, in un ritornello ossessivo, "Malo, Malo, Malo", addossata alla specchiera ovale a fianco del letto, sola, nuda, piegata su se stessa... A Vito bambino, che la spiava dalla porta, sembrò come rattrappita per la disperazione che l'aveva afferrata, invece era per compiere quel gesto delle dita affondate fra le cosce aperte, un gesto sempre più in fretta, accompagnato da una nenia di rabbia, di bestemmia, per dimenticare Malo e insieme per evocarla, una fretta che equivaleva a un piangere che cresce, un gesto scrutato nello specchio: quasi gli occhi avessero potuto renderlo meno insensato con l'esserne testimoni (come testimone bambino decise di essere lui, vincendo la tentazione di fuggire). La madre si penetrò con le dita più a fondo, la testa ondeggiò in segno di diniego, fino all'orgasmo. Poi cadde in ginocchio sotto l'immagine sacra che dominava la parete, il dipinto di una Madonna col Figlio:

«Maledetto il sesso!» gridò e pianse. «Sia maledetto l'amore!»

7.

«Sì» confermò Squeri. «Quell'uomo, un pregiudicato, è deceduto stanotte. Tu l'hai ucciso. Ma lui non ha fatto il tuo nome» lo trattava col tu, adesso che era un assassino. «Puoi portare fiori sulla sua tomba, sarebbe il caso. Verrà sepolto al cimitero di Badia.»

Aggiunse, con perfidia, il nome e il cognome dell'aggressore assassinato. E specificò la sua età: ventisette anni. Soltanto due più di Vito.

Vito lo ascoltava con la gola stretta. Aveva sperato, fino a quell'incontro, che il ferito, per quanto grave, potesse salvarsi grazie a un miracolo. Squeri parlava fumando e guardandosi le scarpe. Aveva gli occhi arrossati di sempre; la solita voce, calma e bassa. Nulla era cambiato dalla prima volta che il ragazzo era entrato nella sua casa, a Porto Tolle, dove tornava quel giorno, tranne la luce che, nelle grandi finestre, non segnalava più la primavera, ma l'autunno inoltrato, e il grigiore accentuava il senso di soffocazione che veniva dai mazzi di bandiere, delle patrie e degli eserciti più diversi, disseminati negli ambienti, insieme ai ritratti dei personaggi storici, anch'essi simboli di contrastanti ideologie.

Soltanto la morte avrebbe potuto cambiare qualcosa di Antonio Squeri, meditò Vito, e forse nemmeno quella, se lui fosse finito, col suo ritratto di maniaco ispirato da una fede confusa e dall'ambizione iniettata di crudeltà, fra i tanti che intorno velava la polvere, dove i finestroni sembravano non aprirsi mai.

Per Squeri, che gli sedeva davanti, ora Vito non riusciva neppure a provare ripugnanza benché, venendo dall'*Airone Rosso* alla casa di Porto Tolle, fosse stato spinto da quel sentimento, poiché sapeva perfettamente che l'ufficiale di polizia era stato il sobillatore anche delle aggressioni al battello. Di conseguenza, doveva a lui se potevano chiamarlo omicida.

Non provava che un fastidio, una sorta di allergia. Avrebbe voluto alzarsi e andarsene. Ma si era fatto precedere da una richiesta che lo rendeva sottomesso:

«Voglio una pistola.»

Con un sorriso, Squeri depose l'arma sulle ginocchia del ragazzo:

«La pistola che ci hai chiesto.»

A chi alludeva, con quel plurale? Chi erano i suoi conniventi: forse coloro ai quali aveva ordinato di spararagli fra i piedi, un giorno? Vito glielo chiese. E l'altro, imperturbabile:

«Possibile.»

L'arma era lucida, con un suo potere di attrarre, persino compiacere, lo sguardo.

«Non mi domanda perché ho preteso la pistola, se con Tristemare non mi è riuscito di servirmene, e uccidere continua a farmi orrore, mille volte di più, ora che ho ucciso?»

«Nemmeno se intendessi usarla contro di me...» insinuò Squeri con ironia «ti porrei domande. Ci sarà un buon motivo. Il lavoro che stai svolgendo per noi, è prezioso. Hai tutto il diritto di pretendere, diciamo, supporti.»

«Quale lavoro?» si sorprese Vito.

«Esattamente quello per cui è stato predisposto il tuo rientro dalla Francia.»

«Ma io non sto combinando nulla» protestò il ragazzo.

«Né per lei, né per nessuno. Sono in balìa di quel battello. Aveva ragione, il Donati. È difficile, fare il buffone.»

«Se ciò significa fare il buffone, e ne dubito, lo stai facendo a meraviglia. Senza rendertene conto...» Il solito sorriso venato di sarcasmo: «Pensa che nella folla (ché di folla, ormai, si può parlare) avvelenata contro il Doge, che vorrebbe squartarlo, vederlo impiccato per i piedi come Mussolini, tu sei l'unico che, con efficace incoscienza, opera dritto nel cuore del nemico...».

Squeri scoppiò a ridere. Era la prima risata schietta che si concedeva da tanto tempo. Vito non afferrò subito l'allusione. Si sentì un pupazzo, quando capì: fin dal primo momento, Squeri aveva previsto come sarebbe finita, ossia che la sua instabilità nervosa, la labilità del suo carattere, l'avrebbero portato ad atti inconsulti, a reazioni estreme, come l'assassinio provocato da un contesto di assassini; che la sua avvenenza fisica e gli aspetti toccanti della sua gioventù, avrebbero favorito un rapporto con Regina, e chissà di quante altre situazioni, in seguito, sarebbe stato causa, volente o nolente.

Squeri confermò:

«Il mio mestiere consiste, soprattutto, nel formulare sottili previsioni. E per quanto riguarda i reati, un vero poliziotto, più ancora che punirli, induce a commetterli coloro che fatalmente vi sono destinati. L'importante è che l'assassino potenziale si realizzi, si smascheri...»

Il Donati aveva definito alla perfezione il suo avversario, convenne Vito: un virus, che conosceva il grande e praticava il piccolo... E non a caso Squeri aveva citato la fine tragica del Duce. Egli, infatti, era di quelli disposti a giurarlo: per quanto uno si senta imbattibile dittatore, la storia insegna che le Petacci, ossia un certo tipo di femmine e compagne, procurano un danno certo, se si riesce a provocarle nelle loro passioni elementari, di solito frustrate.

Il Donati, Regina, Vito, erano gli esempi, in atto, di questa verità.

«Non vale complicarla troppo, la strategia necessaria al repulisti dell'umanità» continuò a spiegare Squeri, con sussiego. «Basta sfruttare le regole dell'umanità stessa, che sono semplici e ingenue, i suoi istinti e i suoi lati peggiori.» Fissò Vito come non aveva mai fatto, dritto negli occhi: «E nel tuo caso, amico mio, visti i vantaggi finora ottenuti, due proverbi si dimostrano eccellenti. Il primo: natura plus trahit septem bobus, tira più un pel di donna che cento paia di buoi... Il secondo: a caval donato, non si guarda in bocca!».

L'aveva detto con la sua ferocia compressa. Vito sollevò la pistola e si ritrovò, nel mirino, un volto impassibile:

«Vedo che hai una vocazione istintiva a puntare» commentò Squeri. «Non solo le belle donne, intendo.» Si alzò: «Mi compiaccio. E mi auguro che la vittima da te designata valga l'arma che ti abbiamo consegnato. È una pistola fra le più perfette. Ne deduco, di conseguenza, che non sarò io a restarne ucciso, vista la scarsa considerazione in cui mi tieni».

Si scusò per congedare l'ospite.

Sul fondo del salone era apparsa Pupe, che finse di non conoscere Vito benché, sull'*Airone Rosso*, fosse fra le più assidue nel cercarne i favori. I due scomparvero e il ragazzo si ritrovò solo, con la pistola che gli pesava nella tasca della giacca, mentre il vento di quell'inizio di novembre batteva imperiosamente contro i vetri. Si rese conto che disponeva del tempo, del modo. Allora prese a slegare i mazzi di bandiere. Poi spalancò le finestre. Se ne andò lasciandosi alle spalle una distesa di stendardi impazziti dentro nubi di polvere che si fondevano nell'aria, come ad offuscare eserciti immaginari, lieti non già di scontrarsi a morte, ma di rinascere a vita, da quella desolata terra di nessuno che era la casa di Squeri, a Porto Tolle.

Capitolo settimo

1.

I misteri cominciarono a risolversi, per la volontà dei protagonisti o per piccole fatalità delle circostanze.

In quell'ultimo giorno di novembre, Marco Donati sciolse il mistero della morte del padre, da cui la sua vita era stata condizionata.

Nei rari momenti di pace, gli capitava di appostarsi nei pressi della sua casa natale, a Ca' Tiepolo, dove non era più entrato dal giorno dello scontro col cognato, lo *sciàvo* Anton Majcek, che per primo lo aveva tradito. Desiderava vedere la madre Cristina, quando si aggirava in giardino, e il nipote che cresceva, e la sorella che lo portava per mano verso gli argini. Mentre gli scatenavano un'ansia vendicativa le apparizioni di Majcek: in due circostanze, lo scoprì ricevere Squeri, e bere, confabulare con lui nella veranda.

Si ripeteva: il conto sarà saldato presto anche con lo *sciàvo*.

Il Donati arrivò a Ca' Tiepolo di primo pomeriggio, andò ad appostarsi, e il suo sguardo fu attratto dal Majcek seduto nella panchina sotto l'olmo, che era stata la sua preferita fin da ragazzo. Il nipote cercava di attirare l'attenzione del padre che invece, con l'aria rannuvolata del padrone, lo zittiva bruscamente.

Il Doge si controllò, con uno sforzo. Poi sollevò lo sguardo verso le finestre, in parte coperte dal fogliame.

Cristina Donati si accorgeva sempre di quando il figlio si spingeva nelle vicinanze della casa. Comunque si nascondesse, lo individuava. Così fu anche in quel pomeriggio. Spiando a sua volta dalla camera da letto, dietro i vetri dove si riflettevano le tinte gialle degli alberi e un'atmosfera di addio che insinuava il paesaggio, capì quale misura di dolore smarrisse Marco nella solitudine.

Allora si decise: semplicemente, in fretta.

Mentre indossava i vestiti di un tempo, si stupiva di provare solo un leggero affanno, benché la decisione che aveva preso nel giro di un istante, come sotto la spinta di una folgorazione, venisse a sostituirsi all'angoscia con cui, per più di vent'anni, aveva vissuto il suo dramma segreto.

Cristina Donati avrebbe fatto in modo che Marco conoscesse, quel giorno, la ragione del suicidio del padre. E si avviò vincendo ogni possibile tentazione contraria, passò per la porta posteriore, percorse il sentiero lungo in quale, da ragazzo, Marco si dava a pedinarla quando la vedeva inoltrarsi nelle sue camminate misteriose, all'insaputa di tutti, e c'era sempre un momento in cui finiva per perderla di vista.

"Dove andava, mia madre? Perché scompariva e mi ingannava?"

Le domande tornarono a insinuarsi nella mente del Doge. Avvistata Cristina, egli prese a seguirla dapprima per forza d'inerzia, appunto accarezzando memorie inquiete. Ma subito si rese conto che il pedinamento si ripeteva tal quale allora e diventava l'imitazione di un rito perso negli anni: per come la donna si era vestita, e si atteggiava, per una sorta di aria magica che cominciò ad avvolgerli...

Lui si teneva a una certa distanza e Cristina, senza darlo a vedere, controllava che quella distanza si mantenesse. Camminavano e insieme immaginavano stagliarsi, contro il cielo a oriente, la torre di mattoni rossi, sulla quale di solito girava un falco pellegrino, e che dominava la villa all'Isola Albarella. Da lassù, vent'anni prima, il padre Armando si era affacciato con la pistola alla tempia.

Cristina si figurava anche, nello sguardo di Marco, l'interrogativo di sempre: perché si uccide un uomo che fino ad allora ha vissuto serenamente, in pace col mondo, oltre che con se stesso?

Per tenersi al coperto, il Donati fu costretto a farsi largo nella vegetazione che costeggiava la strada. Una biforcazione puntava, a destra, verso la collinetta di Ca' Dolfin; a sinistra, verso Villa Vendramin. Cristina si diresse a sinistra, lanciando sguardi intorno come chi si scruta, lungo un corridoio, negli specchi delle pareti: specchi che sembrava vedere davvero, appesi nel vuoto assolato, perché via via si aggiustava i capelli con mosse aggraziate e verso il nulla girava la faccia con la civetteria di una ragazza che va a un appuntamento, immersa in un soliloquio preparatorio o in un dialogo con le cose invisibili, fatti di cenni e di sorrisi che in Marco avevano sempre provocato un turbamento profondo.

Di spalle, non appariva affatto vecchia. Era slanciata e armoniosa, e faceva pensare a una donna assai più giovane.

"Fra poco mi giocherà e io perderò le sue tracce" si disse il Donati, e scosse la testa, chiedendosi quale mai segreto la madre avesse ancora da proteggere, dopo tanto tempo.

Invece Cristina continuò a lasciarsi seguire. E Marco si trovò a destreggiarsi nella vegetazione per stare al passo: incantato dalla figura che restava il nucleo della sua vita, che dominava l'argine con un'eleganza e una sensualità sopravvissute agli anni. Che sentimento puro tornava a unirli – pensò – benché lui si muovesse furtivamente per nascondersi, mentre l'altra si esponeva: un sentimento che non era mai riuscito a definire. Per la ragione, forse, che esistono sentimenti indefinibili e solo memorabili.

La scopriva così vera, la madre, così priva dell'ipocrisia con cui lui, invece, l'aveva umiliata, tenendole a lungo nascosti tanti fatti dovuti alla sua ambiguità...

"Dove sta andando?" tornò a chiedersi. "Da chi?"

Fu colto di sorpresa.

Cristina era scomparsa, ma l'argine a quel punto si immetteva in un'ampia prospettiva dove lei non era più visibile e la strada si arrestava, perciò non poteva che aver superato il cancello di Villa Vendramin. Dalla posizione in cui si trovava, Marco dovette risalire un buon tratto prima di raggiungere il cancello, che imboccò guardandosi intorno, semplicemente spinto dalla curiosità di afferrare un segno: una curiosità che all'istante si mutò in un impatto, uno schianto. Il Donati si bloccò, con il mondo che gli crollava addosso come aveva creduto che fosse crollato su di lei, sulla madre, il giorno della provocazione lanciata da Squeri.

La donna avanzava nel viale della villa maestosa.

La luce del pomeriggio, piovendo dalle alte siepi, creava un alone intorno al vecchio Conte Vendramin, che si era collocato, altero, ai limiti del prato antistante alle logge, affinché la solarità investisse la sua figura, velandola di suggestione. Egli aspettava immobile Cristina e, quando la vide a pochi metri, sollevò il pugno destro fasciato dal guanto di cuoio sul quale si ergeva il falcone della chiama agli uccelli.

Lo puntava contro Cristina, per indurla ad arretrare e farle capire che il suo era ormai un rifiuto irrimediabile:

respingeva per sempre l'ossessione con cui, invece, lei insisteva a cercarlo.

Alcuni sostenevano che il Conte Vendramin fosse impazzito, altri che, invecchiando, avesse conquistato il coraggio di dichiarare che, in tutta la vita, non aveva avuto altra passione che la caccia col falcone, e mille amanti, sì, ma il solo amore riservato a lui: l'uccello predatore a cui aveva finito per assomigliare nei tratti imperiosi e avidi del viso.

Fu in quel momento – testimone di un incontro che lo investiva con i contorni di uno dei tanti incubi che aveva avuto in sogno sulle stranezze della madre – fu in quell'improvviso crollo della prevedibilità, che Marco Donati identificò il profilo di uomo schizzato a matita su un foglio da disegno e conservato nell'armadietto a vetri nella torre. Suo padre l'aveva lacerato, poi ne aveva ricomposto i pezzi, prima di spararsi sul poggiolo.

Erano i tratti di Alvise Vendramin: il suo profilo da rapace!

Marco aveva afferrato quel bandolo a lungo cercato: suo padre Armando si era tolto dal mondo perché la moglie Cristina aveva amato perdutamente il suo miglior amico.

Corse via dalla villa, raggiunse la stanza della torre. Ore dopo, gli amici che l'avevano cercato ovunque lo trovarono lassù, rannicchiato nel poggiolo come un pupazzo. Alle sue spalle, nell'armadio aperto, si muovevano all'aria, acquistando vita, i vestiti che il suicida si era fatto confezionare dai migliori sarti di Venezia; le sciarpe sventolavano; le scarpe allineate, velate di polvere, sembravano aver compiuto un lungo viaggio in un deserto.

Agli amici suonarono le parole di un delirio, quando il Donati disse:

«Il destino mi ha colpito con prove terribili. Ma che

posso rimproverargli al destino?... Non è forse il mio credo: che, a questo mondo, non si salva nessuno? Il mio credo e la mia punizione.»

2.

Con passo deciso, figurandosi già padrone di ciò che lo circondava e sollecitava la sua ammirazione, il Donati aveva percorso il viale d'accesso a Villa Vendramin, quindi aveva salito l'imponente scalone dell'ingresso principale. Ora si aggirava per la galleria, specchiandosi nelle superfici ornate da insigni maestri, inseguendo con lo sguardo gli angeli e i festoni negli stucchi del soffitto, e scoprendo, a ogni passo, piccole gemme del Barocchetto, uno stile che amava perché intensamente femmineo, trionfo della curva sentita in maniera sensuale e delicata.

Lo eccitavano le lacche orientali settecentesche. In attesa di veder apparire il Conte Vendramin, andò apprezzandole qua e là. La sola idea di vivere in quella villa gli dava angoscia; essa gli appariva un sepolcro dove persino le cose non si aspettavano più alcun futuro animato da esseri viventi. "Eppure" affermò fra sé "questo mausoleo porterà il mio nome. Presto, Villa Vendramin sarà mia."

Si girò ai passi del Conte, che lo aggredì:

«Lei ha avuto compito facile nel profanare un luogo che non sopporta assolutamente il suo odore. Oggi è giorno di libertà, per la servitù. Altrimenti, le assicuro, non avrebbe superato il cancello.»

Il Donati gli sorrise, con un piccolo inchino:

«Tutto calcolato.»

L'altro lo apostrofò brutalmente:

«Un ricattatore spudorato, un corrotto eccellente, un mestatore nel torbido, che mette piede a Villa Vendramin. È così assurdo che stento a crederci. Qui non c'è mai stata traccia di individui ignobili come lei!»

Il Donati lo scrutò con una freddezza così ben dominata ed espressa in un senso di superiorità, a dispetto dell'animosità dell'altro, da ripagarlo di molte emozioni che, in passato, lo avevano tormentato a causa di quell'uomo, senza saperlo. Pur essendo sui settant'anni, il Conte conservava una corporatura robusta e snella: non sarebbe stato facile batterlo a mani nude. Ma il Donati provò la tentazione di andargli sotto e schiaffeggiarlo. Preferì umiliarlo in altro modo. Sollevò una piccola statua femminile e commentò:

«Cortigiana greca. Una donna di vita. Potrei tenerle una lezione sul suo drappeggio.»

Si spostò a sollevare una figura incaica, in argilla dipinta, del secolo XV, fra i primi oggetti preziosi che l'avevano attratto, entrando, e commentò di nuovo:

«Lei lo ignora, caro Conte, ma questa figura rappresenta un tipo che mi è simile. Proviene da un postribolo ed è, per dirla alla sua maniera, un mestatore nel torbido, un demone insidioso.»

Il Vendramin fu preso alla sprovvista. Sconcertato, fermò appena in tempo il suo avversario che si stava dirigendo verso rotoli giapponesi, rari e dipinti all'inchiostro di china, di acceso soggetto erotico:

«Un giorno» esclamò, alzando troppo la voce perché il suo sarcasmo suonasse autentico «un porco entrò qui dentro... Pensi, caro Donati, un porco fuggito dal porcile! E...»

Il Donati non mutò atteggiamento, all'apparenza sempre imperturbabile, ma si rammaricò di non averlo schiaffeggiato subito, il Conte, dopo la prima offesa:

«A me, è capitato di peggio» lo interruppe, senza abbandonarlo con lo sguardo. «In casa mia, entrò tempo fa un ottuso falcone che si trascinava negli artigli una carogna come lei: di nobile lignaggio, certo, ma pur sempre carogna... Capace di tradire alle spalle il suo miglior amico, mio padre, e di trattare sua moglie, mia madre, come una puttana. Peggio, molto peggio di quanto avrebbe potuto trattarla un qualunque malvivente.»

Il Vendramin fu sul punto di balzare sul Donati, e questi sperò ardentemente che facesse l'atto di aggredirlo: l'avrebbe ucciso, lì, con una coltellata al cuore. Ma il Conte voltò le spalle, si diresse a una scrivania, dicendo:

«Chi l'ha mandata, Donati? Lei, Cristina?... Per riavere quelle sue maledette fotografie?»

L'altro non rispose. Lasciò che il Conte aprisse un cassetto, estraendo una grande busta gialla, che gettò su un tavolo:

«Eccole, se le porti via e facciamola finita. Ci sono tutte. Controlli.»

A questa svolta inaspettata, il Donati perse sicurezza, cercando con tutto se stesso di non darlo a vedere. Dalla busta, sfilò le fotografie. Mostravano la madre giovane, evidentemente ai tempi in cui la tresca col Vendramin aveva vissuto il periodo più intenso. Qui, Cristina era coricata sul letto, il nudo corpo di trentenne, e una mano – non si vedeva di chi, ma era chiaro: del suo amante – le affondava fra i seni. Qui, invece, il viso della donna si nascondeva dentro il braccio piegato, con una mossa che pareva di protezione: dal braccio, uscivano soltanto gli occhi e la fronte corrugata, e gli occhi erano resi vivaci, umidi, da una luce di malizia altrove assente. E qui, ancora, Cristina stava raggomitolata su se stessa, come placata dopo un amore intenso: più avanti negli anni, coi lineamenti che un'energia interiore faceva emergere, marcandoli. Nelle altre foto, la madre appariva – per lo più nuda, di fronte, di spalle – in pose che sottolineavano sentimenti e passioni trascinati nel tempo...

Il Vendramin afferrò l'ombra di dolore che attraversava il volto del Donati. Fu certo di averlo in pugno:

«Glielo ripeto, può portarsele via. Ci sono anche i negativi. Li bruci... Sa perché ho conservato quelle immagini con tanta cura e ostinazione nel dire no a Cristina che le pretendeva? Perché sono belle. Ho fatto, di una donna ignobile, dei piccoli capolavori d'intuizione fotografica... Ne conviene?»

«Sì» riconobbe il Donati.

«E Cristina... Cristina era bellissima. E io ero giovane, desiderato. È stato il tempo migliore della mia vita.»

«Della *sua* vita» gli fece notare il Donati.

«Sì: della mia. Sono sempre stato un infernale egoista. Come lei, del resto. Lei è il Doge, oltre che di una cialtroneria arrogante, del suo superbo egoismo.»

Il Donati rimise le fotografie nella busta, dicendo:

«Mio padre si è ucciso, per queste...»

Il Vendramin continuò a fissarlo, senza una parola di commento.

«Comunque» e il Donati scosse la testa, con un sorriso di compatimento «non è stata mia madre a spingermi in questa sua villa funebre, a intercedere per le fotografie» e si mise sotto il braccio la busta che le conteneva. «Mia madre non sa nemmeno che io sono venuto a trovarla.»

«Allora?» chiese sconcertato il Conte. «Allora, come si spiega? Che vuole, da me?»

«Semplicemente informarla.»

«Informarmi?»

«Le sembrerà inverosimile, me ne rendo conto... Eppure posso assicurarle che questa villa dalla tradizione illustre, che è la ragione della sua vita, Conte Vendramin, molto presto passerà nelle mie mani, con le proprietà annesse, e ciò che esse comportano.»

«Lei è pazzo!» gridò l'altro.

«Aggiungo che dovrà supplicarmi in ginocchio per portarsi via il suo ottuso falcone.»

«Lei sta farneticando!»

Il Donati gli rispose con una frase di cui il Conte non poteva afferrare appieno il significato:

«Mi spingo, con lei, a un'estrema confidenza: loro, quelli che tengo in pugno nelle alte sfere, come si suol dire, credono che io pretenda la luna, in forma sia di denaro che di favori, in cambio del mio lasciarli in pace. E io glielo faccio credere. Invece mi compreranno con poche cose che, più delle grandi, soddisfano la mia voglia di ripagarmi di un mondo ignobile, affollato di Vendramin... Come la sua villa, appunto!»

«Proprio pazzo!»

E fu un suono strozzato quello che uscì dalla gola del vecchio.

«Lo riconosco. Ma poiché lo sono, e visto che le ho detto la verità, a lei per primo, lei questa verità deve temerla!»

Il Questore Simoni seppe, la sera stessa, dell'incontro fra il Donati e il Vendramin. Stava giocando a poker con l'amico Questore Sasso, in una sala di quello che aveva ribattezzato il "Club degli Enigmi", in quanto chi ne faceva parte era, all'ottanta per cento, sotto la minaccia del Doge e in attesa di conoscere le sue pretese.

Al Questore Sasso insinuò, con la sua solita aria:

«Ci stiamo avvicinando alla meta, mio caro. Ci siamo, quasi.»

3.

Cristina Donati venne fuori dalle nebbie e, silenziosamente, salì nell'automobile del figlio, sedendogli accanto. Partirono attraverso terre e acque che si mostravano a squarci improvvisi, come se il creato stentasse a ricomporsi dopo essere stato fatto a brandelli. La mano di Marco strinse quella della madre: fredda.

«Ti avrei cercato io. Tu mi hai solo preceduta.»

«Temevo che non ti facessi viva.»

«A Villa Vendramin, sono stata io a condurti. Sapevo che mi seguivi, come da ragazzo, per sapere. Io ho voluto che...»

«L'ho capito» l'interruppe il Donati.

«Dunque, come avrei potuto non cercarti? Dopo essermi messa nelle tue mani... Per liberare la mia coscienza, certo. Per dimostrarti che, dal giorno dell'incidente con Squeri, conservavi nei miei confronti un rimorso sproporzionato, inutile. Ma soprattutto...»

Il Donati colmò quel vuoto, quell'indecisione:

«...per provare un'emozione. La più forte della tua vita. E convincere te stessa di essere ancora capace di cambiare un mondo, il tuo... Mettendo me alla prova.»

La donna convenne, con un'assurda dolcezza, come se non fosse lei in gioco:

«È mostruoso, vero, Marco?»

«Credo di sì. E penso a una drammatica solitudine. La solitudine è la causa di quelle sottili perversioni che danno l'illusione di poter arginare la follia, mentre favoriscono la morte interiore di chi ne soffre, e a volte sollecitano il delitto o il suicidio. Chi si accorge di questo nostro male, e ci ama, può arrivare a uccidersi.»

Di nuovo con un candore paradossale, Cristina esclamò:

«Allora, è vero che mi conosci!»

«Adesso, sì, ti conosco.»

E Marco aggiunse, fra sé: "Dio mio, fa' che questa storia atroce abbia davvero fine".

Guidò veloce nonostante i tratti di nebbia, la visibilità che si riduceva a zero. Entrambi erano pronti a schiantarsi: sarebbe stato un modo, una liberazione. Rallentarono soltanto in prossimità di Villa Vendramin, e fu con calcolata lentezza che Marco sfilò davanti al maestoso cancello. Allora, prese la busta gialla che conteneva le fotografie e la depose sulle ginocchia della madre.

Erano simili, Cristina e Marco. Lei, infatti, riuscì a non manifestare alcuna emozione. Indicò un campo, di fronte:

«Possiamo bruciarle là!»

Il Donati ripartì bruscamente:

«Non là. Nel posto giusto!»

Raggiunse la torre di mattoni rossi. L'automobile si arrestò sotto il poggiolo:

«Non sei mai salita lassù, vero, madre?»

E in quel "madre" insinuò una nota di stanco disprezzo. Cristina mise piede a terra scrutando la cima della torre, e vacillò per l'impressione di ritrovarsi in un regno arcano che avrebbe dovuto risultarle punitivo: per questa ragione lo respingeva oltre il confine della realtà. Lui la sorresse, la guidò per il braccio:

«Saliamo» le ordinò, complice.

Si trovarono nella camera che dava sul poggiolo, in faccia al mare. Cristina restò appoggiata da una parte, contro la parete. Provando un'acuta pietà per il figlio, ma di nuovo assente da ogni altro sentimento che la riguardava, come per uno stordimento malato, seguì con lo sguardo Marco mentre apriva l'armadio, la vetrinetta che ospitava la divisa da ufficiale, e sollevava la pistola che aveva deposto – il giorno della visita in compagnia di Regina – fra i libri del padre.

Il Donati depose, ai piedi della madre, il profilo del Conte Vendramin: schizzato a matita sul foglio da disegno, lacerato in un primo tempo, poi ricomposto nelle sue due parti, fatte combaciare con cura... La donna abbassò lo sguardo sulle linee di un volto per quasi una vita oggetto della sua ammirazione, e pensò alle volte che, nel tormentato rapporto da cui era stata travolta, si era comportata allo stesso modo del marito, a momenti desiderando strapparli via per sempre dalla mente i tratti dell'amante, subito provando rimorso di questo istinto distruttivo che trasformava nel contrario, di nuovo nell'adorazione più accesa. Allora si dava a ricomporre febbrilmente in sé, com'era avvenuto sul foglio da disegno, gli ideali frammenti lacerati, finché l'insieme non tornava perfetto, senza traccia di lacerazione, tanto da spingerla ad affannarsi per deporvi appena possibile i suoi baci.

Gli occhi di Cristina furono costretti a registrare ogni cosa, fin nei minimi dettagli. Marco aveva stabilito questa punizione, terribile anche per l'assoluto silenzio che l'accompagnava.

Infine, i due si scrutarono, sentendosi stanchi come dopo notti d'insonnia.

«Ora...» chiese lei, indicando la busta delle fotografie. «Ora possiamo bruciarle?»

«Ora, sì, possiamo.»

Sedettero ai lati del piccolo rogo. E intanto che le fotografie si accartocciavano, si dissolvevano, madre e figlio, dapprima esitando, si presero le mani e se le strinsero. Alla donna sfuggì:

«Già... Noi siamo i perversi, se i perversi esistono.»

«Siamo le cause e le vittime di molti errori che si sarebbero potuti evitare, e sui quali, da questo momento in poi, dobbiamo impegnarci affinché cali un grande silenzio, specie dentro di noi: il silenzio delle cose sepolte...» E dopo aver riflettuto qualche istante, Marco assentì: «Ma i perversi esistono. Uno, per esempio, ce lo siamo allevati in seno, e io non lo perdono, il signor Anton Majcek». Lo disse con tutto il disprezzo: «Dobbiamo continuare a fare un po' d'ordine anche fra coloro che abbiamo favorito, vero, madre mia?».

Cristina ne convenne, ritrovando autorità:

«Vero!»

Le fotografie si erano ridotte in cenere. Fu Cristina a

mettere in moto il giradischi, che Marco aveva avuto cura di predisporre. Madre e figlio ascoltarono l'aria:

"...L'universo avveleni per me! – Traditor! Che compensi in tal guisa – Dell'amico tuo primo la fè..."

La nebbia stava scomparendo, dalla parte del mare.

4.

Tre giorni dopo, l'attenzione degli scaricatori di frodo al Po della Donzella, fu richiamata da un abbaiare di cani che volavano giù da una collinetta a forma di piramide, nota come la Montagna del Sale, per la sua bianchezza. Il sole sorgeva dal Lido di Volano offuscando la visibilità, poi venne scoprendosi una figura dritta in vetta, sotto lo sventolio di una bandiera: azzurra, listata di giallo, che segnalava da secoli gli infedeli senza patria, o con troppe patrie, troppe generalità usurpate.

La figura aveva forme umane, ma a quella distanza non si capiva cosa fosse a mandare bagliori violetti. Scomparsi i cani, i frodatori salirono il sentiero dei cavalli respirando il silenzio della paura e notando che la misteriosa presenza veniva trattenuta sul baratro, in una posa monumentale, da un supporto di legno.

Uno disse:

«Sembra un archibugiere.»

Un secondo:

«Ha l'aria, piuttosto, di uno della masnada feudale, ma non ci sono che io sappia mascherate in giro, e carnevale è lontano.»

Infine, si trovarono di fronte a un cavaliere antico, provvisto di corazza con le allacciature strette, gli spallacci dipinti con motivi di fiori e foglie, le cerniere a forma di farfalla. Sulla lamina del petto, una croce nera intersecata da un'altra d'oro, per finire all'elmo.

Esclamarono:
«È la figura dell'Antico Infame! Quella che sta nelle carte delle maghe, nelle pitture delle leggende. Precisa!»
Un piumetto ricadeva sul viso del cavaliere, nascondendone i tratti. Il capo dei frodatori prese coraggio, lo sollevò e restò di sasso:
«È il cognato del Doge. Il Majcek, lo *sciàvo*!»
Lo staccarono dal supporto di legno. Lo liberarono dall'armatura:
«Non si regge, guardate. Gli hanno spezzato le gambe!»

5.

I viaggi improvvisi che allontanavano il Donati e Regina in questo o quel punto del mondo, non erano cessati. E spesso toccava a Vito condurre in macchina la coppia all'aeroporto di Venezia.
«Più veloce!» ordinava il Donati.
Vito si imponeva di ignorare lo specchietto retrovisore; teneva gli occhi inchiodati alla strada, per evitare che lo sguardo gli scivolasse sui due che sedevano dietro, stretti uno all'altra: il Doge a gambe larghe, il braccio imperiosamente intorno a Regina, per trascinarla e tenerla, a tratti, sulla propria spalla. Durante quelle effusioni, anche Regina si costringeva a considerare inesistente la presenza del ragazzo, che invece, tanto più a spalle voltate, si imponeva.
Erano, quelli, i veri momenti difficili. I due giovani venivano presi dalla coscienza, in primo luogo, e quindi dalla paura delle diffidenti antenne del Doge, che sapevano sempre all'erta e capaci di smascherare i segreti di chiunque con tale scaltrezza e animosità da costituire i

suoi ferri del mestiere. Fino a che punto il Donati sospettava, sapeva?

Ponendosi questa domanda, lì, all'interno dell'automobile che correva all'aeroporto, si rendevano conto che essa non li assaliva in nessun'altra circostanza. Di solito era più forte il piacere, oltre che di stare insieme, di sfidare il mondo, Donati compreso, perciò continuavano a comportarsi da puri incoscienti, covando sotto la cenere quel campanello d'allarme che li avvertiva, al massimo della temerarietà, che prima o poi l'inevitabile sarebbe accaduto, e con conseguenze gravissime secondo quanto ripeteva Delfina, la quale tuttavia non otteneva risultato: i due giovani amanti vi erano rassegnati nella stessa misura in cui erano decisi a godersi, fino all'ultimo, il senso esaltante di stare al centro delle cose, di avere in pugno le sorti di quell'avventura che coinvolgeva tanti interessi e, soprattutto, tanti destini.

Il Donati e Regina si imbarcavano sul volo, e Vito restava a fissare l'aereo che si alzava, spariva portando Regina in America o in altri continenti dove lui si immaginava una grandiosità favolosa. Pensava, allora, che forse il Donati lo sceglieva al posto di uno degli autisti – e gli autisti se ne irritavano – affinché provasse la frustrazione che lo afferrava quando, scomparso l'aereo, doveva tornarsene solo, riflettendo che mai nella vita avrebbe potuto offrire, alla donna che amava, quel tuffo potente nell'ignota bellezza del mondo.

Sull'*Airone Rosso*, Delfina – che un po' il mondo lo conosceva, un po' se lo inventava, essendo cresciuta nella prontezza e nella suggestione delle bugie – andava a scovarlo per raccontargli qualcosa dei paesi verso i quali la coppia era volata via. Seguivano solitudini di giorni, tormentose. Ma d'improvviso ecco che lui si svegliava e se la ritrovava accanto, Regina, che lo baciava, gli augurava buongiorno, svanite d'incanto le solitudini e le loro angustie, come se nessun viaggio si fosse interposto e la lontananza in cui lei era sconfinata altro non fosse, ora, che una supposizione, un cattivo sogno.

Vito non aveva da proporre che evasioni da nulla: ai pioppeti, pur suggestivi nella coltre di brina, o agli antichi ponti di barche, bianchi quando i gabbiani vi si posavano fitti e subito neri quando gli uccelli si alzavano in volo, o alle piccole chiese bizzarre delle campagne polesane. E di nuovo si meravigliava per l'intensità con cui Regina si mostrava felice di perdersi, in sua compagnia, lungo quei tragitti: proprio lei che era appena tornata dalle meraviglie dell'Oriente o dai grattacieli americani.

È l'amore che rende ciechi, cercava di ironizzare Vito. Ma l'ironia svaniva se appena si spingeva fra i dubbi e si chiedeva: quel tipo di sentimento, nato da un concorso di anomale sollecitazioni, la cui forza consisteva nel potente istinto di cui era soddisfazione, non andava forse temuto? Impetuoso quanto fragile, bastava un nulla a incrinarlo. E che sarebbe accaduto quando Regina, sazia del ragazzo o in qualche modo delusa da lui, si fosse ritrovata senza la spinta passionale che ora lasciava predominare sulla ragione? Che fine avrebbe fatto il loro rapporto che, con tanta sventatezza, marciava verso il proprio baratro?

Domande del genere avevano il potere di scuotere Vito, e amareggiarlo, ma lui riusciva ad accantonarle come la paura che il Donati, di loro due, già da tempo sapesse. La mente gli si liberava con una facilità che egli non stava ad analizzare, stordito dal possedere Regina nelle circostanze meno calcolate, col rischio di essere scoperto, e in altri casi lasciandosi esaltare dal desiderio. Poteva accadere che, salendo in coperta, Regina si fermasse a mezza scala e lui, che la seguiva, alzasse gli occhi: lo slip infossato fra le natiche che riprendevano a muoversi dentro la veste, gli sferzava i sensi, e la sua mano si spingeva fra le lunghe gambe, quasi gli fosse possibile stringere l'essenza di quel movimento: segreta – gli pareva – come un moto dell'animo, un pensiero, non meno preziosa...

Si arrivò al compleanno di Vito.

Finito lo spettacolo, egli fece festa con Regina, allegramente esagerando con i cibi e le bevande che lei aveva predisposto nella propria cabina (loro due soli, dopo aver brindato con gli altri), finché non piombò su di lui un'ombra carica di tensione, che gli fece mutare atteggiamento e lo bloccò.

«Cos'hai?» si preoccupò Regina.

«Non so. Una paura. O qualcosa come un grande rimorso... Non capisco.»

Stava dicendo la verità. Il cuore gli martellava con battiti tumultuosi, ma qualunque cosa fosse, in questione non era il suo corpo, per un malessere dovuto ai cibi o ad altra causa, erano la sua mente e il suo spirito, coinvolti in un rifiuto (di che, non avrebbe potuto precisare) e in un allarme mai provato. Regina si adoperò, amorevole; fece l'atto di aiutarlo a stendersi, ma lui le sgusciò fra le mani, e fu in piedi sopra di lei:

«Devo andarmene...»

Lo affermò senza capirne la ragione. E forse non esisteva ragione; solo l'oscuro tumulto, la sua nausea che già si attenuava. Regina gli sorrise, cercando di dominare l'ansia con cui l'ansia del ragazzo la stava contagiando:

«Proprio stanotte, vuoi andartene? La notte del tuo compleanno?»

Vito avrebbe preferito non rispondere. Ma il malessere che lo possedeva, lo forzò a dire:

«Comincia un nuovo anno per me, e ti prego: che cominci anche una nuova vita fra noi. Io ti sto esponendo,

Regina, ed è sempre più pericoloso. Sono un pazzo, e non posso continuare a essere un pazzo, se è vero che provo per te qualcosa che vale... Mi chiedo quale sia, per noi, il modo di amarci senza farci del male. Esiste, questo modo? Lo chiedo anche a te: esiste?...»

Regina lo fissò sconcertata.

«È tutto passato» mormorò infine il ragazzo.

E davvero si stava ritrovando, con la sicurezza, la voglia d'allegria di poco prima. Anche Regina avvertì che il rischio era ormai alle spalle: perché di rischio si era trattato, come quando si evita uno schianto per un soffio. I sentimenti possono subire, senza preavviso, impatti mortali, come i corpi; lei lo sapeva e ne conosceva i sintomi.

Per la prima volta, Vito aveva manifestato incertezza nei suoi confronti e il desiderio di abbandonarla, tanto più in una notte importante (fin dall'inizio, avevano sempre dormito insieme, vivendo questo atto di comunione come il rito che più li gratificava). Inoltre, le sue giustificazioni, per quanto avessero cercato di esprimere una preoccupazione ragionevole, le erano suonate pretestuose, addotte per mascherare una fuga dalle responsabilità. Forse lei stava esasperando, a sua volta, un episodio di poca importanza, ossia uno smarrimento passeggero destinato a non avere conseguenze, o forse no: il turbamento in cui era caduta si giustificava. Si chiese quale anomalia si fosse prodotta fino a spingerla a reazioni che non le erano congeniali, a cominciare dalla gelosia.

Infatti, tentando di razionalizzare ciò che stava accadendo ad entrambi, l'aveva assalita una gelosia assurda, in quanto non avrebbe saputo a chi rivolgerla in particolare e abbracciava una folla di fantasmi.

Avrebbe dovuto immaginare che Vito si era comportato in quel modo a causa di una vulnerabilità psicologica, profondamente infantile, che spesso gli procurava crisi d'angoscia senza motivo, rendendolo preda di disorientamenti e di ombre temibili proprio per le loro astratte intimidazioni, come appunto capita a chi resta bambino nel carattere. Invece, vedendolo liberarsi bruscamente dal suo abbraccio, sentendosi estromessa, era stata afferrata dall'idea di perdere quel compagno che, a differenza degli altri uomini, l'aveva sempre trattata con una dolcezza spinta all'adorazione; finora, questa idea non si era insinuata nelle sue paure, mentre ora la minacciava con la violenza imprevedibile a cui quella notte di compleanno pareva destinata.

La sua mente, perciò, era corsa all'ipotesi di una rivale, di un tradimento, e si era resa conto di quanto le sarebbe risultato intollerabile scoprire il ragazzo innamorato di un'altra.

Mentre l'atmosfera nella cabina tornava a rasserenarsi, Regina si fece forte della sua esperienza e si disse che i bruschi rovesci che sconvolgono le emozioni vanno esorcizzati senza incertezze, reagendo con un più di passione, di vitalità. Tornò ad avvicinarsi a Vito. Gli accarezzò il sesso da sopra i calzoni, gli afferrò la cinta:

«Spogliati» gli ordinò.

E si spogliò insieme a lui. Liberandosi della medaglietta sacra che le scendeva fra i seni, la baciò con devozione e le chiese di essere protetta e favorita nelle ore che restavano, prima del giorno. Poi si ritrovarono nel letto, senza più pensieri, e la febbre che portò al massimo la felicità carnale di Regina, si comunicò al ragazzo.

Più di ogni altra volta, la donna fece l'amore guidando Vito con una stretta, intorno alle sue reni, che aveva la fermezza con cui, poco prima, aveva respinto la paura di restare sola, di perdere il giovane amante. Nell'arbitrio in cui i suoi pensieri erano precipitati, fu certa che tutto del loro futuro, il bene e il male, sarebbe dipeso da quell'amplesso. La illuminarono istanti di chiaroveggenza, mentre il sentimento d'amore, da febbrile, si pacificava, acquistando la forza del sentimento di fecondità. Estenuato, Vito si lasciò cadere sul dorso. Ma lei non gli diede tregua, aderendo al suo corpo, concentrandosi nella sapienza erotica per sollecitarlo di nuovo, finché il ragazzo non tornò a sentirla. Non si trattava di insaziabilità, ma di un calcolo follemente materno, che Regina concepiva come una cerimonia propiziatoria: rendere più forte, grandiosa addirittura – con altro amore, e seme, e orgasmi potenti da parte sua – l'essenza di una creazione, ossia l'essere che, ne era certa, stava concependo in quella notte.

Vito lo sentiva esplodere, dentro di lei, prima ancora di udirne contro l'orecchio il rantolo breve. Ogni volta, gli occhi le si velavano quasi stesse per perdere conoscenza; ogni volta, rafforzando la stretta, tratteneva il ragazzo che l'istinto spingeva invece a togliersi con uno scatto. Gli ripeteva:

«Fermo!»

Vito obbediva, ne avvertiva confusamente il pericolo, ma non riusciva a liberarsi della donna che lo inchiodava contro di sé:

«Fermo...»

Dopo, abbandonandosi all'ascolto dei suoni del fiume che circondavano il battello, Regina confidò:

«A una donna può capitare di sentirlo, Vito... E io ora lo sento, ne sono talmente sicura che potrei giurarlo: da stanotte, sono incinta di te.»

Si spinse a questa confessione immaginando, nel buio, che il volto del ragazzo esprimesse il suo stesso stato d'animo, una felicità pari alla sua. E continuò ad esprimerlo, il suo sentimento di maternità che da quello di fecondità era esploso, illudendosi che il compagno, di cui stringeva la mano senza avvertirla inerte, fosse in grado di capire fino a che punto era arrivata la sua volontà di garantire la loro unione. Non la sfiorava nemmeno il sospetto che Vito, in quel momento, potesse essere diverso da come se lo figurava.

Invece, alle sue parole, il ragazzo era ripiombato nell'angoscia di poco prima, quando aveva dovuto combattere quel malessere che gli era sembrato irragionevole; mentre ora ne era certo: si era trattato di un presentimento, di un segnale che lo avvertiva dell'atto incosciente a cui sarebbe stato obbligato, e davvero avrebbe dovuto dar retta all'impulso di fuggire dalla cabina. Fu sfiorato da un terrore che non conosceva, sul quale affannosamente rifletteva per la prima volta: di essere coinvolto, con la vita, in una totalità così assoluta; di essere invischiato nel darla, la vita, a un altro che un giorno, per amara ironia, avrebbe dovuto conoscere il disgusto della propria nascita, da cui spesso lui, Vito Lunardi, veniva assalito.

Fu tentato di riderne, amaramente. Mentre la possibilità prospettata da Regina gli insinuava un tarlo che non l'avrebbe lasciato fino al giorno della verifica.

Tornò a pensare a sua madre, in quello squarcio di notte dopo un diverbio con suo padre a causa di Malo, a sua madre che ripeteva, in ginocchio sotto l'immagine sacra che dominava la parete, umiliata dallo squallore della sua nudità e dell'atto di autoerotismo appena consumato:

«Maledetto il sesso! Sia maledetto l'amore!»

Si scostò da Regina, bruscamente, ma lei non se ne accorse, essendo già caduta in un sonno profondo. Seduto nel letto, stette a fissarla con rancore, rimproverandola, fra sé, di aver dato una ragione reale all'infelicità che lo possedeva. Si prese la testa fra le mani, aspettando, augurandosi che quella sua testa si liberasse. E ancora una volta la sua gioventù gli consentì di accantonare i pensieri molesti.

6.

Non appena lo vide comparire nel salone della villa, tornò a sentirsi sicura, protetta dalla sua determinazione e dalla fanatica ammirazione che nutriva per quell'uomo. Si sarebbe inginocchiata, per esternargliela, gli avrebbe baciato le scarpe.

Per la prima volta, Marco Donati si trovava indifeso di fronte a una donna, in balìa della sua delazione, e fingere una dignità gli costava uno sforzo che temeva di non riuscire a dissimulare a dovere:

«Immagino la ragione che ti ha spinto» le disse, e la chiamò amichevolmente: «Ambra».

«Capisco che ti procurerò dolore, Doge. Ma capisco anche che devo farlo.»

Il Donati insisteva a guardarla negli occhi, per coglier- vi un dubbio, una traccia di debolezza; ma dietro quel volto fermo e superbo, la decisione di chi si gioca la carta più importante della vita, servendosi di mezzi abietti, non lasciava percepire tentennamenti. Eppure tentò:

«Perché, se le cose che stai per rivelarmi, io già le conosco o posso immaginarle?»

«Perché tu possa ascoltarle dalla mia voce. La voce di una testimone. È ben diverso dall'immaginarle. Nessuno è più esperto di te, in questo: tu che frughi nell'intimità di chiunque, che pretendi prove concrete... E poi, lo ammetto: per fare del male a una donna che detesto, per il gusto di distruggerla.»

Il Donati avrebbe voluto replicare a favore di Regina, investita dalla spietatezza della compagna. Ma si stava smarrendo, a causa di Ambra: traditori e delatori, quando si impadronivano della sua persona per farne oggetto sia dei loro favori che della loro intenzione di annientarlo, lo contagiavano con la sensazione di essere, anche lui, un miserabile. Così era accaduto con il cognato Anton Majcek. Comunque si manifestasse, la delazione era lo specchio dove si vedeva immerso fino al collo nel mondo ripugnante che invece riteneva di praticare restandone al di sopra. Affermò:

«Una delazione è sempre orribile, amica mia. Ci rende inferiori a chi noi consegniamo al carnefice. È inevitabile, infatti: c'è sempre un carnefice che, poi, agisce per mano nostra.»

«Non è il mio caso, Doge. Regina è una donna fuori del comune, nessuno lo nega. E la mia giustizia nei suoi confronti non è sommaria: io la giustizio dopo averla giudicata. Quella donna continua a lottare fra disperazione e speranza, corruzione e nobiltà d'animo; crede che vivere sia tormentarsi senza arrivare a una scelta. Perciò mi sento superiore a lei: nel mio fallimento, che accetto, cerco di essere la migliore che posso, non ho mai badato alle mezze misure e non ho mai tradito me stessa per favorire le mie voglie e le mie malinconie... Come puoi accusarmi di viltà, dunque, e disprezzarmi?»

Il Donati riconobbe la coerenza morbosa che animava la delatrice. La pregò di seguirlo e la introdusse nella vasta camera da letto, affinché Ambra fosse costretta a parlare scoprendo dove, a fianco dell'uomo che idolatrava, dormiva Regina quando non passava la notte sull'*Airone Rosso*, e da qualche tempo, accampando scuse, dal battello non rientrava mai. Il Donati andò a sedersi sulla sponda del letto e la gelosia lo investì, violenta, spingendolo a concentrarsi su quelle scuse: di tutte si ricordava. Fino a quel momento se l'era fatte scivolare addosso perché la mente non fosse costretta ad arrovellarsi, l'animo a torturarsene, ma ora esse esplodevano trascinandosi un dolore che aveva parecchie facce: anche tristezza, nostalgia, commozione, rimorsi (quanto peso aveva avuto, il suo modo di agire così spesso ambiguo, nel comportamento di Regina?).

Ambra poté finalmente scivolare ad abbracciargli le gambe, appoggiando la fronte sulle sue ginocchia: una posa adorante che aveva a lungo desiderato.

Gli descrisse minuziosamente i rapporti fra Regina e Vito, riconoscendo di averli spiati in continuazione. Il Donati pensò a quando riceveva i rapporti degli informatori spietati e abili che agivano per lui; si ricordò della velenosa esaltazione che gli procurava l'ascolto degli orrori commessi dalla gente che appariva rispettabile, e si vide – con sgomento – dall'altra parte: sulla riva desolata delle vittime.

Capì da quale malessere si è posseduti allorché si è spinti dalla malvagità fra le ombre di quella riva che ammassa i perdenti, senza più appigli né ripari, dove il carnefice sfrutta una conoscenza simile a quella che il destinato alla mannaia ha di se stesso. Ambra insistette su come e quando il giovane Lunardi procurava piacere a Regina, e dopo lei lo ringraziava, lo baciava con passione e gratitudine; i dettagli le fluivano facili perché non aveva bisogno né di mentire né di esagerare, e il Donati si rendeva conto sia della verità che la donna gli comunicava, sia della misura in cui questa verità gli risultava difficile da reggere, complice il tono della delazione, che era di una sommessa naturalezza.

Sollecitata dal silenzio del Doge, dalla sua testa piegata sulle mani unite, Ambra si soffermò sugli amplessi dei due giovani, i cui orgasmi esplodevano nelle notti dell'*Airone Rosso*, e fra le parole che si scambiavano scelse quelle che possono ferire a morte un amante tradito. Il Doge aspettò la conclusione di quei racconti senza mai interromperli, nemmeno quando la crudeltà si faceva gratuita, per dimostrare che Regina stava conoscendo di nuovo, con Vito, gioie del corpo che da tempo temeva di non provare più. Infine chiese ad Ambra:

«Ora dimmi cosa vuoi in cambio.»

«Il mio desiderio già l'hai capito, Doge, se mi hai portato in questa camera: passare una notte con te. Mentre il mio compenso sta nell'aver vendicato la tua buona fede, sprecata con una che riesce sempre a salvare se stessa. Io non ci sono riuscita. La disperazione mi ha distrutta, perché in gioco ho messo tutto, di me.»

«È qui che sbagli, amica mia. Io non ho mai avuto buona fede. La mia mente non si è mai concessa limpida e incosciente, e non si è fidata di nessuno. Solo una volta si è fidata, di chi avrebbe dovuto semplicemente concedermi di cambiare vita, e la delusione, poi, è stata persino più cruda di quella che tu sei venuta a procurarmi stanotte. Il dolore che mi hai fatto provare, me l'aspettavo... Fin dal momento che io, proprio io, ho accoppiato Vito e Regina.»

Scrutò lontano, nella penombra della camera:

«Ho accoppiato due gioventù, belle, che la natura ha colmato della sua grazia. Ben sapendo che la gioventù conserva un'incoscienza infantile, la bellezza un'arroganza animalesca.»

Anche il Donati stava dicendo la verità, ma non completamente. Aveva vergogna della gelosia che frugava ogni angolo dentro di lui, e vi irrompeva impetuosa: non poteva manifestarla alla delatrice. Si prese la testa fra le mani, e se non si fosse trattato del Doge, di chi vedeva tanto in alto da non essere nemmeno sfiorato dalle umane debolezze, Ambra avrebbe creduto che stava piangendo, piano, di un pianto furtivo:

«Non ti capisco» gli ribatté. «Tu sei l'uomo di cui ho fatto il mio dio. Tu conosci, come nessuno, l'ingrata natura di questa folla di vermi in cui affondiamo, come puoi dunque aver combinato le cose col rischio di distruggere una parte così delicata del tuo animo? Per autolesionismo, per il gusto morboso di un'ambiguità senza scopo?»

«Un tempo, sì, avrei potuto agire per queste ragioni. Ma stavolta, pensa, a spingermi è stata una ragione opposta: pulita. Una pulizia degna di un ragazzo a cui la vita non ha ancora insegnato niente. Ma in fatto d'amore, tu lo sai bene, la vita non insegna mai, o mai a sufficienza, e a sedici anni come a cento non fa differenza. C'è stato un momento, non tanto tempo fa, in cui mi sono illuso che avrei potuto dividere il mio futuro con una compagna che mi ponesse davvero al di sopra degli altri, come stai facendo tu, Ambra, sia pure con fanatismo... Che avrei potuto contare su una donna capace di darmi, per ciò che valgo e sono, una dedizione assoluta. Ora so che questa dedizione non l'avrò, perché è impossibile.»

Il Donati notò la reazione della donna, i suoi occhi accesi, e si sforzò di sorriderle. Le disse, con un moto di riconoscenza:

«Se io ti amassi, sono certo che avrei da te la massima fedeltà, che potrei contare su di te fino alla morte.»

«E Regina...» chiese Ambra, oscurandosi. «Lei, la ami?»

«Stanotte l'ho capito finalmente: sì. E sei stata proprio tu, a farmelo capire, colmandomi di ferite e di ombre che mai avrei creduto di sopportare per una donna. Ti suonerà crudele ciò che ti sto rivelando, come crudeli sono state per me le tue confessioni: ma devo a te se almeno di questo, di un sentimento, ora sono sicuro...»

Ad Ambra sembrò di ravvisarlo, fisso e ostile, il suo destino: bruciarsi ogni volta per consentire, alla sua impetuosità, una breve gloria. Reagì:

«Ma lei che prova, per te? Nulla. Nemmeno riconoscenza.»

«Sbagli di nuovo. Lei prova un'attrazione contraddittoria, alla quale non è stato concesso di chiarirsi, di darsi un volto. Perché l'amore nasca, proprio con la sua intima complessità, questo volto dev'essere composto di tratti semplici e chiari. E quale chiarezza, quale coerenza ho concesso io a Regina, affinché potesse maturarne il frutto migliore? All'inizio, ho dato il via alla nostra avventura offrendole una recita, per servirmi di lei, spingendola a fingere, per servirmi persino della fortissima suggestione che ne subivo... L'ho usata, nella mia scena, come un'attrice privilegiata che ha recitato talmente bene la parte fino a sostenermi come nessuno nei momenti difficili. Troppo tardi mi sono accorto che quella donna aveva bisogno di me, non dei miei trucchi che invece la distanziavano, facendola sentire sola e in balìa di un gioco, per quanto grande...»

Il Donati si accorse di toccare le mani di Ambra figurandosi, al posto di quelle, le mani di Regina. Per qualche istante fu strappato alle sue riflessioni. Poi riprese, respingendo la sensazione di freddo che tornava ad assalirlo:

«Si è verificato, con Regina, lo stesso dramma che ha spaccato in due la mia vita: l'aver creduto a lungo che il mio ruolo consistesse nel farmi prestigiatore della mia astuzia, della mia doppiezza, persino dell'odio per un'umanità che reputavo, senza distinzioni, peggio di me e pronta a divorarmi. Così, per quarant'anni, ho praticato l'ambiguità e ho ignorato i sentimenti veri...»

Con apprensione, temendo che la sua missione fosse del tutto fallita, Ambra chiese.

«E così, tutto continuerà come sta andando?»

«No» sorrise amaramente il Donati. «I tuoi racconti di stanotte cambieranno le cose. Regina non la ritengo colpevole per essersi comportata come una donna libera, avendone io favorito e addirittura stimolato la libertà. La sua colpa, semmai, sta nella reticenza, nelle menzogne dette per difendersi, più con ingenuità che con ipocrisia, ma che pure menzogne restano.»

Ambra entrò nel letto del Doge e passò la notte con

lui: aveva diritto a realizzare il suo sogno. Quando il Donati restò con gli occhi aperti al soffitto, senza riuscire a dormire, lei, al contrario senza voler dormire, tenne la testa sul petto del suo dio, di cui aveva finalmente il privilegio di sentir battere il cuore. Finché non si fece giorno, fantasticò su un'ipotesi che non si era verificata, dandola per vera: d'essere salvata, per sempre, dalle umiliazioni degli uomini e del tempo, sul ritmo di quel respiro.

7.

«Convocati!» esclamò Regina. «Convocati dal Doge!»

E guardò in aria senza sapere quale fosse la giusta reazione, fra le tante che subito, alla notizia, l'avevano assalita. Anche Vito guardò nello stesso punto del cielo e cominciò una frase che gli morì a metà:

«Come due qualunque...»

Non andò oltre, lasciando indefinite le loro figure che interrogavano le nuvole dalla prua dell'*Airone Rosso*. Si addolorò per lei, che alzò le spalle. Regina, infatti, calò in una strana calma; si era imbattuta in molti rovesci e, ogni volta, le era capitato lo stesso: dopo una morsa d'angoscia insopportabile, subentravano la resa del corpo, una stanchezza che offuscava la mente, affondandola appunto nella stasi rassegnata del "vada come deve andare".

Decisero di prenderla, ancora, da incoscienti. Lo erano stati, incoscienti, tanto valeva continuare. L'automobile spedita dal Donati, e che avrebbe dovuto condurli alla villa, apparve puntuale all'attracco; ma per raggiungere l'Isola Albarella, da Foce del Po di Levante, preferirono inforcare le biciclette. Pedalando, respirarono a fondo un acre odore di erbe, sulle quali si erano appena dissolte le ventate della nebbia: un modo di darsi coraggio, come il mentire con se stessi, dicendosi che era il freddo pungente della mattina a farli rabbrividire, mentre nelle viscere, nelle ossa, scendeva ben altro freddo.

Facendo forza sui pedali, cercavano di non pensare a punizioni definitive, che pure temevano.

A Regina vennero immagini apocalittiche riscontrabili nella natura, e anche questo le era accaduto sempre, in prossimità del pericolo:

«Siamo come gli uccelli quando sta per scatenarsi una gran tempesta. Ci hai mai fatto caso, Vito? Della tempesta, o di un terremoto, non c'è ancora segno, ma le cime degli alberi diventano piene di segnali, poi improvvisamente silenziose... Forse è un gelo che gli uccelli avvertono, come noi, e il buio che sta per venire.»

Vito tornò a scrutare in alto, sentendosi un volatile minacciato. Dopo la nebbia, il cielo si era fatto chiarissimo.

«La verità è» continuò Regina, e si sorprese per prima di quell'uscita «che dal Donati siamo affascinati tutt'e due.»

«Che vuoi dire?»

«Che questo fascino, per l'intensità con cui lo subiamo, esercita su di noi una forma di protezione... E ci fa credere che possa anche non accadere niente di irreparabile.»

Proseguirono pedalando in silenzio: intenti soltanto alle piccole nuvole dei loro fiati, nella brina che si scioglieva lungo i canali.

8.

Il Doge li fece attendere, come già era successo la volta del loro primo incontro, nel salone della villa.

Aspettando, Vito premeva distrattamente i tasti del pianoforte; alle sue spalle, Regina aveva la sensazione di fissare nella tastiera lucente le sue ambizioni deluse, e se stessa nelle dita del ragazzo che si avventuravano con imperizia. Lei aveva camminato sulle strade della musica conoscendo l'armonia, ma assai meno il suono giusto della fortuna, che per essere propiziata richiede le malizie del virtuoso.

Fu un'attesa lunga: di tasti battuti a caso, di soprassalti.

Poi tutto avvenne così rapidamente che non fecero in tempo a rendersene conto. Il Donati aprì di scatto la porta ed entrò prevenendo ogni loro reazione vera o falsa; aveva il volto disteso e sorridente, e quando parlò con gesti sbrigativi, lo si sarebbe potuto definire raggiante:

«Non ho tempo da dedicarvi» esclamò. «Pochi minuti!»

Regina ebbe solo modo di girarsi, Vito di alzarsi dal pianoforte.

«Ma in questi pochi minuti devo comunicarvi decisioni importanti che, mi auguro, vi faranno felici.»

Scoppiò in una risata.

Tese quindi la mano destra, l'aprì sotto gli occhi della donna: una piccola scatola azzurra mostrava un anello che, nel suo splendore, appariva volutamente eccessivo, un'ostentazione di magnificenza. Il cerchio era costellato di svariate pietre preziose, dal diamante allo zaffiro. Scivolò lieve, allorché il Donati lo infilò nel dito di Regina.

Scrutandolo su quella mano dalle dita lunghe, egli commentò, quasi con noncuranza:

«L'anello di fidanzamento, amica mia. Ci fidanzeremo ufficialmente, e la festa si terrà a casa di mia madre, a Ca' Tiepolo, fra una settimana esatta, la sera di giovedì prossimo.»

La liquidò con un lampo ostile negli occhi, che subito fu cancellato da una risata più forte della precedente, e nel salone sembrò risuonare un'allegria sincera. Il Donati si rivolse quindi a Vito, che teneva la testa bassa e, sconcertato, evitava di ricambiare lo sguardo interrogativo di Regina. Il Doge gli sollevò il mento con un dito e, sotto il suo volto, aprì la mano sinistra: di nuovo, sul palmo, un oggetto splendette vivo alla luce. Esclamò:

«Una pallottola d'oro! Per la rivoltella che ti sei fatto consegnare da chi ti ha reclutato. Il calibro è esatto.»

Gliela infilò nel taschino, aggiungendo:

«Un giorno, io ti ordinerò di metterla in canna. Quel giorno, tu dovrai ubbidirmi e sparare questa pallottola dritta al cuore della persona che ti indicherò... La persona che ammazzerai – stavolta senza problemi, dato che assassino sei diventato – forse sarà la stessa che ti eri prefissa, o forse no. Staremo a vedere. Comunque, ti assicuro, sia la vittima che le circostanze risulteranno per te una clamorosa sorpresa...»

Il Donati batté in aria le mani libere, se le sfregò, in parte per denotare soddisfazione, in parte perché si accingeva a mettersi al pianoforte. Eseguendo, dalla *Turandot*, "Tanto amore segreto...", dimostrò una bravura che portò al massimo la stupefazione di Regina. Senza smettere di suonare, girò la testa verso di lei, spegnendo l'esuberanza che aveva simulato fin dal suo ingresso:

«Amica, un tempo, del cuore... Non l'avresti mai immaginato, vero? Marco Donati così abile, così ispirato al pianoforte. Molti segreti ancora ci dividono e posso dirti: quanto poco conosci di me...» Tornò a concentrarsi nell'esecuzione, fino a concludere: «Ed è forse il meglio, che ignori!».

Si alzò, fece l'atto di allontanarsi con la stessa fretta con cui aveva fatto irruzione. Aveva già raggiunto la porta quando Regina ritrovò la forza della parola, fissando l'anello che aveva appena ricevuto:

«Che significa questa storia del fidanzamento? Un'altra delle tue farse?»

«No» fu pronto il Donati. «Vorrei impedirti di ritrovarti sola con te stessa, il tuo passato, e con un ragazzo che spera di diventare uomo uccidendo un uomo. Non più per legittima difesa, ma per vendicarsi della sua immaturità e guarire dall'infanzia infelice che lo tiene prigioniero...»

Scrutò Vito con un brusco cambio d'espressione, e nel suo sguardo si lessero un disprezzo malinconico, un senso di pena:

«Pensa, Regina: il giovane Lunardi, che tanto ti sta a cuore, è con Squeri che tratta, è a Squeri che ha chiesto uno strumento di morte... Farsi complice di quel verme, dopo ciò che sappiamo di lui, dopo ciò che abbiamo dovuto pagare a causa sua!»

Il Donati se ne andò chiudendo pesantemente la porta. Vito e Regina si fissarono, poi i loro sguardi scesero sull'anello, sulla pallottola. Regina ci mise persino una nota di sdegno, in quella domanda:

«Perché inventare menzogne su di te, Vito?»

Ma ormai era troppo lucida. Non poté sfuggirle il significato della reazione, appena percettibile, a cui il ragazzo istintivamente si abbandonò: girando via gli occhi, lasciando ricadere le braccia. Allora, qualcosa in lei si zittì di colpo, e seppe che qualcosa era perduto.

Capitolo ottavo

1.

La festa di fidanzamento fu, in realtà, una cena per pochi intimi. Ma la voce era corsa, e omaggi e telegrammi arrivarono in gran numero, attraversando le nebbie fitte che da giorni assediavano Ca' Tiepolo. Giunse persino l'omaggio floreale inviato dal Questore Sasso di Rovigo, il quale, per non compromettersi, aveva messo la propria firma in calce a una frase del tutto incomprensibile, un puro scarabocchio che macchiava il biglietto.

Il Questore Simoni e la moglie Sara si presentarono con la consueta puntualità: spinti, quella sera, non dal calcolo e dalla "strategia dell'ombra" (così Sara definiva il puntiglio con cui il marito si era fatto, davvero, l'ombra del Donati, con la speranza di esserne il depositario privilegiato di confidenze e prime rivelazioni, nonché l'incaricato di trattare, al momento stabilito, la resa dei conti). Li spingeva, piuttosto, la curiosità – umana, non poliziesca – che aveva finito per legarli al Doge assumendo i contorni della simpatia: per assecondarla, si erano imposti un comune comportamento le cui accortezze, e a volte piccole acrobazie, avevano ridato fiato a un dialogo che, fra loro, pareva entrato in letargo per sempre.

«Siamo ai suoi ultimi fuochi d'artificio» ripeteva il Simoni alla moglie, pur sapendo che lei non condivideva l'ottimismo. «Poi egli detterà a me le sue condizioni, e io le passerò a chi di dovere. Che gran finale, Sara!» muoveva in aria la mano, per simulare le forme del trionfo. «Memorabile, degno della rappresentazione che l'ha preceduto; del burattinaio estroso che ci ha tenuto l'animo sospeso, offrendoci tuttavia ragioni di divertimento; e infine degno di me, se permetti, dell'arte investigativa con cui, dall'inizio, ho trattato questa spinosa faccenda.»

Procedendo in macchina verso Ca' Tiepolo, chiusi nelle nebbie che li inducevano a interrogarsi in lunghe pause di silenzio, Sara si era resa conto d'un tratto, quasi lo scoprisse in quel momento, che la voluttà di star dietro al Donati in coppia col marito, da tempo aveva sostituito ogni altro sensuale piacere; aveva esclamato fra sé: "Non più un adulterio, nei giorni dispari, da oltre due mesi!". La stessa considerazione la stava facendo intanto il Simoni, sui suoi giorni pari, e istintivamente gli era venuto da commentare, a voce alta:

«Anche per questo, mia cara, col Donati dobbiamo proprio stringere!»

La cena, deliziosa e animata, stordì piacevolmente persino la sorella di Marco, Anna, che arrivò a dimenticarsi del marito *sciàvo*, l'Anton Majcek bloccato a letto, al piano di sopra, con le gambe spezzate. Risero, si concessero battute e aperte allusioni, ora che tutti sapevano l'uno dell'altro, ciascuno sollevato dall'obbligo di fingere.

Prima di mettere piede in casa Donati, il Simoni aveva raccomandato alla moglie il motto che racchiudeva il suo vangelo: "Tacere quel tanto che non è tutto, dire quel tutto che non è tanto". E al motto si ispirò nel discorsetto ai fidanzati, ricordando che fidanzamento è promessa di matrimonio, e matrimonio è promessa di pace, e pace è conclusione rapida di ogni guerra. Sottolineò quel "rapida":

«E dunque» concluse «immagino che nozze ci saranno. Presto, vero, Doge?»

«Nozze, sì, ma quali nessuno si aspetta» insinuò il Donati, che era in vena di anticipazioni, sia pure velate. «Io sposerò Regina con il colpo di scena più straordinario che mente di teatrante abbia mai concepito!»

Anna, sovreccitata, alzò il bicchiere:

«Brindo anche ai tuoi colpi da carogna!»

A evitare il peggio intervenne di nuovo il Simoni, che richiamò l'attenzione su Regina, invitando a coglierne il felice turbamento che l'aveva presa all'annuncio del matrimonio, anche se il Doge aveva lanciato la notizia fra gli ospiti col tono delle sue sfide paradossali. In effetti, turbata lo era, Regina, felice non proprio.

Mentre gli altri si complimentavano, costringendola a forzati sorrisi, si chiedeva, tormentandosi, quale diabolica vendetta delle sue il Doge stesse mettendo in atto per torturarla. Riteneva il fidanzamento una prova d'artista della vendetta finale, l'istinto non faceva che ripeterglielo, benché dal contesto non riuscisse ad afferrare una sola nota di malafede. Tanto che quando il Donati le chiese all'orecchio: «Tutto perfetto? Sei contenta?» lei fu costretta a riconoscere: «Sì. E te ne sono grata».

Eppure la sentiva, la pazzia del Doge, accerchiarla, premerla, come una camera che via via riduceva il suo spazio intorno a lei, per soffocarla, fino a ridursi a un cubo, dove stagnava appena un filo d'aria velenosa, che non sarebbe stato possibile respirare.

Si alzarono da tavola e la madre Cristina prese sottobraccio Regina con uno spirito ben diverso da quando si erano conosciute in una sera ormai lontana, e non avevano del tutto simpatizzato. Quella sera, Cristina aveva eseguito al pianoforte *Ariette dimenticate* di Debussy: Marco, infatti, aveva presentato l'ospite come educata a un certo tipo di cultura e appartenente a una famiglia nobile; stavolta preferì spostarsi un po' più in basso, verso Massenet, di cui in verità detestava *Manon*. Di quest'opera, tuttavia, accennò alcuni passi, quali: "Ancor son io tutta stordita", "Mi raccomando, vezzosa figlia" e, a commento della cena festosa che si avviava a concludersi: "Addio, o nostro picciol desco".

Regina ascoltava, seduta dietro di lei. Fra gli altri, l'anello di fidanzamento stava destando uno stupore misto alla malizia:

«Per un anello simile...» fu sul punto di compromettersi il Simoni. «Per un anello simile, vero, Sara?»

Non rivelò a cosa sarebbero stati pronti, lui e la moglie...

Il Donati scivolò via dal gruppo riflettendo che, di quella cerchia di persone instabili, ciascuna abitata da errori e ansie che si erano stemperate nell'euforia della circostanza, avrebbe salvato soltanto l'intelligente e spiritoso Questore. Senza attirare l'attenzione, salì al piano di sopra ed entrò nella camera dove giaceva, escluso per forza d'eventi, Anton Majcek. Per prima cosa, baciò sulla fronte il nipote che dormiva in un lettuccio affiancato al letto matrimoniale. Quindi si rivolse al cognato, riuscendo a trovare un mezzo sorriso. Scrutò le sue gambe spezzate e poste in trazione:

«Ciao, *sciàvo*. Giù, la festa è deliziosa. Mi dispiace, credimi, che tu ne sia tagliato fuori... Scommetto che nessuno ha pensato di portarti una coppa di champagne, nemmeno tua moglie. Il mondo è fatto così, volta le spalle. Anch'io, con te, un tempo ho voltato le spalle, ma in altra maniera, per fiducia. Ora, mi guardo bene dal voltartele. Però, ti ho portato lo champagne...»

Fece apparire una bottiglia, ne colmò una coppa, che tese al cognato:

«Bevi, *sciàvo*. Brinda alla mia felicità.»

Majcek obbedì, brindando, da solo.

E il Donati pensò: "Idiota, dovevi scagliarmi in faccia lo champagne. Allora, ti avrei rispettato".

Si sedette sulla sponda del letto:

«Certo che ci volevano teppisti della peggior specie, per ridurti in questo stato. Chi erano, *sciàvo*, nemici tuoi personali, che magari hanno pensato di te: questo si è montato la testa e sta correndo troppo in fretta, per battere il primato delle spie?»

«Io non ho nemici» rispose l'altro, senza aggiungere: "Tranne te e la tua feccia, Marco". E il Donati di nuovo pensò: "Idiota, dovevi aggiungerlo invece, gridarmelo in faccia, ti avrei apprezzato". Gli chiese:

«Saresti in grado di riconoscere almeno qualcuno dei tuoi aggressori?»

Anton Majcek fece segno di no, stancamente, senza più voglia di lottare. Eppure l'aveva impresso negli occhi, il sicario del Doge, mentre guidava spavaldo la masnada che l'assaliva, e ridendo impartiva disposizioni per imbussolare lo *sciàvo* dentro l'armatura dell'Infame raffigurato nelle leggende. Di quel sicario, conosceva vita, morte e miracoli.

Il Donati continuava a pensare: "Idiota, non capisci che recitando così bene la parte del vile, ti stai scavando più a fondo la fossa? Reagisci, in qualche modo!". Per un momento, dubitò che l'altro stesse recitando una parte, deciso a non dargli la soddisfazione di combatterlo; ma la viltà sapeva riconoscerla troppo bene, e distinguerla a fiuto dalla tattica, per cui non esistevano dubbi: il cognato, affondando nella sua sconfitta, vi strisciava come un verme.

«E allora?» ironizzò, prendendo a muoversi per la stanza. «A chi dobbiamo pensare, eh? Ai tuoi compatrioti! Là, da dove sei venuto, ne hai combinate, *sciàvo*. Devi convenirne: hai proprio barato con noi: me, mia sorella, mia madre. Perché? Forse, se ti fossi aperto, avremmo potuto capirti. La sincerità cancella tante cose, e fa emergere, negli altri, la coscienza dei propri errori, che attenua la voglia d'infierire.»

«Io non ho fatto nulla.»

Una menzogna non più goffa, ma addirittura offensiva. E Majcek ebbe la sventatezza di aggiungere:

«Puoi informarti, se vuoi.»

«Da chi? Dalla polizia?»

L'altro alzò le spalle. Il Donati insinuò:

«Squeri?»

Majcek chiuse gli occhi. Mentre il suo persecutore levava dalla tasca dei fogli, spiegando:

«Una copia della tua fedina, che Squeri ha fatto opportunamente sparire. Niente di straordinario, ma ce n'è da rispedirti in patria. Controlla.»

Majcek prese i fogli, stette a fissarli. Era gran parte della sua vita, che fissava: mediocre anche nell'imbroglio, oltre che nel sentimento della vita stessa, doveva convenirne. Reagì, con una nota di sincerità, la prima:

«Di fronte allo schifo degli altri...»

«Hai ragione. Di fronte allo schifo degli altri, sono reati da pesce piccolo» il Donati ne provò un istante di compassione. «Da piccola anima... Resta tuttavia che in patria, per queste piccolezze, potrebbero darti anni di galera. Per cui, volendo...»

E qui Majcek commise il suo ultimo errore da mediocre:

«Perché sei così impietoso, Doge? Anche uno *sciàvo*, come ti compiaci di riempirti la bocca, può meditare e riconoscere i suoi sbagli. Tu non sei quello che credevo di poter disprezzare, Marco: sei un vincitore, e io sono felice di riconoscerlo!»

"Idiota!" tornò a reagire il Donati dentro di sé. "Idiota più che mai! Hai superato il segno. Non avrai mai alcuna dignità da insegnare a tuo figlio. Sei soltanto un relitto, da ributtare in mare, alle tue coste slave." Rideva nella mente, uscendo dalla camera, dicendosi: "Un giorno, dove io ti rispedirò e tu finirai per perderti, *sciàvo*, fra i somari e le capre da cui sei venuto, ti porterò di persona tuo figlio, che allora sarà grande, capace di giudicarti... E sarà lui, a darti uno schiaffo!".

2.

Giocavano a carte, sull'*Airone Rosso*, fingendo di essere concentrati nel gioco, in realtà per evitare che i loro occhi si incontrassero.

«Voglio saperla» disse Regina «la verità di te e Squeri.»

«Te ne avrei parlato spontaneamente, un giorno» rispose Vito senza alzare lo sguardo. «Non c'era bisogno che quel porco...»

«Lascia stare. Forse siamo porci tutti alla stessa maniera.»

«C'è una regola: ogni cosa a suo tempo. Certe faccende hanno bisogno del loro tempo, per essere rivelate, spiegate. Altrimenti non si capiscono. Si fraintendono.»

«Io voglio saperla ora, la verità di te e Squeri. E non ti preoccupare: cercherò di non fraintenderla.»

Vito cominciò a raccontare dal giorno in cui era sceso dal treno nella solitudine di Badia, e Regina si sentì invadere da una sensazione confusa, ma sgradevole. Via via che la confessione procedeva, si rendeva conto che il ragazzo che la fronteggiava, nella sua bellezza così perfetta da apparire disarmante, era come un girasole che si volge verso il sole sotto un cielo di tempesta. Si bloccò su questa idea di lui, su questa immagine del disorientamento, e avrebbe preferito scoprirlo colpevole piuttosto che in balìa di personaggi corruttori, di eventi orditi alle sue spalle per distruggerlo: dibattuto fra le sue debolezze e le sue arroganze.

Capì l'equivoco che egli rappresentava, e che di questo equivoco era caduta vittima. Infatti, nell'avventura a rischio di ciò che aveva creduto il loro amore, ancora imponendosi di crederlo tale, aveva pensato di condividere l'incoscienza che è propria, a volte, di chi ha una natura coraggiosa e cosciente. Mentre quella di Vito non rappresentava il risvolto di nulla e restava, semplicemente, l'incoscienza di un incosciente.

Lasciò che il ragazzo finisse ciò che aveva da dire. Non gli chiese chi mai intendesse uccidere con la pistola ricevuta dalle mani di Squeri. Si sentiva snervata e si alzò, scomparendo, mentre Vito, senza più averla come compagna di gioco, si avventurava in un solitario: in breve buttando all'aria le carte, nascondendo la testa fra le braccia.

3.

Il gelo formò, nelle piane, simulacri di guerrieri e di animali dalle forme astrali; creature a cui i barcari si affrettarono a dare un nome, come se una nuova vita si fosse insediata sulla terra, sostituendo al bianco delle sabbie infuocate dal sole dell'estate, un candore che non era da meno per intensità e imprigionava le cose. C'erano anche anguille e luminose erbe acquatiche chiuse in involucri di ghiaccio che bisognava spezzare con il punteruolo, e si vedevano i gabbiani puntare alle mortizze con le ali che non reggevano il peso di tanto freddo che gli faceva lentamente perdere quota.

A Bastìa accendevano i fuochi, i più giganteschi dal Po di Primaro a Borgoforte, tanto che i falchi scendevano così bassi da sfiorarli e riprendevano il cielo confortati dal loro calore.

L'Airone Rosso appariva bloccato al Molo Pellestrina, e alla luce dei fari notturni l'immacolata distesa che l'accerchiava si tingeva di un viola intenso, che accecava e turbava i pensieri.

Era la vigilia di Natale. Vito stava allestendo l'albero al centro del salone degli spettacoli, e intanto scrutava Regina che, appoggiata all'oblò, già fasciata da un abito la cui eleganza metteva in risalto l'eleganza del corpo, scrutava i ghiacci e i falchi, oppressa dai pensieri. Gli sembrò che il suo profilo, così netto su quello scorcio ghiacciato che fuggiva all'infinito, gli fosse comparso davanti per la prima volta, incarnazione della bellezza che a volte conosce la più calda passione, a volte, come in quel momento, sa essere distante e ostile.

Fissando Regina, pronta per andarsene col Donati, che stava aspettando, Vito si rese conto che non aveva mai riflettuto sulla bellezza, che pure intimamente faceva parte del suo essere; l'aveva ritenuta, anche in prima persona, un accessorio, un perfezionamento del tutto casuale dovuto alle improvvisazioni della natura, mentre ora capiva che, specie in una donna, essa può accoppiarsi alla coscienza delle cose e al pensiero, essendone un potente mezzo di espressione, di rivalsa.

Con un moto fra rabbia e paura, si disse che la propria bellezza non avrebbe perso la bellezza di Regina, a nessun costo; erano corsi equivoci e incomprensioni, fra loro, il Donati aveva insinuato una vendetta più velenosa che brutale, e ciò aveva indubbiamente seminato scompiglio fra le sintonie e i significati di cui i due giovani amanti si erano ritenuti, fino ad allora, sicuri e felici; tuttavia – prese a ripetersi Vito – non si trattava che di una tempesta passeggera, perché il loro rapporto (lo credeva ora più che mai) era al riparo da ogni provocazione.

Si lasciò distrarre dagli attori e dalle ragazze, anch'essi pressoché abbigliati, sul punto di scomparire verso le cene che li attendevano, qua e là. Regina vide l'automobile del Donati arrestarsi sul molo. Il Doge scese tutto impellicciato, seguito da un piccolo corteo che portava pacchi avvolti in carte multicolori:

«Buon Natale!» esclamò, una volta a bordo.

Consegnò i pacchi alla compagnia, a cominciare da Delfina, e persino agli inservienti. Sembrò che volesse escludere solo lui, Vito, di cui fino all'ultimo ignorò la presenza, mentre ripeteva, con l'euforia dei suoi momenti esuberanti: «Regali per tutti! Con tanti auguri». Invece, quando la consegna sembrava ultimata, si avvicinò al ragazzo e interrogò quel suo sguardo perso. Senza una parola, gli mise nelle mani un pacchetto, che l'altro accettò talmente confuso da non ringraziare nemmeno e da non prendersi cura di verificare subito in che consistesse il regalo, come gli altri invece stavano facendo (a trattenerlo, fu anche il timore che potesse trattarsi di una trappola del Doge, di uno scherzo per ridicolizzarlo).

Il Donati venne a trovarsi di fronte a Regina.

Nella luce dell'oblò, quell'accostarsi delle due figure, e lui che appoggiava le mani amorevolmente sulle spalle della donna, e il silenzio, l'immobilità da cui entrambi si lasciarono afferrare, comunicarono ai presenti l'idea di passioni in conflitto che cercavano qualche istante di pace. La compagnia avvertì che il Donati e Regina stavano scoprendo ancora possibile, fra loro, quel desiderio di restare soli che è sempre un segno prezioso di solidarietà, e di questo si compiacevano agli occhi degli altri.

Avviandosi a scendere dal battello, le ragazze afferrarono le pellicce, i cappotti, coi trucchi ancora a metà, e poco dopo ebbe qualcosa di stralunato il gruppo dove tutti battevano i piedi muovendosi sul molo, ma attenti a mantenersi uniti, per farsi un po' di caldo anche così, sotto la neve che cadeva e li imbiancava.

Uscito insieme ai compagni, Vito fissava *L'Airone*

Rosso, anch'esso tutto bianco, che quasi si confondeva col cielo; mentre la compagnia si animava in una sorta di balletto, prendendo a far volare nell'aria: "Buon Natale!". Delfina abbracciò una compagna, e altre si aggiunsero in un abbraccio comune:

«Buon Natale, Stella!... Buon Natale, Iris!» e si baciarono sulle guance. «Buon Natale anche a voi, Margot, Romy...»

Cercarono di coinvolgere Vito, ma lui, rannuvolato, si rifiutò, restando da una parte, senza degnare di uno sguardo quell'incrociarsi di abbracci, che si fece sempre più malinconicamente festoso:

«Chissà mai dove, il prossimo Natale...»

Finché sulla scaletta dell'*Airone Rosso* non apparvero Regina e il Doge. Lei lanciò a Vito appena un'occhiata. La coppia raggiunse l'automobile, che scomparve sotto la neve. Soltanto allora il ragazzo si rese conto di stringere nelle mani il pacchetto intatto che aveva ricevuto dal Donati. Lo scartò adagio, con l'animo sospeso: la miniatura era perfetta, e chi l'aveva realizzata doveva essere dotato di una sensibilità medianica, di un tocco magico. Vito non riusciva a crederci, mentre alzava quel simbolo verso la nevicata: e la nave romana che lui e il padre avevano scoperto nel fondo del mare e poi riportato alla luce, sembrò rispondere al suo ansioso dubbio, come per rassicurarlo che la sua presenza era vera.

4.

Delfina lo osservava con occhi lucidi. Vito divideva le sue occhiate fra il volto della donna e i punti dove *L'Airone Rosso* pareva incrinarsi con gli scricchiolii che si producevano a causa del peso della neve, della morsa del ghiaccio.

Nessuno era rimasto sul battello, tranne loro.

E stavano consumando la cena della vigilia, che Delfina aveva preparato su un tavolinetto in un angolo del salone dei giochi, spiegando che così faceva più intimo, e in effetti lo faceva – alla luce della candela messa fra i due – ma nel senso che quell'angolo con la tovaglia immacolata, il chiarore fioco, rendeva intorno la solitudine più grande, e la sensazione che provavano entrambi era di stare sommersi da una montagna polare, che ospitava quel "lucignolo con due ombre perse".

Così si era espressa Delfina, e si era vestita alla grande: sembrava uscita da una sartoria teatrale, con l'abito di lamé e strascico da vamp, gli orecchini coi turchesi giganti, oltre a un cappello che poi si era levato poiché la falda toglieva luce alla candela. Il ragazzo capiva che la messinscena della donna era in suo onore, per il debole che aveva per lui, ma non riusciva ad andare oltre un senso di buffa complicità.

«Stiamo scivolando lungo una brutta china» reagì lei, per scuotere il compagno dal suo silenzio. «Ti stai riempiendo la testa di ragni, pensieri malati...» Poi arrossì, propose: «Potremmo...».

«Potremmo?» chiese Vito.

«Mettere un po' di musica. Ce ne stanno tante, qui.»

Non ne misero una soltanto ma, premendo simultaneamente tasti, ne fecero una miscela sufficiente a fondere il passato dei grandi valzer con il presente del rock. Il putiferio assordante gli servì per fugare gli spettri natalizi del Vascello Fantasma. Ma non bastò, a Delfina:

«Potremmo...»

«Cos'altro?»

«Farci una bella confusione di champagne e liquori, dato che ce ne stanno in abbondanza, per adeguarci a questo inferno di suoni...»

Si diedero a una quantità di brindisi, senza tenerne il

conto, e sempre a una cosa: alla bellezza. Per provare che non stava usurpando né i brindisi, né l'ideale, Delfina decise di convincere il ragazzo che il corpo umano, in special modo il corpo femminile, è dimensione privilegiata di sorprese: guarigioni miracolose, trasformazioni somatiche impensabili e, come nel suo caso, conservazione delle grazie naturali. Regina aveva ragione quando si rammaricava che la compagna, in viso, portava male i suoi quarant'anni; il viso aveva ceduto al tempo, infatti, e ora appariva divorato dagli occhi febbrili, dalla bocca larga e pesante: una maschera d'ansia, sarcasmo, golosità. Mentre il suo corpo si manteneva giovane in misura stupefacente.

«Potrei...» tornò a insinuare la donna.

Vito sospirò:

«Sentiamo...»

«Mostrarti come mi sono conservata.»

Lui scosse la testa. L'ebbrezza lo possedeva, tuttavia lasciandogli quel minimo di lucidità per convenire che anche l'allegra compassione ha un limite. Invece si sbagliava: alla donna bastarono poche mosse per far scivolare via il vestito e ostentare una bellezza corporale pressoché perfetta, con gambe da ballerina, sulle quali si mosse nel frastuono delle musiche...

Delfina ballava sola, dentro il battello disperatamente vuoto e impazzito di suoni, con un corpo che nessuna delle ragazze poteva vantare. O almeno così sembrò a Vito, che prese ad applaudirla. Allora lei ne approfittò per il suo definitivo:

«Potremmo...»

«Già» convenne Vito, afferrando a volo e trovandosi nella condizione ideale per mandare all'inferno il mondo, e i suoi Dogi, le sue Regine, le cene affollate dove tutti si divertivano, lontano da lì.

Dopo, si spinsero nella cabina di comando. Di fronte

all'*Airone Rosso*, si stendeva un'alba scintillante di candori sconfinati. Vito manovrò alcuni congegni, e fu lui, stavolta, a insinuare:

«Andarcene con *L'Airone Rosso*, nei ghiacci dell'eternità...»

Delfina era troppo felice per non approvare. Scoppiò a ridere, aggirandosi. E le altre parole, Vito le pronunciò piano, quasi fra sé, in modo che non le udisse, per non rattristarla:

«Ho deciso: porterò via Regina da questo assurdo baraccone. Uno di questi giorni, da qui scappo e me la trascino con me!»

Li scoprirono la mattina dopo, abbracciati sotto i congegni di guida:

«Sono morti» strillò, spaventata, una delle ragazze.

Invece, Vito e Delfina stavano ancora sognando quell'eternità di ghiacci dove, se non fossero caduti addormentati, forse si sarebbero persi davvero.

5.

Padre Alberico – l'Esorcista – era arrivato di gran fretta dopo che *L'Airone Rosso*, rimesso a nuovo dal Donati, aveva imposto la sua magnificenza sul fiume. Si doveva ai suoi anatemi, alle fosche fantasticherie che attraversavano la sua mente allorché lo scafo gli appariva diffondendo musiche e luci, se il battello era precipitato nella vociferazione più odiosa, quale vagante isola di traffici osceni, sede di ogni oltraggio a Dio (e col battello, ovvio, il Donati veniva identificato: degno, in pari misura, di una flagellazione che tendeva alla sua morte, come si vagheggiavano, per l'imbarcazione, fiamme distruttrici).

Il religioso era un esaltato, tuttavia con la furbizia di piantar radici in luoghi e circostanze dove la pazzia poteva mettersi al riparo dalle cliniche psichiatriche e guadagnarsi, oltre che l'impunità sanitaria, i frutti dello sdegno morale e del furor sacro.

Da allora, infatti, egli non si era più allontanato dalla zona, e si spostava in continuazione, dall'alba al tramonto, dentro un mantello argentato dalla brina, segnato da una vistosa croce sul petto, da cui spuntava la sua mano, grande e ossuta, che si stagliava più per maledire che per benedire. L'Esorcista aveva, dalla sua, il vantaggio dell'aspetto poiché tutto, della sua figura, sembrava inventato per incarnare l'ardente crociato della fede, a cominciare dagli occhi che trapassavano le nebbie quando si avventurava ritto a prua delle barche, mostrando l'imponenza di un dragone di fiume.

Il Donati si era premurato di informarlo, cortesemente, che l'avrebbe ricevuto in villa, all'Isola Albarella, tenendolo in conto di ospite, se non proprio gradito, tollerato con rispetto; e aveva mandato un mazzo gigante di rose, con laica galanteria, a una giovane e bellissima adepta che era diventata la seguace prediletta del persecutore di diavoli, da quando Padre Alberico l'aveva liberata da un demone che si ostinava a legittimarla nei peggiori peccati della carne.

Dall'invito e dalle rose, nessun risultato. Padre Alberico – il cui vero nome era l'operistico, verdiano Oronte, senza onomastico e senza festa – continuava a buttarsi per paludi e mortizze, infangandosi dalla testa ai piedi:

«Dove sei, degenerato Doge? Appari, lurido impossessato· io vedo Satana dentro di te come una palla di fuoco!»

Infangandosi con lui, sfidando le nebbie e le ire del fiume, espugnando argini pressoché impraticabili in quella stagione, lo seguiva un codazzo, di cui l'adepta preferita era animatrice. I suoi componenti, gran camminatori, avevano marciato contro una quantità di invasori dello spirito e a favore di una quantità di idoli. Fra i secondi, il Cardinale Schuster, di cui coltivavano il culto, che aveva annunciato al mondo:

«La lotta dell'Idra contro il Cristo e la sua Chiesa è entrata nella fase acuta. L'Idra satanica, secondo quanto insegna San Giovanni nell'Apocalisse, sa che le resta poco da vivere!»

Ritenevano dunque, quei seguaci, impresa ardua ma non impossibile liberare dal Maligno il Delta del Po. Dopo qualche tempo, incuriosito e perplesso, il Donati aveva spedito i suoi a verificare di persona, ed essi – personaggi a cui avrebbero potuto apparire cento draghi in una sola volta lasciandoli del tutto indifferenti – erano tornati riconoscendo che, sì, Padre Alberico la sua figura la faceva, anzi faceva discretamente impressione.

Fu una certa domenica che il Doge, apprendendo per caso che l'Esorcista si sarebbe esibito nella chiesa di Sermide, dove era stata allestita una cerimonia annunciata come "Fonte di salvezza da Marco Donati", si decise a presenziare una volta per tutte: oltremisura seccato dal gran daffare di scongiuri sacri, nenie, formule purificatrici, marce estenuanti.

Dal pulpito, Padre Alberico stava paragonando la sventura oscena che si era abbattuta su quelle terre e acque, causa l'avvento del Doge, al Flagello delle Cavallette, sostenendo che tutto trova spiegazione nell'Antico Testamento. Dall'Ecclesiastico, recitò quindi "La donna infame", alludendo alle attrici e alle ragazze dell'*Airone Rosso*:

«Qualunque malvagità, ma non la malvagità di una donna. Preferirei abitare con un leone e con un drago piuttosto che con una donna malvagia. Ogni altra malizia, di fronte a quella di una donna, è un nulla!»

La voce possente di Padre Alberico ebbe una pausa e allora, nel silenzio della chiesa, si udì un risuonare di passi che avanzavano. L'Esorcista, come tutti, si trovò a scrutare la figura vestita con un'impeccabile eleganza, e con il fiore all'occhiello. Già da come si muoveva, esprimeva gentilezza e rispetto. Entrando, essa si era segnata e aveva piegato il ginocchio, e ora, procedendo fra i banchi, salutava con piccoli inchini la folla dei fedeli. Si arrestò sotto il pulpito. Riusciva ad apparire così radioso, il nuovo arrivato, che Padre Alberico, lì per lì, non lo riconobbe; comunque lo apostrofò, notando che l'attenzione generale si era polarizzata su di lui:

«E tu, chi sei?»

«Marco Donati, l'indemoniato» rispose tranquillamente il Doge, annusandosi il fiore e sorridendo intorno.

«Satana!» inveì l'Esorcista. «Ti abbiamo dato la caccia nei posti più infami!»

«Bastava che scegliessi, invece, il posto più ospitale e confortevole, dove ti avevo invitato: casa mia...»

«Satana, lo sappiamo, si tratta bene. Ma nel suo regno, di illusoria felicità, mai metteremo piede!»

Il Donati si aggirò sotto il pulpito, mentre la tensione saliva al massimo. Scrutando i presenti, si rifece alla predica interrotta di Padre Alberico:

«Per voi, e mi riferisco con rammarico anche alle donne presenti, non c'è femmina che non sia malvagia. Per me, invece, non esistono femmine malvagie, solo creature umane, e di Dio, quel Dio con cui vi riempite continuamente la bocca. Egli sa che c'è più pietà in me che in voi...» Rise divertito: «Comunque vi dichiaro, carissime e carissimi, che né con un leone, né con un drago, ci andrei a letto, fossero pure mansueti come un gatto soriano. Lascio questi gusti a Padre Alberico».

Costui scese dal pulpito, gridando:

«Non ascoltatelo! Non fatelo parlare! Seppellite la sua voce.»

Ma, lasciandolo sbigottito, i seguaci non gli ubbidirono. Aveva qualcosa di commovente il modo con cui il Donati si spostava ora all'altare, e si inginocchiava, e poi dolcemente abbandonandosi in avanti, distendeva le braccia, appoggiando la fronte sul marmo:

«Io non difendo il mio demone... Io lo detesto più di voi. Avanti, liberatemene, se davvero egli mi possiede.»

Nessun indemoniato si era mai comportato con tanta arrendevolezza. Nessuno aveva innalzato, con una così pura intensità, una preghiera che sembrò improvvisata:

«Mater dulcissima, perdonami come io ti perdono... Padre, che non hai mai cessato di colmare il mio cuore, ho portato con me il tuo dolore e ne ho svelato il segreto... Regina pulcherrima, anche della tua solitudine e delle tue incertezze, io ti capisco, e so che un giorno anche tu arriverai a capirmi. L'amore può nascere e celarsi sotto ogni forma, ma non bisogna mai dubitare che esso esista.»

Lo stesso Padre Alberico restò disorientato. E dovette ricorrere alla parte più agguerrita di sé, a ciò che definiva "il mio odio professionale con cui imporre le leggi della fede", per ritrovare la violenza necessaria a inveire, di nuovo:

«Non lo vedete? Satana, l'attore...»

E prese ad aggirare il Donati, concentrato nella sua prostrata preghiera:

«Egli sta recitando!... In modo sconcertante, lo riconosco, inusuale, ma la sua scena, che cerca di imitare l'umanità profonda del cuore, persegue lo stesso fine che, di solito, il Maligno si propone smaniando e scalciando nei corpi dei posseduti!»

Il Donati girò verso di lui, e la folla, un volto dove scorrevano lacrime che apparivano sincere.

«Odiatelo!» e Padre Alberico mise in quell'ordine tutta la forza dei suoi polmoni. «Odiatelo a morte per queste lacrime!»

Il Donati continuava a rispondergli con la sua voce calma e bella:

«Santo, santo è il Signore. La terra è colma della sua gloria!»

«Odiatelo a morte per le sue parole!»

Ma come potevano, i seguaci e i fedeli, odiarlo a morte se quelle che udivano erano le esclamazioni di fede che andavano ripetendo loro, da una vita, e non già le infamie che, di norma, registravano dalle bocche dei posseduti? Allora, Padre Alberico si rivolse intorno, alle immagini sacre e ai dipinti, ma si ritrovò ugualmente smentito dal Crocifisso, dai Ladroni, e persino dalla Morte che sega l'Albero della Vita, da Adamo ed Eva che si scoprono nella nudità. Intanto il Donati insisteva con la sua preghiera: «Padre nostro che sei nei cieli, perdona le nostre mancanze, come anche noi perdoniamo chi ha mancato verso di noi...».

«Vituperatelo! Dentro questo involucro umano si raccolgono Beelzebub, Belial e i Signori delle Tenebre esecrati nei Vangeli!»

Di nuovo quelle figure parevano rispondergli:

"Perché mai? Egli sta dicendo con angelica voce, dal Vangelo secondo Matteo: 'Se un pastore ha cento pecore e una di esse si smarrisce, non lascerà forse le altre novantanove sul monte per recarsi a cercare quella perduta? E se la ritroverà, non si rallegrerà forse per lei più che per le novantanove?'..."

A questo punto, fu Padre Alberico a dare in smanie da indemoniato.

Come quando si dichiarava tramite delle bestemmie dell'ossesso, urlandole lui stesso col pretesto di assorbirle e scaricarne i fulmini, prese ad alzare nella chiesa atroci imprecazioni, e se ne definì doloroso medium poiché esse provenivano dalla mente del Donati. In realtà, non nascevano che dal suo delirio. Il Donati, infatti, si manteneva in raggiante orazione.

Peggiorando, l'uscita di senno dell'Esorcista (che ora si abbandonava a oscenità inaudite senza più mascherarne la voluttà) mise i fedeli nella condizione di abbandonare il sacro luogo con la fuga; ma prima che questa si producesse, la voce del religioso venne coperta da un rumore assordante.

Un gigantesco camion, con la scritta "Donati" sulle due fiancate, si era piazzato davanti al portale; il motore era al massimo e l'altoparlante irradiava a tutto volume: "Noi vogliam Dio che è nostro padre...".

Benché l'Esorcista andasse urlando di banco in banco, il frastuono si rivelò invincibile.

Sbandando, Padre Alberico si avviò infine verso il portale. Si trovò di fronte al muso del camion, e lo aggirò, quando vide spalancarsi i portelli posteriori. Ebbe il tempo di scorgere, all'interno, un ammasso di corone funebri; poi energiche braccia lo sollevarono di peso, sistemandolo a sedere fra gli addobbi per le esequie.

I portelli si chiusero e il camion partì.

6.

Il giorno successivo, Marco Donati venne introdotto nell'Arcivescovado di Ferrara. Era il primo passo, in gran segreto, per accordarsi con quei vertici del potere che da tempo aspettavano di vederlo uscire dall'ombra delle sue trame per accoglierlo nell'altra oscurità delle trattative nascoste.

L'episodio accaduto nella chiesa di Sermide, da cui già si diffondeva ilarità nel Delta, era suonato come doveva all'orecchio dell'Arcivescovo: non una semplice scena del grottesco, o la punizione di un seccatore che copriva l'arbitrio con un finto delirio della fede, ma un avvertimento, un invito. E l'invito era stato raccolto. Al telefono, il Donati aveva udito una voce come velata da una benevolenza d'obbligo, la voce di un uomo che, senza dichiararsi, insinuava:

«Mi consenta di dirle che la sua sceneggiata di ieri, a Sermide, è stata un piccolo capolavoro. Uno dei colpi di estro per cui lei, Donati – o dovrei forse chiamarla Doge? – è diventato popolare. Il modo... Il modo in cui ha fatto letteralmente impazzire quel povero Padre Alberico!»

Il Donati si guardò dal precisare, all'interlocutore, che di sceneggiata non si era trattato, bensì di una delle più sincere e commosse manifestazioni della sua vita. Inutile confessarlo, non sarebbe stato creduto. Si limitò ad affermare, di Padre Alberico:

«Era già pazzo, da sempre! Un imbecille della fede... La storia non si è mai occupata degli imbecilli della fede, ma essi sono esistiti ed esistono: più determinati dei santi, a volte col rischio di essere scambiati per santi... Alcuni martiri, torturati e uccisi, altro non erano che imbecilli della fede.»

«Non si spinga oltre, la prego» lo interruppe il misterioso personaggio, sempre mantenendo il suo tono conciliante. «Lasciamo i poveri di spirito alle loro angustie, e pensiamo a noi, non meno oppressi da spiacevoli incidenti di percorso, che definirei in senso lato politici, e umani errori, e nemici che vorrebbero distruggerci...»

Fu allora che quel tono, quella stanchezza ben modulata per suggerire l'idea di profonde pene dello spirito, illuminarono il Donati che esclamò:

«Eminenza!»

Non aveva sperato tanto. Decidendosi a mostrare in pubblico anche la sua disposizione a trattare di Dio, aveva supposto una reazione in Arcivescovado, ma non se l'aspettava così in fretta.

«La riceverò» concluse la voce al telefono. «Oggi stesso.»

Seguirono alcuni scatti nell'apparecchio, e si fece viva una voce diversa, più giovane, evidentemente di un segretario, che fissò i termini per l'incontro improntato – egli si raccomandava – alla discrezione più assoluta.

E ora erano di fronte, il Doge e l'Arcivescovo, quest'ultimo in silenzio, a disagio, quanto invece aveva ostentato disinvoltura poche ore prima, trincerandosi dietro l'apparecchio telefonico:

«È difficile trovare le parole per comunicare, vero Eminenza?»

Il Donati si inginocchiò e gli prese la mano, col pretesto di baciargli l'anello.

«Il fatto è» sospirò l'alto prelato «che dovrei esprimerle... Insomma, servirmi di parole che, in casi del genere, sono d'obbligo per chi, come me, è Ministro della Chiesa, oltre che di Dio»

«Non si preoccupi» e il Donati si rialzò. «Esprima pure tutto ciò che il suo ruolo le impone; non abbia ritegno a investirmi con espressioni di dura condanna. La capisco, forse quella condanna me la merito, chissà, perciò la sollecito...»

«Ho acconsentito a riceverla» recitò allora l'Arcivescovo, sentendosi liberato da un impaccio che avrebbe compromesso lo scopo che si proponeva «per l'opportunità di esternarle, finalmente di persona, la mia ripugnanza. Intendo dire che io provo sempre cristiano sgomento di fronte a un incallito corruttore.»

Il religioso tacque. E il Donati sorrise:

«Basta così? Già finito?»

«Finito» sorrise lievemente anche l'altro.

«Per cui è inutile che, per riportarci a un dialogo da pari a pari, le ricordi i contatti che abbiamo avuto in passato, sia pure attraverso intermediari, e per un utile suo, non mio: a me toccò soltanto un impegno gravoso per servirla...»

«No. Non importa.»

Ma il presule fu costretto a non dimenticare che, durante le recenti campagne elettorali e in zone di fiume storicamente inespugnabili dalla Chiesa, in quanto rosse più del sangue o anarchiche, di un'anarchia nutrita da secoli di vita in condizioni subumane, proprio lui, il Donati, benché sollecitato in via indiretta e tenuto a distanza come un appestato, era riuscito a imporre certi candidati, procurandone un'elezione che altrimenti sarebbe stata follia solo ipotizzare. Con la stessa autorità, il Doge aveva impedito che finissero affogati o linciati con antica ferocia, sacerdoti che si erano macchiati di corruzioni sessuali, anche di minori; in questi casi l'Arcivescovo era stato tempestivamente avvertito, la vita del colpevole tutelata...

«Deploro» continuò l'Arcivescovo «che fra noi si debba affrontare quella sua orribile mania, Donati, di schedare tutti quanti, di trasformare le persone in dossier, a loro insaputa; quella sua ossessione, di cui mi riferiscono, a cui lei si dedica con sottigliezza da artista... Ma perché non impostare la visione della vita, invece, con speranza e amore per il prossimo? Perché non credere in una radiosa verità: che tutte le creature sono figlie di Dio e, in quanto tali, passibili di errore, certo, ma anche depositarie di un uguale diritto al trono divino?»

L'alto prelato scrutò il Donati, soddisfatto del proprio, breve sermone: se non altro, era risuonato nella stanza con un timbro che non ammetteva repliche. O almeno così gli sembrò, tanto che aggiunse, e qui commise l'errore che il Donati si aspettava per servirsene come di una tagliola:

«Ma non le ha insegnato proprio niente il rigore della

Chiesa? Possibile che il nostro esempio non le sia servito?»

Fu investito dalla prontezza dell'altro:

«Mi è servito, eccome! La Chiesa mi ha insegnato l'essenziale. E non all'anima mi riferisco, bensì ai sistemi investigativi sugli individui, sulle anime stesse.»

«Non capisco» si smarrì il presule. «La prego di stare ai patti del reciproco rispetto...»

«Lei mi ha parlato di esempio. È un esempio che vuole?»

«Sì» e l'Arcivescovo si lasciò trasportare, nonostante si fosse imposto, aspettando il nemico, di non farsi coinvolgere. Aveva persino pregato, con fervore, per trovarne la forza al momento necessario.

«Visto che mi costringe...» sospirò il Donati. «Tralascio gli infiniti dossier con cui la Santa Sede va schedando esseri umani in ogni parte del mondo: uomini potenti, insediati nei governi o a capo di essi, e uomini semplici; neri e bianchi; ricchi, per il loro denaro, e poveri, per le loro idee, spesso sovversive... Spenderò due parole solo sui dossier che riguardano i sacerdoti destinati a essere nominati vescovi. Se nel primo caso si tratta di operazioni poliziesche comuni a tutti gli Stati, e il Vaticano è uno Stato, impegnato a tutelare i propri interessi...» scandì «anche col ricatto documentato... Nel secondo caso, che non trova riscontro, la gravità dell'illecito spirituale è indubbia!»

Il presule cercò di reagire in qualche modo, per interromperlo, ma non trovò altra soluzione che girargli le spalle. E sulla spalla destra, subito avvertì la mano del Donati, che delicatamente si posava (se la figurò, davvero, la zampa vellutata del demonio tentatore, di cui vaneggiava il povero Padre Alberico, ora libero finalmente di strepitare in una clinica, in preda alla sua dissoluzione nervosa):

«Pensi, Eminenza: gli inquirenti della Santa Sede, estensori dei dossier sui sacerdoti inquisiti, spulciano, all'insaputa dei medesimi, la loro più gelosa intimità, con una spietatezza che mal si accorda con l'idea di Dio... Ebbene, perché questo arbitrio? Perché la vostra regola esige per la nomina a vescovo condizioni assurde, come che il prescelto non deve assolutamente essere figlio illegittimo, mentre deve godere di una salute di ferro... Un figlio illegittimo, dunque, per quanta santità possa aver dispensato, mai potrà sedere sul trono di Pietro. Mai! Ma in nome di quale principio? Che colpa ne ha, un povero sacerdote più onesto e capace degli altri, se si è ipotizzata per lui la promozione a Ministro della Chiesa, che colpa, questo infelice fin dalla nascita, se è venuto al mondo col marchio dell'illegittimità?»

Il presule pregò:

«Non insista.»

L'altro finse di non udirlo:

«Eccole dimostrato che, per la Chiesa, non siamo affatto tutti uguali al cospetto di Dio. E se è vero che tutti ne siamo figli, qualcuno è più figlio degli altri!...»

Il Donati prese l'Arcivescovo per il braccio, e lo forzò con rispetto, per condurlo alla finestra:

«Le confesserò, Eminenza, che non ho mosso un dito per il dossier che la riguarda. Mi è bastato procurarmi quello che la Santa Sede teneva in serbo...» Ora scrutavano insieme i tetti di Ferrara bianchi di neve: «Mi dica sinceramente...» e la voce del Doge tornò da demone tentatore. «Ha mai avuto occasione di leggere quel dossier? L'ho portato con me, gliene lascerò copia e potrà prenderne conoscenza. Si aspetti la sensazione più sgradevole, e in questo caso, sì, un'indignazione sincera...»

Con un soffio di voce, il presule pregò:

«Torni un'altra volta, per favore. Ora... Ormai non sarei più in grado!»

Sentiva la testa girargli, gli pareva di correre indietro nel tempo, al giorno in cui segretamente era stato informato che esisteva un dossier aperto su di lui, ed erano andati persino a frugare nella vita di sua madre, per accertare se l'uomo che l'aveva fecondata l'aveva poi sposata in piena regola, e ne era emersa una discrepanza per cui i saccheggiatori di notizie avevano reagito con sospetto: fra la data di nascita del futuro Arcivescovo e la data di matrimonio dei genitori correva un tempo lecito, ma pur sempre d'eccezione, sette mesi soltanto! E sua madre era stata costretta a dichiarare: settimino; e lui stesso aveva mentito e si era macchiato di spergiuro:

«Settimino! E lo giuro su quel Dio che ho servito come umile prete e, d'ora in poi, se me lo concederete, servirò come Ministro privilegiato!»

Il Donati lo lasciò solo, immerso nel biancore della finestra, e scivolò via chiedendo:

«A quando?»

«Le telefonerò... Lasci che sia io a chiamarla, di nuovo.»

Benché, a spalle girate, l'altro non fosse in grado di notarlo, il Donati fece un piccolo inchino:

«Presto?»

«Prestissimo. Avremmo già dovuto accordarci oggi» lo informò il religioso. «A Roma premono, e lei lo sa. Quelle sue note e noterelle, come si compiace di chiamarle, che ha avuto cura di inoltrare alla Santa Sede, stanno molestando i sonni di molti.»

«Già, quei molti hanno i sonni difficili da quando li ho messi di fronte, più che alle loro coscienze, ai documenti che ne certificano le bassezze... Ma prima?... In virtù di quale fede, prima, hanno dormito di un sonno profondo e senza incubi, buio come le loro anime?»

Il Donati si chiuse la porta alle spalle. Attese. La riaprì con circospezione, appena di un filo. Fu sufficiente per cogliere il gesto ansioso del presule, che abbassava le mani sul dossier in bella vista sulla scrivania.

7.

Regina aggredì Vito Lunardi: alla maniera sua, facendo calare il silenzio fra lei e lui, fra lei e il mondo, un silenzio in cui sempre si chiudeva quando le capitava di aggredire chi l'aveva delusa con ragioni profonde, che investivano tutto il suo essere. La voglia delle parole si spegneva, e per le domande che avrebbe potuto fare le pareva non esistesse più alcuna risposta. Il suo rifiuto degli altri, che partiva dai nervi e arrivava a conquistare il cuore, diventava inconciliabile. Né grida né insulti potevano annunciare la sua guerra meglio del muro che alzava contro uomini e cose.

Un muro che, da quel momento, Vito si sarebbe trovato di fronte per sempre; senza più concedergli attenuanti o imporsi di vederlo diverso da come si mostrava, lei decise che l'avrebbe lasciato andare alla deriva, con la sua coscienza vagante come una nave senza destinazione, preda di identità differenti fra le quali una labilità psicologica gli impediva di scegliere: esattamente come gliel'aveva descritto il Donati prima ancora di presentarglielo.

La giornata era cominciata con la felice incoscienza che un tempo, quando ancora non si era manifestata un equivoco, li aveva resi complici.

Regina aveva comunicato a Vito di essere incinta, e che dunque il presentimento di quella notte si era rivelato esatto, sollecitata dall'allegria di quando un profondo benessere fisico rende la mente sgombra e leggera, come se fino ad allora nulla l'avesse turbata. Sentiva che un ordine, una pace si componevano dentro di lei, e la forza delle viscere invase dalla vita si univa alle fantasie e alle prospettive della ragione per darle sicurezza verso il futuro.

Se le avessero chiesto di definire ciò che provava, avrebbe risposto: "Un equilibrio magico, mai conosciuto". In questo stato di grazia, dunque, e ritenendosi lei per prima investita di un privilegio, come poteva anche solo sfiorarla il pensiero di attribuire responsabilità?

Ma lui, Vito, quando Regina l'aveva abbracciato con quelle parole, «Sono incinta», si era lasciato afferrare da un'ansia, un terrore che l'avevano spinto a fuggire dalle sue braccia come dalla stretta di un avversario, ad allontanarsi da lei con l'aria di mettersi in salvo:

«No!» ripeteva, e quel "no" continuò a uscirgli dalla bocca, ora gridato con rabbia, ora sussurrato con smarrimento. E infine: «Se è così, liberatene! Se mi ami, liberatene! Io non voglio. Io ho paura... Aiutami».

Non una sola parola diversa dal rosario delle più scontate; nemmeno, di diverso, un abbandono, un gesto; fino al peggio a cui, in questi casi, arriva sempre la viltà, e che pur essendo previsto riesce ogni volta a ferire a morte: «Chi lo dice che è mio, Regina? Come fai a dire che è mio? Proprio tu...».

Poi il ragazzo si era rannicchiato nel letto, la testa protetta dalle braccia quasi Regina avesse potuto colpirlo da madre crudele, nella posizione fetale che aveva assunto dopo aver ucciso l'aggressore. Prima di chiudersi nel silenzio, anche Regina aveva reagito con le espressioni scontate dell'orgoglio: «Tu, non pensarci. Per te, è come se non fosse accaduto nulla. È una parte di me, solo di me!».

Vito non l'aveva ascoltata. L'ossessione gli impediva di ascoltarla, persino di udirla, facendogli ripetere in un lamento non più cosciente: «Chi lo dice che è mio?... E non di Donati?». Era scoppiato in singhiozzi: «Di quel maledetto Donati?».

Si sentiva annullato nelle difese che per una vita si era andato costruendo a prezzo di sforzi e di umiliazioni; ora esse cadevano, ma negli anni gli erano servite a combattere, a suo modo: contro il padre, la madre, e delitti che avevano assediato la sua crescita in una famiglia che era stata la parodia di una famiglia, in un mondo dove nascere rappresentava quasi uno sgarro alla regola di dare la morte o di minacciare le esistenze altrui con l'idea della morte.

Sotto gli occhi di Regina, Vito si arrese a un sonno che suggellava la sua dignità distrutta.

Nei giorni seguenti, lei si consultò con Delfina. Prendendo la decisione di liberarsi, intese raschiare via da sé ogni traccia della delusione che l'aveva annichilita. Ma più consultava personaggi dell'aborto clandestino, più questi le chiudevano la porta in faccia.

Dapprima non riuscì a capacitarsi. Poi capì: il Donati aveva saputo, in quella sua maniera misteriosa e magica con cui veniva a conoscere tante verità; il Donati aveva diramato il suo divieto, e nessuno doveva prestarsi alla richiesta di Regina.

Provò angoscia, come se molte, troppe forze si coalizzassero contro di lei.

Cercò di parlare col Doge. Non ci riuscì. Per una settimana, dal momento che lui aveva smesso di venirla a trovare sull'*Airone Rosso,* si recò all'Isola Albarella, senza vederlo mai.

8.

L'Arcivescovo, stavolta, evitò i preamboli:

«Cominci pure, Donati. Dica cos'è disposto a offrirci, per placare le acque, allontanare la tempesta dello scandalo, così possibile ormai, visti i nostri segreti che ha in pugno, le prove di cui dispone... Noi pretendiamo di non essere più tenuti da lei sotto una costante minaccia; desideriamo tornare alla pace, la pace cristiana, con cui sarà compito nostro valutare gli errori commessi e la possibilità di errori futuri.»

Aspettando di udire la voce dell'altro, chiuse gli occhi. Non già per concentrarsi meglio, ma perché continuava a pesargli una mortale stanchezza. Non erano bastati quei tre giorni ad alleviare il peso dell'umiliazione che gli era stata procurata dalla lettura del dossier: prova di quanto era stata profanata la sua dignità, in special modo umana, terrena.

Esordì il Donati:

«Darò alle fiamme le note e le noterelle a cui lei, con sommo disagio, ha fatto riferimento nel nostro precedente incontro. Lo riconosco: esse scoperchiano troppi sepolcri, non solo imbiancati, e ho avuto cura di inoltrarle a chi di dovere, nel cuore della Santa Sede, per due motivi: primo, ottenere ciò che mi sono prefisso fin dall'inizio; secondo, aiutare la Chiesa, nel mio piccolo e con la modestia della mia persona, a guardare con occhi fermi le sue parti malate, ponendo fine alla funebre usanza di celare i suoi cancri nell'ombra proiettata dalla croce, un'ombra che, a forza di occultare e offrirsi all'occulto, si è colmata di vermi e di muffe...»

«Per semplificare, documenti e prove, originali e copie, passeranno in mano nostra, e nelle sue mani non ne resterà nemmeno...»

«L'ombra, appunto» fu pronto il Donati.

Il presule riaprì gli occhi. Il sospiro di sollievo alleggerì la stanchezza:

«E poi?»

«Smantellerò e darò alle fiamme anche *L'Airone Rosso*, nonostante mi stia a cuore più di ogni altra cosa, perché è stato magnifico sia nel rappresentare il mio sogno, sia nel sollecitare la viltà del genere umano, costringendo i degenerati e i dementi a tradurre in atti sconsiderati il delirio e la fantasia bacata che sempre impediranno, a questa nostra società, di dimostrarsi civile!»

Il religioso trovò un sorriso che significava: lo dice a me? Commentò quindi ad alta voce:

«Non basta che quel battello venga distrutto. Se sparisse in sordina, continuerebbero ad alimentarsi, nella popolazione, proprio le deliranti ipotesi, le fantasticherie bacate che lei giustamente stigmatizza. Occorrerebbe...»

«Ciò che ho già in mente, e quasi predisposto» incalzò il Donati. «Una scena delle mie: fornirò la prova concreta che un mondo, per quanto suggestivo, non esisterà più, in eterno... Chiamerò, ad assistervi, una folla enorme radunata sugli argini. Nessuna ipotesi potrà più sussistere. Le ceneri dell'*Airone Rosso* saranno pronte per l'urna, come quelle di una persona amata, ciononostante uccisa a tradimento.»

«Me ne rallegro. Dovevamo liberarci, caro Donati, anche delle simbologie che possono illudere la società contemporanea che l'immaginazione ha ancora patria, gli istinti della libertà ancora diritto all'invenzione, mentre così non è più: essa, quella società offuscata, è condannata ormai, irrimediabilmente, al livellamento. Male gravissimo, certo, forse il peggiore, di cui tuttavia la Chiesa non è responsabile, semmai altri pontefici del denaro e della falsa cultura. Ammesso e non concesso che si sia macchiata di colpe, la Chiesa ha sempre agito per eccesso, e con eccezionale capacità scenica, come lei, in fondo, caro Donati... Con la sua stessa, turbinosa sete di movimento, di miti, di favole suggestive. Almeno su questo, spero vorrà convenire.»

Il Donati convenne, lusingato.

L'Arcivescovo fece una pausa, stringendosi il braccio

sinistro che gli doleva, da tre giorni, che gli doleva sempre quando il suo spirito cadeva preda della sfiducia, della disperazione; si era deciso a farsi visitare, e quasi si era augurato il peggio, che il dolore che provava dalla parte del cuore dipendesse da un male fisico del cuore stesso; invece no, gli avevano diagnosticato la sanità del muscolo cardiaco e, implicitamente, ciò che più temeva: il male che si era insinuato nella sua fede, così avanzato da avvertirlo nella carne:

«Torniamo al punto, Donati. Cos'altro conta di offrirci, per conciliare i due opposti che noi rappresentiamo?»

L'ultima proposta del Doge creò, nel presule, uno sbalordimento divertito. Egli dichiarò, infatti:

«La mia abiura pubblica: in una chiesa, o luogo idoneo, che lascio alla sua scelta.»

«Che pozzo di sorprese, davvero!» e finalmente il religioso si aprì a un sorriso. «Un'abiura!... Non dubito che, interpretata da lei, costituirà uno spettacolo da non perdere, ma servirà? Crede sul serio che possa servire?...»

«Mai come oggi la pubblica opinione, o diciamo quell'anima sociale che si va livellando, si delizia della caduta di un protagonista famoso, del suo mito.»

L'Arcivescovo si spinse in avanti per chiedere con aria furtiva, benché nessuno potesse ascoltarlo:

«D'accordo. Ma tutto questo, in cambio di che?»

Il Donati gli porse un foglio, il più suggestivo fra quelli che si era fatto stampare dalla "Tipografia Fogola" di Sermide, nota per le sue edizioni rare, oltre che per l'estrosità dei suoi tipi. Di quei fogli, il Doge si sarebbe servito per formulare proposte e richieste definitive, perciò aveva preteso che il Fogola ne fosse anche illustratore, con la forza visionaria che aveva profuso in un *Orlando furioso* da cui molti erano rimasti incantati.

In testa allo scritto che il presule si preparava a scorrere, dominante uno stuolo multicolore di lupi, tigri, pavoni, splendeva il Leone della Serenissima, in cui il Fogola – e chi disponeva di vista aguzza se ne sarebbe accorto – aveva insinuato tratti che parevano senza senso, ma facevano pensare al profilo del Donati...

L'Arcivescovo era cosciente dell'importanza del momento, che con una punta d'ironia avrebbe potuto definire storica. Egli era infatti il primo prescelto a conoscere alcune volontà dell'implacabile nemico e a farle conoscere ai superiori. Si aspettava, ovviamente, di leggere la richiesta della luna, e si sentì come spostare d'asse, benché fosse saldo sulla poltrona, con la voglia di esplodere in una franca risata, per quanto esplosioni del genere non gli fossero mai state congeniali...

Stentò a credere. Poi capì che così doveva essere, che non era uno scherzo. Da uno come il Donati, avevano sbagliato, semmai, ad aspettarsi il contrario: la prevedibilità.

A lui, alla Santa Sede, il Doge chiedeva le sue personali nozze solenni, di nuovo in una chiesa da scegliersi, con la sposa in bianco, la benedizione particolare del Papa, quale omaggio a un grande peccatore pubblicamente pentito, e il Coro del Teatro alla Scala, l'orchestra della Fenice... Gli sposi sarebbero stati uniti, ovvio, dall'Arcivescovo in persona, che senza dubbio avrebbe gradito benedire la fusione di due anime desiderose di mutar rotta... Chiedeva inoltre, il Doge, la più importante onorificenza che il Vaticano conceda a un laico, in genere riservata ai Primi Ministri, Ministri e Ambasciatori: la Gran Croce dell'Ordine Piano.

Il presule s'impose di non perdere quel controllo che gli era sfuggito nell'incontro precedente. Osservò, con semplicità:

«Ferma restando la natura imprevedibile delle richieste, credo che non dovrebbero sorgere ostacoli da parte nostra. Forse su un punto, ecco: su un punto incontreremo obiezioni.»

«Immagino quale» sorrise il Donati. «L'onorificenza...»

«Che lei desidera.»

«No. Che pretendo.»

«Lei sa che la Gran Croce dell'Ordine Piano...»

«So tutto. Conosco il suo valore. Ma io resto pur sempre Primo Ministro di uno Stato. Di malavita, lei mi opporrà. E sia. Ma non certo più sanguinario e feroce di certe dittature che voi, con quella Gran Croce, avete gratificato nel mondo!»

«Già, già...» stette a meditare il religioso. E concluse: «Vede, caro Donati, il problema è che le altre concessioni le potremo riciclare in quel trattamento, riservato alle anime (sante o perdute o pentite, non stiamo a sottilizzare), che dura lo spazio di un mattino e poi non se ne parla più... Mentre la Gran Croce, no: essa si porta addosso, è un segno di rispettabilità che non solo si vede e spicca, ma dura! Dura agli occhi del mondo!».

«È per questo» reagì il Donati. E apparve teso, per la prima volta. «Per questo che la pretendo. Se no, niente!»

Si alzò. Avviandosi alla porta, aggiunse:

«E un consiglio, se mi consente. Venga a sporcarsi le scarpe in quelle tane di terra e acque, dove mai nessuno l'ha vista apparire. Dove mai nessuno, per secoli, ha visto un onesto uomo di fede come credo lei sia!»

9.

Il Donati si ricordò di quell'alba: era cominciato così, con Regina che cantava.

La sua voce, ora, non usciva più da una chiesa sconsacrata, in prossimità del Rio dell'Arsenale, a Venezia.

Veniva da un punto del bosco imprigionato dal gelo, e lui, aggirandosi, cercava di individuare quel punto.

Allora, si era trattato di un canto di saluto. Stavolta, era un canto di dolore: innalzato nella più fonda solitudine, non rivolto a nessuno, soltanto agli alberi candidi, contro il cielo bianco.

Il Donati ne provò la stessa attrazione irresistibile della prima volta.

10.

Regina camminava nella boscaglia. Tirava vento, per cui a tratti luci apparivano, gialli splendenti, azzurri a squarci trasparenti, contro l'orizzonte dove nereggiava un temporale. Un'atmosfera che, suggestionandola, addolciva lo sconforto che la spingeva in quel deserto.

Fu questa atmosfera che svelò Marco Donati.

Su un piccolo pendio, si stagliava una betulla gigantesca. Il Doge stava appoggiato al tronco e per prima cosa disse, sorridendo, che la betulla era stata colpita dal fulmine due volte: segnata da Dio, dunque, ma anche protetta dalla provvidenza tenace che consente alla vita di difendersi.

Regina lo scrutò senza stupore:

«Aspettavi me?»

«Te. E nel posto giusto.»

Lei reagì, stancamente:

«Chi, dei tanti Donati che tu riesci a essere, aspettava me? Colui che, fino a ieri, mi è stato compagno e complice, e non ha esitato in certe occasioni a lasciarmi sola con uomini che erano bestie, perché mi sapeva degna della sua fiducia? Oppure il Doge di questo deserto di pantani e acque morte, di uomini senza una legge che non sia beffa alle leggi, che non possono sopportare nessun giudizio eppure si sentono autorizzati a giudicare e magari, come nel tuo caso, a ordinare che si chiudano le porte in faccia a una donna che ha deciso per se stessa?»

«Ti riferisci a te? Alla tua decisione di abortire?»

«Sì.»

«Guardami e rispondimi: una decisione che hai preso in piena libertà?»

Regina non lo guardò. Non gli rispose.

Il Donati le andò incontro e le baciò la mano. Uno dei suoi gesti assurdi, in quella desolazione, che sortivano l'effetto di disorientare l'atteggiamento ostile di chiunque:

«Diciamo che, stavolta, ti ha aspettato l'amico. L'amico che tu non hai mai saputo vedere con chiarezza. E ciò ti ha impedito di provarne l'affetto che si meritava, la fiducia necessaria.»

Regina lo pregò:

«Non incantarmi, Donati. Lascia perdere le parole di cui sei maestro. Informa i tuoi che il divieto l'hai annullato... Lasciami fare la mia vita.»

«Così ti consentirei di fare una tua piccola morte, non credi?»

E l'abbracciò. Lei non gli ricambiò l'abbraccio. Ma era stremata, e si appoggiò a lui:

«Falla davvero, la vita tua, Regina. Con le forme che saprai darle. Saranno perfette. Pensa: create nel momento migliore della tua gioventù.»

Lei lo provocò:

«Perché te la prendi tanto a cuore?... Come se fosse tuo?»

«Non m'importa, di chi è. A me importa che nessuno, usando la sua cialtroneria e il suo cinico infantilismo, possa disporre del tuo destino.»

Più la donna l'ascoltava, più si verificava il contrario di ciò che le era capitato con Vito: il Donati, ai suoi occhi, tornava a crescere in grandezza.

«Cerchiamo però di capire anche quel ragazzo, Regina. Il suo dramma è che si sentirà figlio fino alla morte, quand'anche gli capitasse di generare mille volte. Come può riconoscersi padre uno che al proprio padre rimprovera, fra i tanti delitti, quello, peggiore di tutti, di averlo messo al mondo?»

Il vento aumentò di forza, Regina prese a rabbrividire. Il Donati si tolse il cappotto e glielo avvolse intorno alle spalle. La luce era grigia, come un crepuscolo senza tramonto. Camminarono affiancati e lei ritrovava, nella figura dell'uomo, gli occhi ironici, amabili; convenne che erano stati gelidi, fino alla spietatezza, in una sola circostanza, quando era stata convocata, insieme a Vito, per lo sconcertante annuncio della festa di fidanzamento e la consegna della pallottola d'oro.

Le uscì, spontanea, una richiesta di cui subito si rammaricò, perché dettata da una solitudine che la scopriva nella sua debolezza, la mostrava vulnerabile:

«Mi piacerebbe fare l'amore con te, adesso che mi hai riconosciuto madre. Con grande dolcezza, come tu, quando vuoi, sai fare.»

Poco prima di arrivare all'attracco, avvistarono una casa a due piani, di quelle coi colori sbiaditi da un tempo enorme, che appaiono irreali eppure calorose. Contemporaneamente, grosse gocce di pioggia si stamparono sulla strada polverosa. Nel giro di qualche minuto si mossero in un pantano, bagnati fino alle ossa.

Nella casa dove si rifugiarono, una vecchia, che riconobbe il Doge, offrì del caffè e dei grandi asciugamani, e disse che potevano salire al piano di sopra, a fare ciò che gli pareva. Il Donati spogliò e asciugò Regina: si soffermava su ogni parte del corpo, finché il gesto non acquistava un altro senso: di una lunga carezza, di un rispetto delle sue membra, in particolare del ventre. La fece distendere e la baciò sul ventre, dall'ombelico al sesso, a lungo, come a lei piaceva.

Fu questo l'amore fatto con dolcezza, che Regina gli aveva chiesto. Poi lei commentò:

«È giusto che tu non voglia più riprendermi con te. Forse non ho più niente di quello che cercavi. Vorrei poterti dire: "Lasciami, non ho più bisogno di nessuno".»

«Perché non lo dici?»

«Perché proprio ora, pensa, comincio a capirti sinceramente e a distinguere la tua verità dalle tue finzioni, fuori dal tuo far scena, con cui mi hai suggestionato e confuso. Proprio ora che non ci vedremo più.»

«Chissà. Forse avremo qualcosa da finire insieme.»

La casa in cui si erano rifugiati – pensò Regina – era come lei, dentro: fasciata dalla pioggia e attonita, ma a tratti scossa dai tuoni. Continuò a ripetersi che la voce del Donati era gentile; ascoltò, più che le sue parole, il tono di quella gentilezza, e scoppiò a piangere.

Capitolo nono

1

Pensò che a una festa avevano diritto, gli amici e i compagni di strada, ora che li stava tradendo e si avviava a calare il sipario: una festa anche più sontuosa di quella che l'aveva visto assumere il ruolo di Doge. Pensò che solo un'altra elezione poteva consentirla, e una nuova salita al potere. La verità di questa salita, di questo potere, poco importava: bastavano l'idea, il pretesto, e persino la burla sarebbe servita allo scopo.

Così lanciò il più stravagante dei progetti, benché la realtà della malavita, destinata a manifestarsi in un prossimo futuro, confermasse un suo possibile trionfo sull'Europa storica: fatiscente, paralizzata da contrasti e utopie tramontate, consessi improduttivi tanto più sulla moralità e la cultura. Un continente impegnato a distruggere la propria identità pur nell'apparente benessere.

In breve, Marco Donati optò per il piano, effettivamente in via di realizzazione, degli Antistati Uniti d'Europa; ne accelerò i tempi e ottenne di esserne eletto massimo rappresentante. Capo carismatico di quella che definì: l'"Europa alternativa".

Quanto la mistificazione fosse stata architettata con serietà, lo dimostrarono gli emissari che furono di nuovo spediti da ogni parte del mondo. Essi approdarono a Venezia, dove sempre il Donati aveva celebrato i suoi trionfi.

Poiché gli Antistati europei erano ancora un'illusione, il Doge chiamò, a incantare gli ospiti e la folla che sarebbe accorsa ignara di ciò che si festeggiava, gli illusionisti, i maghi, i giocolieri del sogno più dotati di facoltà prodigiose. Anch'essi arrivarono da ogni terra. Non furono esclusi gli Strioni e le Strione di Po, che non hanno nulla da invidiare a nessuno.

Per intervento del Donati, l'amministrazione – a cui fu dato a intendere che si voleva celebrare la "Magia nei secoli" – rafforzò i collegamenti fra Mestre e il cuore della Serenissima. In piazza San Marco, fu eretto un palco per le esibizioni dei concorrenti alla gara dei portenti naturali, a cui sarebbe seguito un gran ballo, libero per i campielli.

Non appena il sole tramontò in una nebbiolina ardente, Venezia impazzì. I creatori di meraviglie cominciarono a esibirsi.

Dall'Isola della Giudecca, col palladiano complesso delle Zitelle, fu lanciata in cielo una mongolfiera a forma di testa umana dove, al posto dei lineamenti facciali, era tracciata una carta dell'Europa. Un'enorme bocca ridente portava, sul candore dei denti, la scritta: "Gloria a noi!". Anche l'Europa era una zitella, giunta ai limiti dell'età passabile, che aspettava di sposarsi magari con gli amici e i seguaci del Doge. La mongolfiera girò in direzione della luna e l'accompagnò una musica:

«È *Semiramide*!» si mormorò gaiamente fra la gente, che applaudì.

I Maestri di Sogno, provenienti dall'Oriente, fecero scaturire sull'Isola di San Giorgio immagini di molti dittatori europei, di ogni tempo e nazione, che non appena individuati scoppiavano come bolle di sapone, mentre l'immagine del Doge, seduto in trono con la corona in testa, sostò a lungo nel cielo e si dissolse fra altri applausi.

Mentre si dispensavano i piaceri del miraggio, concrete erano, al contrario, le tavole imbandite con una profusione di cibi, e le deliziose orchestrine disseminate. La gente si mosse in una Venezia affollata dai tipi più diversi: essi equivalevano, coi loro abbigliamenti dove le fantasie dei popoli si erano spinte al massimo, a sberleffi impersonificati, a nonsensi calati in corpi che inneggiavano, cantavano, lanciavano profezie sovvertitrici, dichiarandosi pronti a divinare, seduta stante, il futuro di ciascuno.

Nella moltitudine che si sentiva sovreccitata, quasi il Donati avesse provveduto a spargere un elisir nell'aria, si aggiravano anche Squeri, Pupe, e i Questori Simoni e Sasso. Per la prima volta come una qualunque, si faceva largo Regina. Essa fu testimone di come il Doge, sul palco dei maghi, fosse in grado di trattare, da pari a pari, i Maestri e i Profeti dell'incantamento, stregando costoro alla maniera sua, con la trascinante abilità di sedurre la folla. Grazie alle sue provocazioni, tutti, in quella notte, vissero storie impossibili, scabrose, bislacche; tutto, come gli Antistati Uniti d'Europa, si sdoppiò fra pura immaginazione e quel tanto di realtà.

Spostandosi in luoghi i cui nomi l'avevano sempre rallegrata – il Complesso della Salute, detto "Ca' dei Cuori", Rio della Luna, Canale delle Grazie, Rio della Pergola... – Regina non si sentiva defraudata, ma rassegnata a perdersi nel nulla. Mentre Vito aveva la riprova che mai avrebbe potuto battere uno come il Donati, che gli appariva avvolto da ovazioni; solo uccidendolo, sarebbe riuscito a vederlo disteso ai suoi piedi.

Prima di dare il via alla gara dei maghi, il Doge fece un brindisi con gli amici arrivati dal mondo.

La gara fu vinta da Serena Zirri, l'ultima Striona di Po. Essa raccontò che nel piccolo paese veneto dov'era nata, sorgeva un gelso con rami come serpi velenosi, su cui gli uccelli non andavano mai a cantare e c'era sempre il silenzio. La sua vita sarebbe durata quanto quel gelso. E informò tutti dell'uomo di cui era innamorata, che scompariva facendosi grano e aria, per ridiventare con lei di fuoco e carne come nessuno; e un giorno le aveva annunciato: non ci vedremo per un'eternità, però stai attenta che ogni tanto ritornerò, non in forma umana, ma in un moscone nero e in un'ape bionda, dunque non uccidere mai né un moscone nero né un'ape bionda.

Alla fine del racconto, la Zirri fece un gesto: una luce azzurra avvolse la sua testa, rendendo visibili, anche agli spettatori più lontani, ora un moscone nero, ora un'ape bionda. Sembrarono grandi, nel loro ruotare amoroso.

Intanto, la Striona dava melodia a una frase che parve di una canzone:

"Xe finio 'l dì... de la zoventù e de le stele antiche... che l'aria comove."

2.

I Sabbioni di Ganda si stendevano a perdita d'occhio. La loro vastità dilatava un'eco di spari:

«Ascolti» e il Donati fissò un punto, verso destra.

«Chi può sparare in questo deserto?» chiese il Questore Simoni.

Il Donati gli fece strada. Salirono per una montagnola, ne percorsero un tratto. Scoprirono che era Vito Lunardi a esercitarsi con la pistola: puntava a una sagoma di proporzioni umane, evidentemente sottratta a un poligono di tiro, e i suoi colpi andavano spesso a segno, in prossimità del cuore, della testa.

«A chi sta mirando?» si incuriosì il Simoni. «Idealmente, intendo.»

«A se stesso» rispose il Donati. «O a me.»
Il Questore distolse lo sguardo:
«È uno spettacolo patetico. Perché ha voluto mostrarmelo? Dovrei trovarlo degno di qualche interesse?»
Il Doge sorrise:
«Abbiamo condiviso molte avventure. Siamo riusciti, in un caso, a scongiurare anche il mio assassinio. Ebbene...»
«Ebbene?»
«Quel ragazzo, ormai più pazzo che ostinato, che sta impegnandosi a conquistare una mira perfetta, potrebbe rappresentare, a questo punto, il classico granello capace di bloccare i congegni perfetti della macchina che abbiamo costruito.»
«In che senso?» domandò ansiosamente il Simoni.
L'altro scrollò le spalle, con noncuranza:
«Uccidendomi!»
Il Simoni impallidì:
«Ma che sta dicendo? Non può nuocere a una mosca, quel giovane ruffiano.»
Il Donati gettò un'ultima occhiata a Vito che puntava, sparava. Poi, scendendo dalla montagnola, verso l'automobile, esclamò:
«Comunque, anche fra noi, caro Simoni, è finalmente arrivato il momento di concludere!»
E ora sedevano di fronte, in due divani, nella villa *Un ballo in maschera*. Il Doge consegnò al Questore una cartella blu. Il Simoni l'aprì e ne tolse un foglio del tutto simile a quello che aveva lasciato interdetto l'Arcivescovo; le differenze consistevano nel fatto che il nuovo documento era dattiloscritto, con più note e considerazioni, e che mutavano le immagini degli animali dipinti all'insegna del Leone della Serenissima, che sempre faceva correre il pensiero al profilo del Donati.
In calce, s'aggiungeva poi un sigillo poco decifrabile.

Mentre il Questore prendeva a leggere con la dovuta, comprensibile tensione, l'altro si rallegrava fra sé rammentando l'incontro col Fogola, allorché gli aveva commissionato la stampa e le illustrazioni dei preziosi fogli per le trattative. Come tutti i maestri nella propria arte, lo stampatore voleva capire bene prima di sfrenare l'immaginazione. Chiese quindi spiegazioni, a cominciare dalle figure del Bestiario:

«Le bestie dipendono dai destinatari» spiegò il Donati. «Ciascuno avrà la bestia che lo rispecchia. E poiché i destinatari, Fogola, sono buona parte dei potenti italiani, specie governativi, si giustifica perfettamente che qualcuno sia iena, qualcuno pavone a cui tirare il collo, o avido struzzo, o camaleonte, e via dicendo.»

Al Fogola importava lo specifico del campo suo, non appurare fino a che punto al Donati fosse dato di volta il cervello:

«Ho capito: bestiario sarcastico, a sferza. Colori accesi, che subito colpiscano l'occhio.»

«Perfetto.»

«Resta da capire il sigillo da imprimersi in calce al foglio» e il Fogola scrutò il sigillo alla luce. «Parrebbe un obelisco, una torre medioevale...»

«Parrebbe» sorrise il Donati.

I due si scambiarono un'occhiata. Anche il Fogola sorrise:

«O un fallo!»

«Già. E infatti lo è. Ma lasciamone l'interpretazione ai destinatari. Anche se potrei scommetterci: nessuno, proprio nella sua condizione di destinatario tenuto in conto, pur nella sgradevole circostanza, nessuno riconoscerà in quel fallo un fallo... Incasserà ogni accusa, ogni ingiuria, ma inconsciamente si rifiuterà di ammettere, a lui rivolto, quell'ultimo sberleffo. La maggior parte opterà per la torre medioevale!»

Il Donati si accorse che il Questore, conclusa la lettura, faceva fatica a staccare gli occhi dal foglio:

«Perché?» lo udì chiedere, e fu un lamento.

Il Donati non capì, o finse di non capire:

«Perché, cosa?»

«Non ho mai pensato che lei avesse stima di me, dal momento che anch'io mi guardo dall'averne per me stesso, e non azzardo nemmeno la parola amicizia. Tuttavia, sinceramente ritenevo che una simpatia, un senso di solidarietà, un capirsi a volo per quanto su opposte rive... Ecco: tutto questo ci legasse.»

«Infatti» riconobbe il Donati «ci lega.»

«E allora perché mai prendersi gioco di me?» si lamentò il Questore, per la prima volta, nella sua vita, sconcertato come un bambino. «Perché mai trattarmi da sciocco?»

«Continuo a non capire.»

Il Simoni si alzò, si aggirò agitando il foglio. E velocemente elencò:

«Lei... Lei ha scatenato un putiferio di enormi proporzioni, ha scavato inflessibile nei segreti sordidi di chi detiene le leve del potere, ha messo insieme i pezzi di quel rompicapo che è la corruzione pubblica, ha incamerato come un computer dati sull'intimità di uomini e donne esposti ai suoi ricatti, ha seminato zizzania e panico fra individui che avrebbero convissuto in pace col proprio pelo sulla coscienza, ha inasprito Commissioni Inquirenti che altrimenti sarebbero risultate del tutto addomesticabili, ha riportato alla luce scandali sepolti, ha insinuato stimoli bellicosi in certi componenti della Corte Costituzionale, è arrivato ad agguantare la possibilità, volendo, di far cadere un governo, nonché di infangare la Presidenza della Repubblica, ha bloccato istanze di proscioglimento dimostrando l'infondatezza delle prove d'innocenza, ha scatenato una mezza rivoluzione in queste zone, le *mie* zone, manovrando con strategia luciferina quel suo dannato *Airone Rosso*...»

S'interruppe, per prendere fiato:

«Una presa in giro, spietata e globale!»

«Allora?» chiese, serafico, il Doge.

«Questa impresa titanica per richieste che non so come definire... Lei bara, caro Donati, bara!»

Il Doge scrutò affettuosamente l'amico che andava avanti e indietro, a testa china, lasciando penzolare il foglio dal braccio inerte e ripetendo fra sé:

«Dove sono le cifre astronomiche?»

«Quali cifre?»

«Quelle cifre che era legittimo, mi scusi, che ci aspettassimo da lei!» Appariva offeso, indignato, come se avesse subìto un inganno pari alle cifre non chieste: «Quelle che avevamo il diritto di aspettarci. In cambio...».

Fece scivolare una mano sull'altra, per significare: tutto cancellato, da parte sua, archiviato per sempre. Amen.

Il Donati cercò di rassicurarlo:

«Non pretendo una lira. Di soldi, mi bastano i miei. E le assicuro che non sono pochi.»

Ma l'altro non lo ascoltava. Continuava a passeggiare in su e in giù, chiedendosi:

«E dov'è il do ut des, spinto fino alla sfrontatezza estrema, all'ignobile protervia, all'esosità più perversa?!... Come a Roma s'immaginavano?»

«Il do ut des?»

«Certo. Da abbinare alle richieste economiche: privilegi e cariche occulte, punti chiave concessi con patti del diavolo, e poi...»

Il Donati sospirò e lo interruppe. Appariva serio, ai limiti della pazienza:

«Allo Stato non chiedo uno spillo oltre a ciò che sta elencato in quel foglio, assicurando di mantenere in cambio le mie promesse. Ci mediti. E inoltri a chi di dovere.»

Allibito, il Questore Simoni non si trattenne da un'ultima domanda:

«Lei, dunque, avrebbe fatto tutto questo per ottenere la...» scoppiò a ridere, ma con le lacrime, per non piangere di delusione e di rabbia. «La rispettabilità?! Mio Dio... La pura e semplice rispettabilità?»

Il Donati precisò:

«Per *riottenerla*, signor Questore. Per riottenere, centuplicata, quella rispettabilità che mi è stata tolta in un giorno di festa che lei ricorda benissimo... D'altra parte, tutto quadra. Qualcuno ha scritto che la rispettabilità sociale, più è grande, più nasce dal suo contrario.»

3.

Il Questore Simoni ci meditò per due giorni e due notti sulle richieste del Donati. Per due notti non dormì, cercando di risolvere il rebus: quelle righe dattiloscritte, che ormai gli bruciavano gli occhi, contenevano una perfidia, l'ultima stoccata del Doge, oppure esprimevano davvero il sogno di un fissato? Si figurava un giocatore d'azzardo che, dopo essere riuscito a sbancare sia con l'abilità che con le astuzie del baro, restituisce l'enorme vincita a sua disposizione, per accontentarsi di una simbolica moneta...

Ma poteva, il Donati, accontentarsi di simboli?

Quando una lucidità, più di coscienza che di ragione, affiorava dalla stanchezza, il Simoni ripercorreva le tappe dell'ascesa del Doge e si convinceva che, sì, era credibile: al vero giocatore, che aspira a trasformare la banale quotidianità nelle meraviglie del possibile, può sul serio interessare più l'emblema della vittoria che la posta in gioco.

Ma poi lo riafferrava la persecuzione del dubbio, accompagnata dal terrore di apparire ridicolo inoltrando, ai superiori che a Roma attendevano, quel foglio che, di convincente, mostrava soltanto una rara perizia tipografica.

Così, con la moglie Sara che continuava a portargli caffè, facendosi largo in una nuvola di fumo alzata da un sigaro via l'altro, il Simoni tornava alla carica col suo chiodo fisso:

«Dove sta l'inghippo?»

«E se non ci fosse?» azzardava Sara, deponendo la tazzina e sostituendo il posacenere.

«Perché, tu te lo immagini un Donati senza inghippo? No: è una contraddizione in termini. Anche me, vero Sara carissima, non potresti mai immaginarmi senza inghippo...»

La donna replicò in modo sorprendente:

«Questo discorso potrebbe valere anche nel mio caso, e lo sai bene... Ma che significa? Ci siamo ingannati tante volte, intuendo perfettamente le nostre reciproche menzogne, ma ci sono stati, fra noi, anche momenti trasparenti, in cui abbiamo provato un grande bisogno di pulizia del cuore... E l'abbiamo diviso, questo bisogno, e ci siamo scambiati quella pulizia. Ecco, ora stiamo vivendo un momento simile.»

Disfatto dalla lunga veglia, il Simoni si sentì attraversato da un'ondata calda di energia, e accarezzò la fronte della moglie che non gli aveva mai parlato in uno stato di grazia così scoperto e sincero: con lei, era davvero caduta una barriera di ipocrisie, dopo tanto tempo, e delicatamente, senza dolore:

«Il Donati ci assomiglia» continuò Sara. «Forse anche per lui è venuto il momento di respirare un po' di pace, senza più tortuosità velenose.»

Si sedette accanto al marito. Al centro del tavolo, spiccava il foglio intestato col Leone della Serenissima; sotto gli occhi del Questore, una confusione di altri fogli, fitti di annotazioni con cui il Simoni aveva messo su carta i labirinti dove la sua mente sospettosa si era avventurata alla ricerca del dannato inghippo...

«Lascia perdere le tue ipotesi complicate» propose la donna. «Torna da capo con me. Fammi capire con uno schema semplice, il più semplice che ti sia possibile, cosa in realtà pretende quell'uomo.»

Il Simoni tornò da capo:

«Onorificenze, tanto per cominciare, e le massime dello Stato... Si parte da Cavaliere di Gran Croce al Merito della Repubblica, per le "arti sottili quanto tenaci, fantasiose quanto imbattibili", cito testualmente, con cui egli ha scardinato dall'interno, da infiltrato di lusso, larga parte del sistema criminale europeo...»

Sara lo spinse a continuare:

«Pretende, inoltre, che una strada della città di Ferrara sia intestata al padre: Armando Donati, cittadino di eccezionali benemerenze (senza che si conosca la ragione della loro eccezionalità) e vittima dell'ipocrisia e della crisi dell'amore nella società contemporanea... Esige altresì, il nostro amico, la confisca di Villa Vendramin, con l'allontanamento, se non addirittura con l'arresto, del suo proprietario, il Conte Alvise Vendramin, che in quella residenza trova l'unica ragione della sua vita "inutile e molesta", nonché della sua "detestabile alterigia" di natura, diciamo, storica. L'esproprio, secondo il Donati, si giustifica, anzi s'impone, per una serie di reati fiscali, ampiamente documentati, di cui il Conte si è reso responsabile.»

«E che vuol farsene, uno come il Donati, di quella villa immensa e funerea?»

Nonostante la stanchezza e il peso della depressione, il

Simoni si mise a ridere. Rideva, tenendosi la fronte nella mano:

«Che vuol farsene? Pensa: la sede della "Fondazione Marco Donati", con precisi fini culturali e spirituali.»

Il Questore riprese:

«Si suggerisce inoltre l'estradizione nella Repubblica Federale Popolare di Jugoslavia dello *sciàvo* Anton Majcek, per reati commessi in patria, di nuovo suffragati da prove.»

«Infine?» e anche Sara non poteva certo negare di essere sorpresa.

«Infine, una rosa...»

«Una soltanto?»

«No» sospirò il Simoni «una di ciascuna delle duecentocinquanta specie diffuse nelle regioni temperate dell'emisfero settentrionale. Dalla *Rosa Albertine* alla *Rosa Zéphirine*.»

Sara ignorava quanto il Donati fosse disposto a dare in cambio, e il Questore la informò anche di questo, facendole l'elenco con la stessa semplicità: abdicazione alla carica di Doge; cancellazione totale di ogni arma di ricatto, liste, sigle, codici, un'immensa documentazione; rogo scenografico e dimostrativo dell'*Airone Rosso*; abiura pubblica, destinata a precedere di due settimane le nozze, e soprattutto colpi mortali alla criminalità organizzata su scala internazionale...

Il Simoni fissò un punto nella nube di fumo che lo avvolgeva, un punto del soffitto verso il quale agitò la mano col pollice e l'indice uniti:

«Io mi chiedo, in nome di Dio, come possa arrivare un uomo a travolgere Venezia in un delirio obiettivamente indimenticabile, vero Sara?, per festeggiare la nascita degli Antistati Uniti d'Europa, che lui, proprio lui ha coordinato, con preveggente perfidia, già allo scopo di distruggerli... Non solo! Ma in modo che, distruggendoli nella loro appena accennata configurazione, fosse possibile coinvolgere nel disastro gran parte dei loro componenti!... Mirabilmente diabolico! E quel demone non teme nemmeno vendette.»

Il Simoni si trovò abbracciato alla moglie:

«Io sento che è vero» affermò Sara. «Se ci rifletti con serenità, ne convieni: il Donati offre molto, ma chiede anche tanto. Chiede addirittura allo Stato di prendere in giro ferocemente se stesso!»

La mente del Simoni si illuminò. Allora si lasciò convincere ad andare a dormire, e gli capitò di sognare. Sognò una strada di Ferrara, dedicata ad Armando Donati, in cui lui e il Doge si incrociavano, una mattina di domenica allietata da un solicello, con le rispettive mogli sottobraccio.

E si scambiavano un cenno col capo: un piccolo cenno silenzioso, che conteneva tuttavia un terremoto.

4.

Sull'*Airone Rosso*, nessuno sapeva, ma tutti l'avvertivano nell'aria: quel senso di smobilitazione, di recite destinate a interrompersi. Erano attori, in fondo, chi meglio e chi peggio impiegato, e un attore sa cosa significa quel sentimento di naufrago, anche se la nave fila diritta e ancora in acque tranquille, di naufrago che vorrebbe almeno buttare in mare una bottiglia con un qualunque messaggio.

Perciò, ciascuno dava alle sue esibizioni una carica nostalgica, una parte vera di sé. Delfina raccontava gli aneddoti infiniti della sua vita come se, ad ascoltarla, ci fosse stato in disparte uno scrittore incaricato di stenderne le memorie, e in quella marea di fatti tutto veniva mischiato nello stesso destino: la purezza e la ferocia, come il sole e la luna. Dopo aver cantato e ballato, le ragazze amavano per il piacere di fare l'amore, ancora una volta, dentro lo scafo da cui si sentivano protette con l'idea di un ventre errante. Si era creato un meccanismo misterioso, fra loro e il battello, il cui spostarsi per le acque costituiva un elemento rigeneratore, un alibi che purificava i sensi.

Regina, sempre più, si isolava nella sua cabina, a fissare dagli oblò le rive che sfilavano annunciando la nuova stagione.

Vito entrava, la vedeva col viso girato dall'altra parte, assorta, lontana da lui, e non trovava parole da dirle. Avrebbe voluto stringerla in silenzio, baciarla. Ma non lo soccorreva nemmeno il coraggio di gesti che, fino a poco tempo prima, erano stati naturali, automatici. Capiva che, più i giorni passavano, più cresceva la distanza che li separava; si ripeteva: "Devo fare qualcosa. Devo decidermi".

Una sera, la raggiunse nella cabina. Era disperato, senza più una certezza del futuro. Non si accorse del tono alterato della sua voce, con cui sembrò aggredirla, quando le disse:

«E se io, Regina, ti dimostrassi che ti stai sbagliando?»

«Che vuoi dirmi?» gli chiese lei, con apparente serenità.

«In questo mondo che stiamo attraversando, anche ora, con quella luna, guarda, che ci piaceva prendere in giro insieme, quando era così grande e, tu dicevi, rugosa come una pergamena antica, tanto che ci leggevamo le cose più sorprendenti e le avventure fantastiche che inventavamo lì per lì... In questo mondo, Regina, uno diventa uomo compiendo riti e azioni che, in definitiva, sono strampalati e bambineschi, uguali alle storie buffe o crudeli che ci saltavano in testa quando si fingeva di leggere la luna...»

«Continuo a non capirti.»

Regina sedeva fissando la luna nell'oblò, con la testa appoggiata alla mano. Era molto bella. Vito si spiegò:

«Se io ti dimostrassi di saper battere il tuo Donati usando i suoi sistemi, tu mi ridaresti la tua fiducia?»

Lei si girò e indicò:

«Avvicinami quella lampada, per favore.»

Vito sollevò la lampada e si accorse di qualcosa che non aveva visto. Una farfalla stava allargata sul cappuccio e alzava le estremità già bruciate delle ali.

«Non temere» sorrise con amarezza Regina. «Non si staccherà.»

Lui le depose la lampada accanto. E Regina gli indicò, di nuovo:

«Osserva.»

Il corpo della farfalla era incastrato dentro un rosso radiante. Seguiva il giallo. Mentre l'azzurro si decomponeva in nero.

Un istante prima – gli spiegò – lei osservava la farfalla, a distanza. Era entrata come scivolando giù dalla luna, e la lampada, quell'unica macchia sospesa nel buio della cabina, doveva esserle apparsa una profondità dove stava la sua fine inevitabile, dove doveva fatalmente immergersi. Volteggiando intorno, lasciava immaginare la stupefazione e insieme il terrore che la spingevano. Poi, aderì fulminea al vetro: si aprì in tutta l'ampiezza delle ali e, obbedendo appunto alla fatalità, tentò di trapassarlo.

Sotto gli occhi di Vito e Regina, intanto, la superficie incandescente della lampada succhiava la bellezza dei colori disfatti che davano in effetti l'illusione di poter attraversare la barriera vitrea, ricadendo con particelle sul bulbo. Vito esclamò:

«Ora sono io a chiederti: cosa cerchi di dirmi?»

E Regina gli spiegò:

«Che esistono due realtà che possono ancora attrarsi,

come le nostre, ma non possono più fondersi, con la bellezza dei loro colori, la loro ansia e curiosità!... Perché tutto questo è bruciato.»

Vito spense la lampada.

Decise che era giusto che si lasciassero nel buio: quel buio che gli aveva consentito di attirarsi, fortemente, in una notte simile a quella che si insinuava in loro, con un'oppressione di tempesta che accerchiava il silenzio, come nel salone della villa, all'Isola Albarella, la prima volta.

Scivolò via dalla cabina. Ma, ostinata, una parte di lui continuava a credere che in quella cabina ci avrebbe rimesso piede, presto, con la possibilità di far tornare le cose come quando esse si erano rivelate, nei giorni d'amore sull'*Airone Rosso*, pressoché perfette...

Nell'attimo stesso in cui si chiudeva la porta alle spalle, Regina lo salutò con una parola. Non l'afferrò, e si disse che sarebbe rimasto per sempre con questo rammarico, di non averla capita, mentre il tono con cui era stata pronunciata gli era suonato chiaro, ossia definitivo.

5.

La mattina successiva, il Donati arrestò l'automobile ai Sabbioni di Ganda, nel medesimo punto in cui si era fermato col Questore Simoni. Si inoltrò oltre la montagnola e si diresse verso la sagoma del bersaglio, a proporzioni umane, dove Vito Lunardi era solito esercitarsi con la pistola.

Il vento investiva il bersaglio con ondate di sabbia, e ne nasceva la stravagante idea di un San Sebastiano di legno che, obliquo e crivellato di colpi, veniva attraversato dai raggi del sole a picco nei fori provocati dalle pallottole: raggi simili a frecce d'oro.

Il Donati raggiunse la sagoma. Quasi intendesse scrutarla le si pose di fronte, dando le spalle.

Egli sentiva che Vito Lunardi stava appostato in mezzo alle sabbie, dietro di lui, e quel suo sentire, in cui si sdoppiava facendosi insieme osservatore estraneo e oggetto coinvolto nelle situazioni, significava assoluta certezza. Mise le mani dietro la schiena e stette immobile. Gli pareva di vederlo, il ragazzo, mentre metteva in canna la pallottola, in ogni senso preziosa, che gli aveva consegnato; mentre impugnava la pistola. Non stava interpretando una sfida plateale, né dando vita a una delle sue provocazioni; la scelta del posto e della posizione era dettata dalla necessità di una verifica: in quel momento, sì, Vito avrebbe potuto puntare alle sue spalle e far fuoco, centrandolo.

Il Donati si concentrò e, immedesimandosi nel giovane nascosto, ebbe l'esatta misura di quanto egli fosse determinato a esercitare una pressione sul grilletto; a renderlo così sicuro, era un insoddisfatto desiderio di giustizia. Dopo aver fissato negli esatti contorni questo sentimento del suo possibile assassino, lo rapportò al silenzio che circondava la piana. Un silenzio immenso, e il Donati pensò: "Se questa volta celeste si rende udibile al giovane Lunardi proprio con la sua sterminata mancanza di suono, e fa sentire il suo peso sulla mano armata, egli non sparerà più".

Così, infatti, accadde. E passò del tempo.

Il Donati si chiese per quale ragione Vito non comparisse. Poi si accorse che invece era già comparso dalle sabbie, e gli si era persino avvicinato. Lo inquadrò esattamente come il ragazzo aveva visto il padre per l'ultima volta nella vita: ritto su una montagnola di fronte, era una figura bianca, che spiccava appena dal chiarore solare. La sabbia, che ne ricopriva il corpo, formava anche sul suo volto una maschera da clown, dove scintillavano, bellissimi, i suoi occhi. Teneva la pistola con la canna verso il basso.

Il Donati cercò di provocarlo:

«Non ti ho mai visto ridere, Vito. Non ho mai ascoltato, da te, una bella risata degna della tua gioventù, a dispetto di tutto.»

Si accorse che la faccia del ragazzo luccicava, sotto il sole, quasi la pelle fosse composta di minuscole pietruzze. La testa di Vito si scosse, come per uno scatto di riso, o un singhiozzo. Al Doge sembrò una lacrima quella che, scivolando per le pietruzze, acquistava la consistenza di una lamina.

Ma lo era davvero, una lacrima? E se lo era, di che natura? Di scherno, di dolore, di impossibilità a scegliere, fra i sentimenti in conflitto, quello giusto? Oppure di dispetto verso il mondo intero, per aver mancato di un soffio lo sparo, proprio quel giorno che avrebbe potuto, perché disponeva della volontà e della freddezza necessarie?

Accennando alla pistola, il Donati gli disse:

«Lo so, oggi avresti potuto, Vito. Però, meglio così, che tu non l'abbia fatto. Oggi non avremmo avuto né pubblico, né applausi. Ma potrai ritentarci. Quando sarò io a chiamarti, a chiedertelo...» fece un gesto che voleva essere un ammonimento e una conciliazione. «Ricordi? Quel nostro accordo, il giorno della pallottola d'oro?...»

Vito annuì. L'altro gli precisò:

«Allora, aspetta. E contaci: ti chiamerò presto. Sarà la mia, la tua ora.»

Il ragazzo annuì per la seconda volta. Girò le spalle. Si allontanò e, in breve, non fu più possibile distinguerlo nelle sabbie.

6.

Tre uomini sedevano nella stanza. Sulle tapparelle abbassate, un grande salice, solitario davanti alla casa, tracciava strane ombre, sembrava sigillare l'atmosfera tombale dell'ambiente.

A capo del tavolo, il Questore Simoni aveva guizzi di sarcasmo negli occhi. Alla sua destra, il Questore Sasso disegnava distrattamente su un foglio una donnina nuda.

Squeri andava avanti e indietro, furibondo. Aveva saputo: le richieste del Donati erano state accolte, e poiché ignorava sia la natura che l'entità di queste richieste, pretendeva di esserne informato.

I due Questori lo misero al corrente, senza tralasciare un solo dettaglio, e Squeri ebbe la stessa reazione che il Simoni aveva opposto, sulle prime, al Doge in persona:

«E pretendete che io ci creda?!»

«No» risposero all'unisono i due Questori.

Squeri batté il pugno sul tavolo:

«Il Donati, dunque, avrebbe scatenato questo putiferio di enormi proporzioni per... per...»

La collera lo annebbiava. Non trovava le parole.

Il Simoni lo fissò con un sorriso velenoso:

«Per colpa sua, Squeri. Unicamente per colpa della sua testardaggine perniciosa; dei suoi complessi, mi consenta, miserabili; della sua assoluta cecità professionale!»

Squeri ricambiò lo sguardo e il sorriso. Cercò di padroneggiare una reazione che lo avrebbe spinto ad aggredire il superiore:

«Continui.»

Il Simoni continuò:

«Per riottenere quella rispettabilità, del tutto formale, che lei gli ha strappato col suo sgarro da incosciente, quel giorno!»

«Fingo di non aver udito i suoi insulti,» replicò Squeri

«ma non consento a nessuno, nemmeno a voi due, di prendersi gioco di me, di trattarmi da sciocco!»

«Non soltanto da sciocco, io la tratto» reagì il Simoni con non minore violenza. «Ma anche da arrogante e incapace! E la accuso di violare, con un comportamento minaccioso, la subordinazione a un superiore.»

«Avremmo dovuto allora, prima di quel giorno giustamente definito dannato, tapparle la bocca» si intromise il Questore Sasso. Sorrise: «Avremmo dovuto darle corda, sì, ma per legarla mani e piedi».

Squeri si girò verso il Sasso, con un'espressione di calmo disprezzo:

«Allora, darmi corda senza legarmi, vi serviva. Era una manna dal cielo che un fesso come me, sì, un fesso fanatico agitasse le acque... Le acque erano ferme, troppo, e in quella poltiglia acquosa voi stavate affogando, lentamente, con la mano del vecchio Lunardi che vi teneva la testa sotto. Eravate due statue di melma, incapaci di trovare una soluzione; soprattutto annoiate perché la vostra arte della doppiezza non produceva più alcun utile, nemmeno un vostro intimo divertimento.»

Al riguardo, Squeri aveva ragione. E nessuno gliela negò. Tanto che sia il Simoni che il Sasso alzarono le mani, riconoscendo. Rivolto al Simoni, Squeri aggiunse:

«E io ho fatto miracoli a favore vostro, contro il Lunardi prima, il Donati poi. No, non affermo di essere stato spinto da un alto ideale di giustizia, ma mi sollecitava, mi inebriava quel perverso gusto poliziesco che in voi si era spento, che, grazie a me, in voi oggi è rinato... Che ironia: ho fatto miracoli traducendo in azioni concrete proprio la sua massima, caro Simoni: "Tacere quel tanto che non è tutto, dire quel tutto che non è tanto!". Espressa così, e lasciata al mondo dei concetti, suona come l'irritante regola di un ambiguo legato a una vecchia mentalità difensiva. Applicata invece alla provocazione attiva fra la feccia, qualunque tipo di feccia, sia altolocata che miserabile, diventa il sale della sobillazione.»

Si guardarono tutt'e tre.

«Ragione per cui?» buttò lì il Simoni.

E Squeri, gelido:

«Ragione per cui io non permetterò mai che il Donati ne esca come un trionfatore, ammantato, per di più, di quel disgustoso moralismo che egli ha sempre fatto oggetto del proprio scherno.»

«Ha un sistema, per non permetterlo?» chiese sarcastico il Sasso.

«Certo.»

Anche il Simoni chiese con sarcasmo:

«Non ci starà proponendo un altro sgarro, mi auguro.»

«Esattamente. Uno sgarro allo Stato.»

«Ma lasciamolo in pace, questo benedetto Stato» lo interruppe bonariamente il Sasso. «Non facciamone sempre un sacco per pugni.»

Ma il Simoni, no: si fece attento, attentissimo:

«Sarebbe?»

«Mentre io combattevo nell'ombra» gli rispose Squeri «del Donati ho imparato tutto: vita, morte e miracoli, è il caso di dirlo. Mi sono identificato in lui. Sono diventato lui. Conosco nomi, luoghi, date, liste, sigle, insomma l'immensa documentazione con cui ha potuto spaventare, ricattare e, al dunque, ottenere!»

«Allora?»

«Allora, mi sostituirò a lui, in questa fase cruciale. Organizzerò una clamorosa conferenza stampa e dichiarerò ciò che la gente ignora: la resa dello Stato, che ha calpestato la propria dignità per coprire documentabili vergogne. E le documenterò, appunto, sia questa resa che queste vergogne.»

Si fermò a fissare le strane ombre che il salice solitario

tracciava sulle tapparelle abbassate. Era raggiante. Pensò alle bandiere dei più diversi eserciti e Stati, che gremivano la sua casa di Porto Tolle:

«Sarò io, non il Donati, il vero, grande protagonista!»

I due Questori lo videro pazzo, completamente pazzo. Il Simoni insinuò:

«Dovremo informare chi di dovere...»

«Fatelo. Purché si tratti della persona giusta: che – a Roma – sappia valutare, e trattare il mio caso come si conviene.»

I due Questori si scambiarono un'occhiata. Il Simoni affermò:

«Glielo assicuriamo: sarà la persona giusta.»

Squeri uscì dalla stanza esclamando:

«Avrò tutta la stampa addosso a me!»

I due Questori informarono Marco Donati che, guarda caso, si trovava momentaneamente a Roma. Egli li lasciò sconcertati, affermando:

«È proprio arrivato il momento di accontentarlo, questo Squeri. Stavolta, sì. Eccome!»

«In che senso?»

«Io vi garantisco che l'avrà, tutta la stampa addosso...»

7.

In una piazzetta di Ca' Tiepolo, prossima al Traghetto, non aveva mai trovato posto un'edicola. Chi voleva comprar giornali, si vedeva costretto a imboccare la strada per Scardovari e farsene un lungo tratto, rallegrandosi, semmai, del paesaggio che è fra i più attraenti del Delta.

Perciò la gente restò stupefatta allorché, uscendo di casa, si trovò a cospetto di qualcosa che dava idea di un pupazzo pubblicitario, appeso fra due colonne ad altezza di sguardo umano. L'impressione che si trattasse di un pupazzo, frutto di una stravagante iniziativa del Comune, la suggerivano due circostanze: il corpo pendeva dalla sbarra di ferro su cui svettava l'antico stemma comunale e, dato di fatto eloquente, era avvolto dai giornali del mattino, freschi di stampa. Testate sia del nord che del sud, maggiori e minori.

I giornali erano disposti, intorno all'asse portante, in modo che ciascuno potesse sfogliare il suo preferito, con una distribuzione così ben studiata da agevolare la consultazione.

In breve, si radunò un capannello dignitosamente interessato alle svolte, anche minime, del cammino del mondo.

Il primo strillo venne da due sorelle avanti negli anni che, dopo aver curiosato fra le testate maggiori, si lasciarono prendere da un'avidità tipica della massa: godere fino in fondo di un supposto diritto la cui soddisfazione viene elargita gratis al cittadino. Esse si spinsero, insomma, a spulciare notizie fra le testate minori, che formavano l'ultimo degli strati di carta che avvolgevano il pupazzo.

E si trovarono a leggere, fra i fatti e i misfatti del giorno, anche una mano lunga, ben incisa nel palmo dai segni di un destino ormai superfluo, fredda come il marmo.

Quando ne liberarono dai giornali il corpo impiccato alla sbarra che reggeva lo stemma comunale, Squeri girò su se stesso, e diede le spalle, come se anche da morto non volesse mostrare il volto alla folla che si faceva sempre più numerosa.

8.

Portarono via le ultime cose: tappeti, lampadari, tendaggi staccati, le pale con le lampadine multicolori che, durante gli intervalli, giravano moltiplicandosi in un gioco di specchi, e poi mobili, quadri. Restavano, sulle pareti, dei rettangoli chiari.

L'Airone Rosso, dentro, non aveva più vita. Era già pronto per il rogo imminente, sul fiume che l'aveva battezzato e accolto. Nel cuore dello scafo, col suo scenario in dissoluzione, esso sembrava privo di peso, eppure ostinato a reggere un peso enorme: del rammarico, dell'assurdo.

Regina vi vagava, sola, e la sua mente vagava con lei in tanto spazio vuoto. Non riusciva a capacitarsi di avvertire un senso di vita precedente, ormai, nelle cabine depredate in fretta di addobbi e arredi, dove entrava, dagli oblò, il sole del pomeriggio: raggi di luce polverosa che creavano sulle pareti un riverbero azzurrino, con un che di inconsolabile negli angoli in cui, per lunghe notti, lumi erano rimasti a splendere, specchi a inquadrare realtà spesso impensabili.

Scopriva che non c'era più modo di fissare un punto di riferimento, respirando un profumo fatto di profumi dispersi, nell'aria che restava, ai suoi sensi, carica di presenze che non si possono smobilitare con la stessa fretta che si applica alle cose.

L'ultima voce l'aveva udita la sera precedente, nel viola del tramonto che si faceva sempre più debole; si era alzato un gorgheggio di Delfina, che stava abbandonando il battello insieme alle altre, e poi era seguito il canto: "Verranno a te sull'aure i miei sospiri ardenti".

Le ragazze avevano lasciato il battello passando qua e là gesti, quasi timorosi, d'addio.

Dirigendosi verso il salone degli spettacoli, Regina notò sciami di uccelli che si muovevano davanti agli oblò con volo incerto, ondeggiando, come se non sapessero dove posarsi ora che *L'Airone Rosso* aveva perso il suo piumaggio superbo. Il salone che le era apparso, ogni sera, gremito di volti protesi, attraversato dall'ebbrezza e dall'entusiasmo, con i riflettori che frugavano anche in un pubblico mutevole come un grande camaleonte, appariva simile a un deposito squallido dove, ai clamori, si era sostituito un silenzio attraversato da scricchiolii.

Regina udì dei passi che scendevano, resi più sonori dal vuoto. Poi una figura si stagliò sul fondo. Era il Donati, e fece una premessa: era pronto ad andarsene subito, se le recava fastidio.

Lei si congratulò per le sue vittorie, di cui ormai era corsa voce. Lo udì rispondere:

«Non sono soltanto mie. E io ti resto debitore.»

Si mossero per il battello. Anche negli occhi del Donati si leggeva una reazione d'angoscia:

«È terribile» si lasciò sfuggire. «Non credevo che sarebbe stato così terribile.»

Essere testimone della fine di quello che aveva considerato il suo gioiello, gli procurava un rimorso che riassumeva tutti i rimorsi che avrebbe dovuto provare. Si rendeva conto che moriva, sotto i suoi occhi, una creatura che la sua fantasia aveva ideato in stato di grazia e con l'estro giocoso che l'aveva fatto sentire giovane.

Cominciarono a trovarsi vicini, di nuovo, attraverso il comune sgomento che provavano frugando nello sfacelo. Quindi, a rafforzare la loro vicinanza, fu il senso di un tempo che da ogni parte appariva chiuso, murato. Il Donati disse:

«Il tempo è sempre così in regola col passato... Ed è crudele quando, pensando al futuro, ci si accorge che si sono perdute l'immaginazione e la felicità di prevedere ciò che potrebbe accadere.»

Regina non capiva esattamente ciò che il Donati cercava di esprimere. Capiva, tuttavia, che c'era verità nelle sue parole.

Lei entrò per prima nella cabina che li aveva ospitati infinite volte, e lo aspettò. Alle sensazioni che tornavano ad accomunarli, desiderava dare una realtà concreta, corporale. Il Donati la strinse, i corpi cercarono l'accesa armonia di una volta, l'incastro perfetto. Fecero l'amore con violenza, addossati alla parete, per essere uniti al massimo contro l'oppressivo squallore che li circondava, li soffocava.

Sedettero di fronte, dopo, sul fondo della cabina. Riprendendo il discorso sul tempo, il Donati si illuminò con quella luce d'ironia che lei conosceva così bene:

«Il tempo è data, Regina.»

E la informò della data del loro matrimonio, compreso nel foglio delle richieste, che portava il suo profilo insinuato nel Leone della Serenissima. Levò di tasca una copia del foglio consegnato all'Arcivescovo e la passò a Regina:

«Dobbiamo completare l'opera.»

Lei gli ricambiò il sorriso appena accennato:

«Credevo che la recita fosse finita.»

«Come può una grande recita finire senza che il sipario cali in modo trionfale? Senza che i protagonisti ricevano i dovuti applausi da una platea eletta?»

«E poi?» chiese Regina.

Il Donati cercò in un punto dell'aria la risposta adeguata:

«E poi, sempre a proposito di tempo... Dovremo essere, in ogni occasione che lo richieda, il più possibile puntuali.» Tornò a scrutare Regina: «Perché, poi, saremo due persone rispettabili. E la puntualità, nei suoi vari significati, rientra nel buon esercizio della rispettabilità».

9.

Gli applausi che avevano accompagnato il crescendo dell'abiura si erano spenti da poco. Il pubblico, soddisfatto, aveva appena sfollato. La ritrattazione solenne delle proprie idee e strategie, ma soprattutto il riconoscimento delle proprie colpe, con un'interpretazione a cui nessuno osò negare rara potenza, aveva permesso al Doge di ottenere il risultato a doppia faccia che si era proposto: divertirsi, ancora una volta, alle spalle degli avversari e far sì che al suo fastoso matrimonio che, nella stessa Abbazia, si sarebbe celebrato da lì a quindici giorni, prendessero parte anche i nemici giurati, le portatrici di ogni stendardo: dai Comitati Femminili via via fino ai gruppi che, in nome della purezza spirituale, avevano marciato all'insegna di "A morte Marco Donati!".

Nell'Abbazia di Pomposa, riportata ai fasti celebrativi di un tempo, il Doge aveva preteso un piccolo palco e, al centro, un pianoforte sul quale sottolineare, con opportuni commenti musicali, i passi più vibranti. Il palco era vivamente illuminato, il resto nel buio.

La tensione dell'attesa era stata portata al massimo, mentre il quadrato radioso dove il nero strumento spiccava come un congegno magico, aveva finito per apparire una sorta di altare, pronto per il prodursi di un miracolo. All'ingresso del Doge, fischi, urla, insulti: le solite reazioni. Ma lui, il protagonista, le aveva prese, inchinandosi, come un fantastico applauso. Con autorità, aveva fatto cenno che sedessero pure, e aveva preteso il silenzio.

Poi, lo spettacolo liturgico, il concerto: invocazioni alla pietà e all'inflessibilità di Dio, invettive contro se stesso, suppliche a lapidarlo, che avevano sortito l'effetto opposto. Dalla suggestione delle parole e dei gesti recitativi, la folla era stata soggiogata.

Il Doge aveva evitato la declamazione e l'enfasi. Con

bravura, aveva eseguito al pianoforte la *Marcia funebre* di Chopin, dedicandosela in prima persona: a ciò che era stato. Per i suoi trascorsi, si era addolorato spingendosi fino alla poesia sussurrata, e poi di nuovo al grido, e di nuovo fin quasi al silenzio, ai tocchi d'armonia, per rendere il suo identificarsi con le lacrimae rerum.

Così si era avvicinato al momento in cui doveva pronunciare le formule fatidiche.

Cominciando dal Cristo possente dell'abside, egli abbracciò con lo sguardo ogni angolo gremito. Un mormorio accomunò il pubblico. Sul fondo, si fecero all'erta personaggi polizieschi con una doppia funzione: di fedeli e di vigilanti armati (non si poteva mai sapere, col Doge). Scrutando i resti dei primitivi affreschi, il Donati indugiò, con un preambolo, sul Giudizio Universale e gli episodi dell'Apocalisse: gli ricordavano – dichiarò – la scelta che l'aveva portato su quel palco. Per esempio, il privilegio di smentirsi e condannarsi fino all'autonegazione – a cui si era risolto convinto che l'eccessiva coerenza è solo delle piccole anime – poteva essere simboleggiato dall'idolo, un nimbo appena visibile, messo a figurare il Paradiso sulla babelica ressa del Giudizio.

Quell'idolo, per essere raggiunto, esigeva il medesimo volo di contraddizioni, fra angeli e demoni, e il capire che l'universo non ha logica, solo mimica, e questa mimica è il caos, padre dell'ordine.

Ciò che aveva scatenato lui, il Doge, non era forse ravvisabile nelle immagini che lo circondavano? Teste di eletti e di infami che uscivano le une dalle altre. Un popolaccio di streghe che partoriva schiere di colombe o, mutando l'angolazione dello sguardo e del pensiero, le seconde che partorivano il primo...

Infine gridò:

«Eccomi rinato a nuova vita. Alla vostra, sorelle e fratelli carissimi!»

E ora era solo, in un avvolgente silenzio. Si concedeva quel momento, finalmente tutto per sé, con la possibilità di suonare al pianoforte una canzonetta, e una musica festiva, e un passaggio di quella *Serenata* che ben conosceva, del suo prediletto Strauss.

In quella pace solitaria, fuori dal mondo, a dispetto di ogni abiura e di tutti i possibili mutamenti, in un punto focale della sua coscienza, nelle profondità che garantiscono un individuo, ebbe rimpianto profondo di ciò che era stato.

10.

L'Airone Rosso, smantellato, prese a bruciare con le prime ombre della notte, a Po Grande.

La ressa copriva le rive. Gli obiettivi fotografici, le cineprese e le telecamere registravano l'evento.

Regina si avviò da sola per l'argine e il rogo gigantesco le apparve disposto scenograficamente. Si rivolse la domanda che spesso la vita le aveva sollecitato: perché questa ossessione dell'uomo, che lo illude di cancellare le cose specie col fuoco, cancellandone soltanto, e con ostentazione, la vista?

Si ricordò di suo padre, che veniva a trovare di rado lei e sua madre; poi, quando le lasciava, si perdeva dove la nebbia era più fitta e così, dissolvendosi presto senza voltarsi, con le mani nelle tasche e a passo svelto, pensava di liberare le due donne dal pensiero di lui, di com'era, e madre e figlia stavano a fissarlo fino a quando se ne poteva afferrare l'ombra, dopodiché cresceva il peso della realtà ingrata di cui quell'uomo era causa.

Regina avanzò verso il rogo per quanto le riuscì. Il fuoco aggirava l'emblema dell'Airone Rosso, non riusciva a cancellarlo, benché si ostinasse. E l'occhio dell'airone le sembrò che la fissasse, dilatandosi, colmandosi dell'orrore che lei non era più in grado di provare.

11.

Il mattino successivo, all'Abbazia di Pomposa, Marco Donati si pose da un lato, al riparo di un vecchio albero che lo nascose.

Prima di mostrarsi agli invitati alle sue nozze, lo aspettava un ultimo compito: incontrare la persona che aveva, a sua volta, l'incarico di chiudere la partita dei rischi estremi, dei giochi con la sorte. Le conseguenze di quell'incontro avrebbero potuto risultare irreparabili.

Si disse: "Fino all'ultimo... Sì, come un desiderio morboso, un vizio!".

Dal suo punto di osservazione, poteva contemplarli, il Potere e la Rispettabilità, mentre si inoltravano nel sacro luogo dove ogni cosa era disposta alla perfezione: dall'orchestra e dal coro sontuosi fino agli elementi più semplici del rito. Automobili, con altri ospiti, avanzavano in lenta fila sotto il sole che, sui parabrezza, dava idea di scudi splendenti portati da cortei di vittoria.

Nascoste sotto la giacca, egli avvertiva nel loro leggero ingombro le onorificenze più importanti che gli erano state concesse; pensò che esse confermavano l'ineffabile sensazione che aveva immaginato chiedendole: infatti, non il mostrarle agli altri, bensì il sapere di averle con pieno diritto aderenti alla pelle, gli garantiva il brivido della rispettabilità, quella vera secondo il suo ideale, ossia pagata a caro prezzo e tutta da gestire coi segreti, piccoli e grandi, colpevoli o innocenti, che essa ama conservare.

Il Donati vide sfilare, oltre a un folto gruppo di nomi prestigiosi, i Questori Sasso e Simoni, il primo testimone della sposa, in coppia con Delfina; il secondo testimone suo, in coppia con Pupe. Presenti anche le ragazze dell'*Airone Rosso*, che si confondevano alle componenti dei Comitati. Sfilarono, in buon numero, persino gli schedati nelle cartelline da poco distrutte: lieti, tutti, di aver recuperato flemma e sorriso. Ma non mancavano gli entusiasti che, dalle imprese del Doge, avevano tratto lunatico quanto sincero divertimento.

La scena, insomma, si ripeteva esattamente come il giorno dell'inaugurazione della villa, prima della bravata di Squeri, con la differenza che la sua importanza e la ricchezza del suo allestimento erano moltiplicate.

Quando apparve Regina, un venticello la investì, e fu un venticello animatore, portatore di voci e di echi, che si inoltrò fra i convenevoli, le chiacchiere, persino qualche arguzia incisa nel mormorio. All'orecchio del Donati tutto era udibile, essendo ideale il nascondiglio; e tutti, arrivando, chiedevano:

«Dov'è lo sposo? Dov'è il nostro caro Donati?»

Nessuno lo chiamava Doge. Nessuno, mai più, l'avrebbe chiamato così... Dalle frasi di saluto e di omaggio, dal timbro di rispettosa familiarità o di indolente benevolenza con cui venivano pronunciate, sembrava che egli non fosse mai stato il capo temuto, detestato nelle vociferazioni della gente borghese, escluso per forza di cose dalla società che conta e si fa giudicante per viltà, spesso per inerzia e noia, logorata dalla sua assuefazione al luogo comune, all'ignoranza di fondo.

Ormai, era uno accettato dal cinismo dei più.

Mentre da ogni parte si invocava la sua presenza di sposo, il Donati afferrò la comparsa di colui che i suoi occhi si aspettavano di vedere, più di ogni altro. Fu allora che, con circospezione, si allontanò dall'albero che lo proteggeva, sgusciò via fra le siepi che si stendevano alle sue spalle. Agiva senza angoscia: certo che tutto sarebbe andato come aveva previsto. Non poteva sbagliare previsione proprio stavolta.

Si incontrarono dietro un angolo affondato nei detriti, circondato dalla sterpaglia. Le voci festose arrivavano, chiare, fino a quel punto; per un momento, le ascoltarono insieme, fissandosi in silenzio. Il Donati esordì:

«La parola data, come vedi, io la rispetto sempre. Ora sta a te rispettare il tuo giuramento.»

Vito levò di tasca la pallottola d'oro. Ne caricò la pistola, scuotendo la testa. Con un tono di sicurezza e un senso di distacco che l'altro non aveva mai notato in lui, commentò:

«Sono situazioni, queste, in cui tutti abbiamo sempre provato l'obbligo di rinfacciarti: "Un'ultima buffonata delle tue, Doge?".»

«Non una buffonata, un vizio. E per un vizio, quando è incallito, si può rischiare. Morire, anche. Come per una droga...»

«No. Tu, alla vita, ci sei troppo legato. Perché è il tuo modo di essere pazzo. Specie adesso, che avrai il rispetto non più dei tuoi balordi, ma dei tuoi simili perbene. Peccato: almeno i tuoi balordi erano sinceri, ti ammiravano davvero.»

Il Donati era impressionato. Mai avrebbe supposto che il ragazzo, in quella circostanza, gli avrebbe parlato come lui aveva appena parlato a se stesso. Lo pregò:

«Sparami qui, in questo angolo di sporcizia, come credi che io meriti di finire ai tuoi occhi. Qui nessuno ti vedrà, e potrai fuggire, e nessuno verrà a darti la caccia.» Sorrise: «Non i miei balordi, che ho avuto cura di avvertire, e non certo coloro che tu chiami i miei simili perbene, che altro non vorrebbero che vedermi morto!».

«Manca la ragione. Un tempo, sì, l'avrei fatto. Ma ormai... Figlio di puttana resti, ma senza spirito. Più anonimo che rispettabile. Un conto è ammazzare un Doge, un conto il Signor Donati.»

Vito rideva. Anzi, lo derideva. Il Donati si rilassò, con un sospiro di sollievo: la situazione si stava riportando nei binari che aveva previsto. Per un momento, invece, aveva sinceramente temuto che il suo giovane avversario si concedesse a un sentimento diverso, alla compassione per esempio. Per compassione, per pietà, un ragazzo come quello sarebbe stato capace di farlo sul serio ciò di cui tornava a pregarlo:

«Eccola la ragione, Vito. Fallo per come sono diventato. Perché non potrò più divertirmi alle spalle del mondo... Sparami e completerai il quadro, il capolavoro!»

Gli occhi del Donati si erano accesi, e Vito capì che egli credeva a quanto stava dicendo. Lo udì delirare, mentre gli metteva una mano sulla spalla, per incoraggiarlo:

«La morte, in fondo, cos'è? La forma ultima della rispettabilità terrena. Un mausoleo, persino una lapide ben scritta, ne formano le massime onorificenze... Rifletti: non c'è feroce assassino che, una volta sepolto, non acquisti un'impronta di pietosa rispettabilità.»

Vito gli affondò l'arma all'altezza del cuore, senza alcuna intenzione di premere il grilletto, per provare.

«Avanti, Vito! Pensa: con la pistola di Squeri. E ricordati di Regina, io...»

«Tu me l'hai messa vicino, Donati, con uno dei tuoi colpi di genio. E devo ringraziarti...»

Lo sguardo del ragazzo vagò lontano:

«Sull'*Airone Rosso* è stato bello. E oggi so cosa significa un silenzio che regna immenso e potente sul fiume, fuori di noi, e poi si insinua nei nostri sensi, con un benessere anch'esso immenso, e noi diventiamo grandi e veri come quel silenzio...»

Dall'Abbazia, continuavano a reclamare lo sposo.

«Vai» disse Vito. «È quello, il tuo destino.»

Il Donati tentò ancora una volta, l'ultima:

«Tu, quel giorno, hai giurato... Hai giurato che, a un mio ordine...»

«Che può valere il giuramento di un ragazzo che, come hai sempre ripetuto tu, non sarà mai un uomo?»

Vito era, di nuovo, padrone e fiero della sua ironia. E quell'ironia, conquistata con la rassegnazione e la coscienza degli sbagli compiuti, smentiva l'autocommiserazione delle sue parole.

Egli si allontanò di qualche passo. Il Donati fece lo stesso, dalla parte opposta. Poi si fermarono insieme, si girarono. E il giovane Lunardi disse:

«Così, io non saprò mai se, oggi, tu mi hai invitato davvero a commettere un assassinio oppure, conoscendomi talmente bene da prevedere ogni mia mossa, hai voluto darmi a tuo modo un addio.»

«Già» sorrise il Donati.

«Un addio nel tuo stile.»

«Il dubbio resterà, questo è sicuro. Anche in me.»

«Anche in te?» si stupì il ragazzo.

«C'è stato un momento che ho temuto per la decisione che avresti potuto prendere: se uccidermi o parlarmi, finalmente, da pari a pari... E nemmeno io, nel profondo, sapevo quale delle due decisioni preferire. Non sto barando. Tu, ora, lo capisci.»

Infatti, il Donati si era aperto a una sincerità manifesta, senza più equivoci. Essa fece sentire il giovane meno solo; o meglio, non lo fece più sentire un semplice mezzo per giocare col fuoco.

Si allontanarono verso direzioni opposte.

Il Donati comparve davanti all'Abbazia accolto da un applauso. Avviandosi ad entrare, egli pregò con tutta l'anima:

«Signore, aiutami.»

E prima di scomparire nell'interno, si girò di soprassalto, per interrogare un punto del cielo, verso Po Grande: gli sembrò di distinguere ancora una traccia di fumo dove *L'Airone Rosso* era stato dato alle fiamme. Ma, forse, non era che un inganno delle nuvole...

Lo era certamente, convenne poche ore dopo, allorché fu attratto dallo stesso miraggio entrando sul motoscafo in Venezia, dove lo attendeva il pranzo di nozze. Quando si girò, Regina, accanto a lui, fece altrettanto, e il Donati lesse nei suoi occhi un'emozione uguale a quella che stava provando.

Si trovarono entrambi a respirare a fondo: non solo un odore unico al mondo, che stordisce i sensi e accende la mente, l'odore dell'acqua che fluisce dai canali, lungo le banchine, scorre intorno alle case, scivola fra le chiese; ma anche la brezza che pareva comporre una visione evocata dall'atmosfera come un dipinto affollato di figure, e l'ambiguo fascino veneziano l'avvolgeva, fra gli ori e la penombra, fino al confine viola del mare.

Una visione che era la prova di come tutto, per Regina e il Donati, si fosse incarnato, senza disperdersi nel nulla. Ossia respirarono l'aria di quella che era stata la loro avventura, col suo splendore e il suo scandalo, i suoi personaggi che cercarono di fermare nella memoria, socchiudendo gli occhi, per un'ipotesi di futuro.

Poi apparve il Danieli, che li aveva ospitati per una settimana quando ancora pensavano che si trattasse di una prova passeggera, e udirono una musica di festa che li accoglieva: l'inizio di ciò che stavolta sarebbe stato – al posto delle trascorse apoteosi nella folla – un pranzo solenne e tranquillo, a cui si apprestavano invitati scelti con cura, senza tener conto dei loro segreti. Tutte persone assolutamente rispettabili.

Indice

«Il gioco delle passioni»
di Alberto Bevilacqua
Collezione Scrittori italiani e stranieri

Finito di stampare nel mese di novembre dell'anno 1989
presso la Arnoldo Mondadori Editore S.p.A.
Stabilimento N.S.M. di Cles (Trento)

Stampato in Italia - Printed in Italy